CB141139

Direito e Processo do Trabalho nos Tribunais

Coordenadores:
Gustavo Tank Bergström
Luís Henrique Bortolai

UNI METRO CAMP wyden

LACIER

SITICECOM LIMEIRA E REGIÃO

LACIER
Lacier Livraria e Editora
www.livrarialacier.com.br

© Todos os direitos reservados

Rua Doutor Quirino, 808 – Centro
CEP 13015-081 – Campinas, SP – Brasil

Julho, 2024

Diretor: *Lacier José de Rezende*
Coordenação editorial: *Peter Fritz Strotbek*
Projeto de capa: *Fabio Giglio*
Projeto gráfico e editoração eletrônica: *The Best Page*

Esta é uma obra coletiva.
A responsabilidade pelo conteúdo de cada texto
é exclusiva do seu autor.

Ficha Catalográfica

Dados Internacionais de Catalogação na Publicação (CIP)
(Câmara Brasileira do Livro, SP, Brasil)

D598 Direito e processo do trabalho nos tribunais / Coordenadores: Gustavo Tank Bergström, Luís Henrique Bortolai. — 1. ed. — Campinas, SP : Lacier Editora, 2024.
230 p. ; 17 x 24 cm.

ISBN 978-85-64412-12-5

1. Direito do trabalho — Brasil. 2. Direito processual do trabalho. 3. Processo trabalhista — Brasil. I. Bergström, Gustavo Tank. II. Bortolai, Luís Henrique.

CDU 347.9:331(81)

Índices para catálogo sistemático:

1. Processo do trabalho

Angela Schmidt da Rosa – Bibliotecária – CRB-14/1171

Direito e Processo do Trabalho nos Tribunais

Sumário

Apresentação dos Coordenadores

Os últimos anos têm demonstrado a existência de múltiplos e complexos movimentos no campo do trabalho. Nunca estática, a atividade laboral encontra-se sob novas demandas e contradições, sobrepujadas pela era da tecnologia moderna, a qual foi conceituada por parte da doutrina como quarta revolução industrial. O avanço das Tecnologias da Informação e Comunicação (TICs), nesse sentido, deflagram um novo contingente operário que aflora na era do trabalho digital, indicando que o padrão industrial do último século fora incorporado, ainda que parcialmente, por outros setores econômicos.

No campo das alterações legislativas, especialmente calcada na reforma trabalhista de 2017, diversos são os assuntos recorrente nos tribunais país afora. Emergem questões não somente de direito material, mas, igualmente de direito processual. Período no mínimo adverso, no qual a própria dogmático do Direito do Trabalho abalou-se, a busca pela uniformização interpretativa daquela que foi a mais profunda alteração na legislação trabalhista desde a própria CLT, em 1943, ganha corpo.

Não suficiente, os sindicatos, outras formas de contratação e a ampliação da informalidade complementam o inédito quadro. Os desafios, portanto, são patentes e anseiam respostas. A leitura da realidade brasileira — sempre instigante — determinada dentro de um contexto de economia global, se mostra essencial na consideração das análises aqui pretendidas, buscando aproximar-se da realidade jurídica, face a realidade social e suas peculiaridades.

No cerne da discussão está, mais uma vez, a Justiça brasileira. Sejam nos Tribunais Regionais do Trabalho, no Tribunal Superior do Trabalho, ou no próprio Supremo Tribunal Federal, as decisões tomaram para si os holofotes, não sempre pelos mesmos motivos. Assim, a obra em questão apresenta-se para oferecer uma fidedigna leitura a despeito das recentes decisões no mundo do trabalho, bem como, sua aplicabilidade no cotidiano jurídico.

O livro que o leitor tem em mãos é, sob vários aspectos, não apenas uma rara preciosidade, mas igualmente uma grande oportunidade. As análises aqui realizadas por reconhecidos autores contemplam mais que simplesmente a letra da Lei, alcançando profundas reflexões nas dinâmicas estabelecidas, bem como, seus aspectos práticos. Este é, portanto, uma obra indispensável para aquele se sente concernido por este conjunto de questões e deseja se aprofundar.

Agradecemos, por fim, o apoio concedido pelo Sindicato dos Trabalhadores nas Indústrias de Cerâmicas, Construção e do Mobiliário de Limeira e Região (SITICECOM) e pela UniMetrocamp, fundamentais para o desenvolvimento da obra.

Gustavo Tank Bergström
Luis Henrique Bortolai

Prefácio

A obra coletiva a que me gentilmente foi concedido o privilégio de prefaciar, e cujo mote, a rigor, se relaciona ao direito e processo do trabalho na dimensão jurisprudencial, na verdade está qualitativamente mais além desse desiderato original.

Esta circunstância já se revela na origem mesma de seus diversos partícipes. Seria de se esperar que, em uma proposta como esta, os autores respectivos fossem exclusivamente da área da ciência do direito.

Sem embargo, aqui, além de profissionais do universo jurídico, igualmente se apresentam textos de integrantes das áreas da ergonomia, da psicologia, da economia e da história, trazendo subsídios valiosos de seus campos do conhecimento, que são por eles conectados ao cotidiano das relações laborais de caráter subordinado, sem descurar de seus efeitos específicos na órbita processual. Ademais, estão presentes representantes da magistratura especializada laboral, da advocacia e da academia, em ordem a bem alinhar os planos de incidência prática e teórica dos conteúdos abordados.

De outro lado, como a seguir se verá, a atualidade e a pertinência dos temas escolhidos são indiscutíveis.

A prestação de serviços mediante a utilização de plataformas digitais, que é uma preocupação de cunho doutrinário, jurisprudencial e legal mundial, é objeto de exame em três diferentes dimensões: na sua virtual adaptação ou permeabilidade à legislação positiva laboral (Aguimar Peixoto), no contexto dos recentes julgamentos do Supremo Tribunal Federal acerca dessa matéria (Fábio e Carolina Aguiar) e na potencial incidência do direito coletivo do trabalho, mais especificamente no tocante aos direitos sindicais de seus atores sociais (Francesca Columbu e Túlio Massoni).

No campo da saúde e da segurança do trabalho, é examinada a influência das diretrizes plasmadas na Convenção n. 155 da OIT na jurisprudência brasileira (Olívia Pasqualeto), bem como o delicado e sempre presente tema da configuração do assédio moral trabalhista e seu tratamento à luz das normas internacionais e da jurisprudência especializada (Bruna Pirino, Flávia Traldi, Gabriela Manzatto e Sandra Gemma).

Dentro da dimensão da duração da jornada de trabalho — que, ao lado do salário mínimo, consubstancia um dos pilares estruturais do direito do trabalho mundial — a Juíza Carolina Corsini procede a uma percuciente análise da figura do banco de horas, introduzida em nosso ordenamento positivo através da Lei n. 9.601/98. Após explicar que, desde uma perspectiva técnico/dogmática, consubstancia tal instituto uma modalidade de flexibilização normativa destinada a sincronizar o ritmo ou a intensidade do trabalho com a necessidade da produção, ela aponta as potenciais vulnerabilidades e inconsistências do sistema, bem como identifica problemas concretos que poderão advir quando do exame dos conflitos judiciais a este tema correlativos.

O panorama político institucional, naquilo que se relaciona às recentes reformas legislativas e à posição em tal viés ora assumida pelo Supremo Tribunal Federal, é percucientemente analisado nos textos de Magda Biavaschi, Bárbara Vasquez, Alisson Droppa e Valdete Severo.

Aspectos práticos e teóricos atinentes à insolvência do devedor (Vinicius Taveira), aos critérios para aferição de juros e correção monetária definidos pela Suprema Corte para os créditos de índole assalariada (Russomano Neto), ao problema da tão falada litigiosidade trabalhista (Felipe Bernardes) da transação extrajudicial trabalhista (Homero Batista e Gustavo Bergström) e à repercussão previdenciária das decisões da Justiça do Trabalho (Vinícius Fluminham), todos estes temas de repercussão atual direta, tem sua origem e perspectivas delineadas de sorte que o leitor possa, quando menos, inteirar-se da conveniência de seu estudo e domínio. Por fim, mas para nada menos importante, faz-se presente uma inovadora abordagem do art. 20 da LGPD no concernente à proteção contra dispensas eventualmente derivadas da utilização de parâmetros algorítmicos.

Nossa expectativa, dessarte, é que a obra vertente venha a colaborar de modo efetivo ao enriquecimento da análise dos relevantes e oportunos aspectos da relação de trabalho de matiz subordinado nela enfrentados, cuja compreensão é de suma importância neste delicado momento pelo qual estão a passar os direitos trabalhistas e a Justiça do Trabalho no Brasil.

Campinas, junho de 2024.

Manoel Carlos Toledo Filho
Desembargador do TRT-15.
Prof. Dr. do Curso de Especialização
da PUC-Campinas.

Direito internacional e saúde e segurança no trabalho: Retrato da aplicação da Convenção n. 155 da OIT pela Justiça do Trabalho no Brasil

Olívia de Quintana Figueiredo Pasqualeto[(1)]

1. Introdução

A Organização Internacional do Trabalho (OIT), desde sua origem, em 1919, tem como um de seus objetivos centrais o estabelecimento de *labour standards*, elaborados de maneira tripartite pelos Estados, representantes dos trabalhadores e representantes dos empregadores, com a finalidade de garantir direitos trabalhistas mínimos.

A criação das normas internacionais do trabalho, tais como Convenções e Recomendações da OIT, figurou como uma resposta jurídica a desafios mundiais já constatados desde a Primeira Revolução Industrial e crescentes no período posterior à Primeira Guerra Mundial, pontuados no preâmbulo da Constituição da Organização Internacional do Trabalho: "condições de trabalho que implicam miséria e privações [...] e que o descontentamento que daí decorre põe em perigo a paz e a harmonia universais". A indiferença a tais questões, segundo a Constituição da OIT, não permite que se alcance a paz universal e a justiça social, bem como "cria obstáculos aos esforços das outras nações desejosas de melhorar a sorte dos trabalhadores nos seus próprios territórios".

Os desafios, contudo, não foram superados por completo. Embora os *labour standards* tenham influenciado a melhoria das condições laborais, muitos problemas ainda

(1) Professora de Direito do Trabalho e Previdenciário da Escola de Direito de São Paulo da Fundação Getulio Vargas (FGV Direito SP). Doutora e Mestra em Direito do Trabalho e da Seguridade Social pela Faculdade de Direito da Universidade de São Paulo. Realizou Pós-Doutorado pela Universidade de São Paulo. Advogada. Pesquisadora do Centro de Ensino e Pesquisa em Inovação da Fundação Getúlio Vargas e pesquisadora do FGV Cidades. E-mail: olivia.pasqualeto@fgv.br.

persistem e novos desafios surgiram. A intensificação da economia globalizada, a atenuação das barreiras geográficas, a acentuação das mudanças climáticas e dos desastres ambientais, o aumento dos fluxos migratórios, a instabilidade econômica e política de diversos países, o avanço tecnológico e desenvolvimento da inteligência artificial, dentre outras características marcantes do momento histórico em que a OIT completou cem anos, impactam diretamente o mundo do trabalho.

Muitas dessas mudanças certamente têm o condão de promover a melhoria das condições laborais, a exemplo do uso da tecnologia para a realização de atividades perigosas, o desenvolvimento de equipamentos de proteção mais confortáveis e seguros, a criação de *green jobs*, cooperação — técnica, econômica, científica etc. — entre os países, ampliação das trocas comerciais globais, etc.

Contudo, parte dessas transformações trouxe novas preocupações: aumento do desemprego em razão da automação e consequente substituição da mão de obra humana pela máquina, diminuição de salários e flexibilização de direitos trabalhistas em razão de crises econômicas e financeiras, precarização da mão de obra e dificuldade de responsabilização nas cadeias globais de produção, dentre outros desafios que sinalizam e reavivam a importância da existências de padrões internacionais.

O estabelecimento de "regras do jogo" para o atual mundo globalizado (OIT, 2019a) foi e continua sendo fundamental para que o crescimento econômico seja acompanhado de desenvolvimento sustentável e justiça social. Por isso, na "Declaração do Centenário para o Futuro do Trabalho", foram renovados os compromissos assumidos em 1919, reafirmou-se as demais declarações e reforçou-se que "a definição de normas internacionais do trabalho e a fiscalização do seu cumprimento reveste-se de importância fundamental".

Considerando tal contexto, este texto sintetiza a tese de doutorado da autora e se dedica ao estudo desse componente central das estratégias da OIT para a promoção da justiça social, qual seja: as normas internacionais do trabalho, mais especificamente, a Convenção n. 155 da OIT sobre saúde, segurança e meio ambiente do trabalho. Uma das questões identificadas como razão de existir do direito do trabalho e aspecto basilar do trabalho decente, a saúde e segurança do trabalhador foi e continua sendo uma preocupação central da OIT, já que, segundo a Organização (2019b), mais de 2,78 milhões de pessoas morrem por ano em decorrência de acidentes ou doenças relacionadas ao trabalho; existem cerca de 374 milhões de pessoas que sofrem com lesões não fatais relacionadas ao trabalho a cada ano, o que gera um alto custo humano e um ônus econômico estimado em 3,94% do Produto Interno Bruto (PIB) global anual. No Brasil, as estatísticas confirmam a necessidade de preocupação com a saúde e segurança do trabalhador: de acordo com o Observatório de Saúde e Segurança no Trabalho (2019), a cada 4 horas, uma pessoa morre em decorrência de acidentes ou doenças relacionadas ao trabalho, gerando custos sociais, humanos, previdenciários etc.

Nesse cenário, ponderando sobre as contribuições da OIT e partindo da ideia de averiguar se e como os *labour standards* podem influenciar a promoção de melhores condições laborais, estudou-se a influência da Convenção n. 155 da OIT na proteção da saúde e segurança do trabalhador a partir de decisões judiciais proferidas pela Justiça do Trabalho brasileira.

Para tanto, realizou-se um mapeamento jurisprudencial no Tribunal Superior do Trabalho e nos 24 Tribunais Regionais do Trabalho a fim de localizar decisões que se valem da referida convenção e verificar se houve e, em caso afirmativo, qual foi a contribuição da norma internacional para aquele caso concreto.

A fim de apresentar os resultados obtidos, estruturou-se este estudo em três partes centrais, além desta introdução, considerações metodológicas, conclusão e referências bibliográficas: (i) estudo da importância da saúde e segurança do trabalhador e da Convenção n. 155 da OIT (Convenção n. 155); (ii) descrição da jurisprudência brasileira sobre a utilização da Convenção n. 155; e (iii) análise da influência da Convenção n. 155 sobre a proteção da saúde e segurança do trabalhador.

2. Considerações metodológicas

Para compreender como a proteção da saúde e segurança do trabalhador no Brasil é influenciada pelo direito internacional, mais especialmente, pela Convenção n. 155 da OIT, e verificar a hipótese de que a Convenção n. 155 pouco influencia a proteção da saúde e segurança do trabalhador, pois é utilizada de forma insuficiente[(2)] pela Justiça do Trabalho no Brasil, definiu-se como objeto central de análise as decisões proferidas pelo Poder Judiciário, visto estarem disponíveis para livre consulta em suas respectivas páginas eletrônicas, deixando outras fontes possíveis (como projetos de lei, negociações coletivas, contratos de trabalho, etc.) para pesquisas futuras.

Considera-se que a atividade do Poder Judiciário é a que mais produz efeitos diretos em relação ao trabalhador, sobretudo porque as demais formas de utilização do direito internacional pelo direito interno possuem natureza majoritariamente prescritiva. Ademais, se uma demanda chegou ao Poder Judiciário, pode-se presumir que houve algum tipo de violação de direitos.

O desenho da pesquisa privilegiou uma metodologia de caráter qualitativo, a partir do método indutivo e valeu-se de (a) pesquisa bibliográfica, com revisão sistemática da literatura; e (b) jurisprudencial, que se concentrou na análise dos julgados disponibilizados nas bases de dados do Tribunal Superior do Trabalho (TST) e dos vinte e quatro Tribunais Regionais do Trabalho (TRTs), a partir do critério de busca <Convenção>

(2) Insuficiente, neste contexto, diz respeito tanto à pouca utilização da normativa internacional pela Justiça do Trabalho no Brasil (aspecto quantitativo), quanto à falta de aprofundamento em relação às diretrizes da Convenção n. 155 da OIT (aspecto qualitativo).

and <155>. Limitou-se a pesquisa às decisões proferidas em segundo grau após 31 de dezembro de 2004 (data em que a Emenda Constitucional n. 45/2004 entrou em vigor) até 31 de dezembro de 2018.

Foram encontradas 7.053 decisões, das quais se descartou 1.499 por falta de pertinência temática, resultando em 5.554 resultados para análise, os quais foram tabelados considerando os seguintes dados: (1) o tribunal em que a decisão judicial analisada foi proferida; (2) o órgão julgador; (3) o ano em que a decisão foi proferida; (4) o número do processo referente à decisão judicial analisada; (5) nome do magistrado que proferiu a decisão; (6) a discussão jurídica envolvida quando da utilização da Convenção n. 155 da OIT, a partir de códigos criados para sintetizar o tema abordado; (7) se houve outro dispositivo internacional utilizado em conjunto com a Convenção n. 155 da OIT; (8) a função da Convenção n. 155 da OIT na motivação judicial, isto é, se ela funciona como *ratio decidendi*, *obiter dictum* ou alguma outra função; (9) a transcrição do trecho da decisão judicial em que a Convenção n. 155 da OIT é utilizada; (10) o *status* conferido à Convenção n. 155 da OIT na decisão analisada.

3. Saúde e segurança do trabalho e Convenção n. 155 da OIT

Este item não pretende apresentar uma linha do tempo ou ser um retrospecto histórico sobre a classe trabalhadora, o Direito do Trabalho ou a Organização Internacional do Trabalho. Diferentemente, objetiva-se (*i*) reunir alguns indícios históricos que sugerem a relevância das questões relacionadas à saúde e segurança do trabalhador para o desenvolvimento do Direito do Trabalho, para a criação da OIT, para o estabelecimento de normas internacionais do trabalho, justificando, assim, a escolha da temática desenvolvida, e (*ii*) compreender o papel da OIT na promoção, especialmente em âmbito internacional, da saúde e segurança do trabalhador, demonstrando razões, inclusive históricas, pelas quais se entende necessário e potencialmente profícuo o diálogo entre direito interno e direito internacional, sendo a Convenção n. 155 da OIT um símbolo do tema no âmbito internacional.

O estudo do Direito do Trabalho ou, de forma mais genérica, da regulação das relações de trabalho permite constatar diferentes narrativas a respeito das suas raízes, especialmente em razão de aspectos temporais e geográficos. Assim, seria possível remontar a história do Direito do Trabalho apoiando-se no marco da Revolução Industrial, que se desenvolveu fortemente na Inglaterra a partir de meados do século XVIII e, posteriormente, espraiou-se para outros países; nos desdobramentos da Revolução Francesa em 1789; nas primeiras constituições que abordaram aspectos sociais em seu bojo, como a Constituição do México de 1917 ou a Constituição de Weimer de 1919, movimento conhecido como constitucionalismo social; nas especificidades do Direito do Trabalho local, como por exemplo, brasileiro, norte-americano, canadense, japonês etc.

Contudo, interessa especialmente para esta tese o período da primeira e segunda Revolução Industrial (meados do século XVIII a meados do século XX), pois, além de ser amplamente considerado o marco histórico do nascimento do Direito do Trabalho (Alcock, 1971, Leary, 1982; Ojeda Avilés, 2009; Supiot, 2016), trata-se de período em que o desamparo à saúde e segurança do trabalhador evidenciou-se como questão social ou, ao menos, parte dela (Castel, 2003, p. 21).

Como pano de fundo da Revolução Industrial, estava a doutrina econômica do liberalismo (*laissez-faire*), na qual todos os indivíduos na sociedade tinham os mesmos direitos naturais e, portanto, eram (formalmente) iguais perante a lei; mesmo que todos não possuíssem a mesma capacidade, cada um poderia pelo menos atender aos seus próprios interesse, de modo que o melhor que poderia ser feito para ajudá-lo seria deixá-lo livre. Aplicado à vida econômica, esse modo de pensar indicava a liberdade de trabalho, livre concorrência, livre comércio e a não intervenção do Estado.

Contudo essa doutrina da liberdade econômica, aliada às novas invenções que fizeram a era industrial possível, criou uma reviravolta nas relações sociais, sobretudo nas relações laborais: a liberdade que existia beneficiava apenas a parte mais poderosa (o empregador), pois, a fim de atender às demandas da concorrência, ele podia impor salários e condições aos seus trabalhadores bem abaixo do mínimo necessário para sua subsistência. Segundo Alcock, a posição do trabalhador era paradoxal porque, embora ele tivesse liberdade para contratar, isto é, participar ou não da relação de trabalho (embora não tivesse muitas outras alternativas), "*ela só se fazia sentir no momento da contratação. A lei tratava apenas da conclusão do contrato e não da sua aplicação e das consequências. Uma vez concluído o contrato, o trabalhador estava inteiramente à disposição do empregador*" (1971, p.4).

Neste período, fica evidente os dois lados de uma moeda chamada Revolução Industrial, conforme aponta Hobsbawn: trata-se de momento em que a humanidade atinge o seu mais completo desenvolvimento e, também a sua maior "*brutalidade*" (1962, p. 36). Vários são os relatos sobre as condições de trabalho e, direta ou indiretamente, sobre as condições de saúde e segurança do trabalhador neste período, sobretudo em relação aos primórdios da Revolução Industrial.

Fazendo uma ressalva de que há nuances entre as fábricas visitadas e que, em algumas delas, as condições laborais eram melhores que as outras, Villermé (1840, p. 3) descreve suas visitas a partir de uma percepção média, apontando inicialmente a presença de muitas crianças nas fábricas visitadas, insalubridade no trabalho, longa duração da jornada de trabalho, umidade e escuridão (Villermé, 1840).

Considerando tal contexto, presume-se que "*na relação de trabalho, o trabalhador, ao contrário do empregador, não arrisca o patrimônio, arrisca a pele. E foi, desde logo, para salvar esta última que o direito do trabalho se constituiu*" (Supiot, 2016, p. 92-93). A questão social descrita evidenciou, assim, a necessidade da regulamentação das relações de trabalho, especialmente aquelas em que o elemento da subordinação estava presente.

E, corroborando a afirmação de Supiot, transcrita acima, entende-se que a razão primeira de existir do Direito do Trabalho se deve às condições labor-ambientais — e todos os seus possíveis desdobramentos, tais como, acidentes e doenças do trabalho, jornada de trabalho extenuante, insalubridade, periculosidade etc. — em que os trabalhadores se encontravam.

Isso se confirma por inúmeros acontecimentos em que se citam, como reivindicação dos trabalhadores ou preocupação por parte dos próprios empregadores, do Estado e da Igreja Católica, questões relacionadas à saúde e segurança do trabalhador, sem olvidar que estas não se resumem a acidentes ou doenças relacionadas ao trabalho, envolvendo também jornada de trabalho e períodos de descanso, trabalho infantil, trabalho da mulher, dentre outros fatores que afetam o meio ambiente do trabalho.

São exemplos dessas passagens: (*i*) a edição do *1802 Health and Morals of Apprentices Act* inglês, que, para além de outras disposições, limitou a jornada de trabalho das crianças nas fábricas a 12 horas (UK Parliament); (*ii*) em 1818, o Congresso de diplomatas reunidos em *Aix-la-Chapelle*, em que Robert Owen propôs para os países adotarem medidas de proteção aos trabalhadores em face da ignorância e da exploração que eles são vítimas (Dimitrijevic, 1972, p.11); (*iii*) os apelos dirigidos pelo industrial Daniel Legrand, entre 1840 e 1848, aos estadistas e funcionários públicos suíços, alemães, franceses e britânicos, argumentando que a prosperidade de um Estado era intimamente vinculado ao bem-estar físico e à moralidade de sua classe trabalhadora e instou que a reparação dos abusos se tornasse objeto de negociação entre os governos de todos os países industrializados (Alcock, 1971, p. 6); (*iv*) a Conferência de Berlim, em 1890, da qual resultou um protocolo sobre idade mínima para o trabalho nas minas e indústrias e garantia de intervalos para descanso; (*vi*) a publicação, em 1891, da Encíclica *Rerum Novarum*, na qual se consagra a doutrina social da Igreja; (*vii*) a Conferência de Berna de 1905, em que foram elaborados projetos sobre a proibição do uso do fósforo branco pelos empregadores nas indústrias de alumínio e sobre a interdição do trabalho noturno feminino (Dimitrijevic, 1972, p.13); (*viii*) a conferência sindical internacional de Leeds, em 1916, em que se convocou uma comissão para monitorar a aplicação das leis sobre horas de trabalho, saúde e segurança dos trabalhadores (Dimitrijevic, 1972, p.14), dentre outras passagens em que se discutiu a regulação do trabalho, tendo como destaque (regulatório) de estatura internacional a (*ix*) criação da Organização Internacional do Trabalho em 1919.

"*Esta ideia de segurança foi e continua a ser o coração do Direito do Trabalho*" (Supiot, 2016, p. 93). No entanto, importante não a reduzir à proteção contra lesões físicas que o trabalho pode ocasionar. A noção de saúde e segurança do trabalhador, certamente, envolve a preocupação com os acidentes e doenças do trabalho, com normas técnicas de higiene, etc., mas não se limita a elas: "*estende-se a todos os aspectos da existência do trabalhador*" (Supiot, 2016, p. 96), dentre eles, o tempo de trabalho e tempo de descanso, a qualidade de vida dentro e fora do trabalho, os aspectos psicossociais ligados ao trabalho, a qualificação profissional etc.

Até os dias de hoje, a normativa produzida no âmbito da OIT protagoniza a proteção jurídica conferida ao trabalhador — e também à saúde e à segurança do trabalhador — no âmbito do Direito Internacional. Evidenciando a centralidade da saúde e segurança do trabalhador, observa-se que a maioria das convenções atualizadas da OIT (59 Convenções, o que corresponde a 76,6% do total) disciplina, ainda que parcialmente, o tema saúde e segurança do trabalhador: 26 convenções têm a saúde e segurança como tema central e 33 Convenções abordam a saúde e segurança em itens específicos ao longo de seu conteúdo (Pasqualeto, 2021). No mesmo sentido, observa-se que a maioria das recomendações atualizadas (69 Recomendações, o que corresponde a 82,14% do total) disciplina, ainda que parcialmente, o tema saúde e segurança do trabalhador: 26 recomendações têm a saúde e segurança como tema central e 43 recomendações abordam a saúde e segurança em itens específicos ao longo de seu conteúdo (Pasqualeto, 2021).

Dentre o arcabouço normativo sobre o tema, destaca-se a Convenção n. 155 da OIT, vista como a normativa que tratou o tema de maneira mais holística e menos fragmentada no âmbito da Organização. Foi em 1981, com a adoção da Convenção n. 155 sobre saúde, segurança e meio ambiente do trabalho — e sua Recomendação (suplementar) n. 164 — que a OIT efetivamente disciplinou a matéria labor-ambiental de forma mais geral, holística e preventiva no tocante a todas as atividades e quaisquer tipos de riscos (ITCILO, 2018, p. 2). Entende-se que a "*Convenção n. 155 é um instrumento abrangente, dinâmico e flexível que afirma que a saúde e segurança do trabalho deve basear-se no princípio da prevenção*" (ITCILO, 2018, p. 2).

De acordo com Brandão (2011, p. 91), a partir da Convenção n. 155, "*houve uma substancial mudança no tratamento da proteção à saúde nos tratados até* então *firmado*" e, com tal instrumento, a OIT rompeu definitivamente com o paradigma individualista do direito e passou a compreendê-lo como elemento integrante do conceito de meio ambiente, mais especificamente do meio ambiente do trabalho, como um reflexo de sua atuação a partir da década de 1980, cada vez mais preocupada com esse tema, sobretudo em virtude dos grandes acidentes ocorridos nessa época, que ocasionaram danos ambientais de proporções inimagináveis.

Segundo Valticos (1970), a atividade judicial dos magistrados e das cortes é uma das principais formas de se conferir efetividade ao direito internacional e garantir os direitos humanos aos cidadãos: "*embora não seja uma panaceia, os recursos judiciais podem resolver problemas específicos e, às vezes, até estimular remédios mais amplos [...] o juiz sempre reterá um papel considerável na aplicação direta de certas convenções*"(3) (Valticos, 1970, p. 28).

(3) Tradução livre do seguinte trecho original: "Sans être une panacée, le recours judiciaire pourra remédier à des problèmes précis et parfois même déclencher des mesures de redressement plus générales. A condition qu'on ne lui demande pas ce qui est la fonction du législateur et de l'exécutif, le juge conservera toujours un rôle considérable dans l'application directe de certaines conventions" (VALTICOS, 1977, p. 28).

Potobsky (2004, p. 305), no mesmo sentido, afirma que

> em última instância, a eficácia jurídica dos tratados internacionais depende dos juízes nacionais. A eles compete decidir em cada caso específico a aplicação de uma convenção ou parte dela, sua eventual inconstitucionalidade, o não cumprimento das obrigações estatais e a reparação dos consequentes prejuízos. Neste tocante, também será importante a receptividade, por parte dos juízes, das opiniões emitidas pelos órgãos de controle da OIT sobre a aplicação das convenções nos países e, de uma maneira mais geral, a doutrina e "jurisprudência" de tais órgãos[4] (POTOBSKY, 2004, p. 305).

Assim, considerando apontamentos acima e a publicidade das decisões judiciais, decidiu-se estudar se e, em caso afirmativo, como os tribunais trabalhistas têm utilizado a Convenção n. 155 da OIT.

4. Mapeamento da jurisprudência brasileira — um retrato descritivo

A sistematização das decisões permitiu que fosse realizado um retrato descritivo sobre a aplicação da Convenção n. 155 da OIT pela Justiça do Trabalho no Brasil quanto à ocorrência e à dimensão da aplicação da Convenção n. 155 da OIT; à hierarquia normativa conferida à Convenção n. 155 da OIT; à distribuição da aplicação da Convenção n. 155 da OIT por ano; à função exercida pela Convenção n. 155 da OIT na proteção da saúde e segurança do trabalhador; à discussão jurídica abordada quando da aplicação da Convenção n. 155 da OIT.

4.1. Quanto à ocorrência e à dimensão da aplicação da Convenção n. 155 da OIT

Em relação à aplicação da Convenção n. 155, faz-se, inicialmente, um diagnóstico a respeito da ocorrência e da dimensão da aplicação da convenção.

No tocante à ocorrência, com exceção do Tribunal Regional da 20ª Região, é possível afirmar que, de forma geral, os tribunais trabalhistas brasileiros (TST e TRTs) já mencionaram a Convenção n. 155 da Organização Internacional do Trabalho quando proferiram acórdãos ao longo do recorte temporal adotado nesta pesquisa (31 de dezembro de 2004 a 31 de dezembro de 2018).

---

(4) Tradução livre do seguinte trecho original: "*Es a ellos que compete decidir en cada caso específico sobre la aplicación directa de un convenio o determinadas normas del mismo, la eventual inconstitucionalidad de una norma nacional, el incumplimiento por el Estado de sus obligaciones y la reparación de los perjuicios que le incumbe. También será importante a este respecto la receptividad por parte de los jueces de la opinión expresada por los* órganos *de control de la OIT sobre la aplicación de los convenios en los respectivos países, y de una manera* más general, de *la doctrina y la "jurisprudencia»* de estos órganos" (POTOBSKY, 2004, p. 305).

Tal menção da Convenção n. 155 foi verificada em 5.554. Embora, em números absolutos, 5.554 decisões seja uma quantidade aparentemente expressiva, comparativamente ao número de processos julgados nesse período, percebe-se que se trata de uma porcentagem baixa. De acordo com dados fornecidos pela Coordenadoria de Pesquisa e Estatística do TST acerca do número de processos julgados pelo TST e pelos TRTs, entre 2005 e 2018, foram julgados 13.620.928 processos. Assim, o número de decisões encontradas em que a Convenção n. 155 foi, ao menos, citada corresponde à aproximadamente 0,04% do número de processos julgados ao longo do recorte temporal aqui adotado.

Note-se que, ainda que a porcentagem de aplicação da Convenção n. 155 seja baixa e represente o pouco uso da convenção (e, possivelmente, do direito internacional de maneira geral) pela Justiça do Trabalho no Brasil, entende-se que tais decisões são relevantes na medida em que se tornam referência acerca da aplicação da Convenção n. 155 da OIT e podem influenciar futuras decisões. Ademais, mesmo representando uma pequena parte do total de processos julgados, chamou a atenção o número de processos analisados pois, pela pesquisa bibliográfica realizada previamente, acreditava-se que seria encontrado um número ainda menor de resultados.

4.2. Quanto à hierarquia normativa conferida à Convenção n. 155 da OIT

Na maioria das decisões analisadas (em 5.129 decisões), o magistrado cita a Convenção n. 155 (aplicando ou não), mas não discute o seu *status* no ordenamento jurídico brasileiro. Nesses casos, foi possível perceber que o magistrado aplica ou deixa de aplicar a convenção não porque há dúvidas em relação à hierarquia normativa, mas porque compreende que, em relação ao caso analisado, não há pertinência temática. Assim, nessa maioria de casos em que não há discussão sobre o *status* da Convenção n. 155, não há dúvidas que tal norma internacional foi incorporada ao direito brasileiro e que ela poderia ser aplicada (como norma de caráter supralegal – considerando-a como um tratado internacional de direitos humanos, conforme jurisprudência majoritária do Supremo Tribunal Federal — ou legal — caso se considere que tal convenção não versa sobre direitos humanos(5)).

Verificou-se, no entanto, 425 decisões em que o magistrado evidencia a hierarquia normativa conferida à Convenção n. 155. Nesses poucos casos em que a discussão sobre a hierarquia normativa foi feita, observou-se que foram conferidos diferentes *status* à Convenção n. 155.

(5) No direito brasileiro, o entendimento majoritário é que os tratados internacionais que versam sobre direitos humanos têm hierarquia de norma constitucional quando aprovado por quórum qualificado conforme a Constituição Federal brasileira e têm hierarquia de norma infraconstitucional e supralegal quando não forem aprovados por tal quórum, conforme jurisprudência do Supremo Tribunal Federal. Os tratados internacionais que não versam sobre direitos humanos possuem hierarquia de lei.

Há julgados em que o magistrado classificou a convenção como norma de caráter materialmente constitucional, isto é, o magistrado considerou que a Convenção n. 155 da OIT deve ser aplicada como norma de equivalência constitucional, integrante do bloco de constitucionalidade. Nessas decisões, a Convenção n. 155 prevaleceu sobre as normas de caráter legal, inclusive a CLT.

Nesse mesmo sentido, foram encontradas decisões em que o magistrado classificou a Convenção n. 155 como norma materialmente constitucional — e, consequentemente, integrante do bloco de constitucionalidade — porém, entende que, alternativamente, caso os demais magistrados não entenderem dessa forma, que ao menos lhe seja conferido o *status* de norma supralegal (isto é, de hierarquia superior às leis, porém inferior à Constituição Federal).

Há julgados em que, consoante a jurisprudência majoritária do Supremo Tribunal Federal, o magistrado conferiu à Convenção n. 155 o *status* de norma supralegal (e infraconstitucional), já que corresponde a um tratado internacional que versa sobre direitos humanos não aprovado conforme o rito previsto no art. 5º, § 3º da Constituição Federal. Assim, nessas decisões, a convenção é considerada com *status* superior à lei comum, prevalecendo inclusive sobre a CLT.

Por outro lado, há julgados em que a Convenção n. 155 da OIT é considerada e aplicada com hierarquia de lei comum, isto é, com *status* legal, como se não correspondesse a um tratado internacional sobre direitos humanos.

Há decisões em que o magistrado apenas cita que a Convenção n. 155 da OIT tem hierarquia inferior à Constituição Federal, mas não especifica com qual *status* a norma internacional está sendo considerada na decisão. Nesses casos, a Convenção n. 155 é considerada uma norma de caráter infraconstitucional.

Foram encontrados julgados em que o magistrado indica que a Convenção n. 155 não prevalece sobre a lei nacional, mais especificamente, sobre a CLT. Porém, nesses casos, verificou-se que não há explicação sobre esse posicionamento e também não há aprofundamento na discussão a respeito da hierarquia normativa.

Também foram encontradas decisões em que o magistrado considerou a Convenção n. 155 como *soft law*, isto é, como uma norma não vinculante. Nesses casos, não houve a aplicação da convenção sob a justificativa de que a alínea "b" do art. 11 da Convenção n. 115 — o qual dispõe que, ao elaborar a política nacional sobre saúde e segurança do trabalhador, a autoridade competente deverá garantir que sejam levados em consideração os riscos para a saúde decorrentes da exposição simultânea a diversas substâncias ou agentes – é uma *soft law*, não permitindo a cumulação dos adicionais de periculosidade e insalubridade porque tal dispositivo é dirigido ao Estado brasileiro e, portanto, não determina a cumulação, o que impediria a sua aplicação direta. Acredita-se que, nessas decisões, o magistrado, embora tenha classificado a Convenção n. 155 como *soft law*, fazia referência ao caráter programático deste item.

Por fim, também foram encontradas decisões em que o magistrado considera indiferente o *status* (supralegal ou legal) conferido à Convenção n. 155, já que a convenção deve ser aplicada por ser mais recente (que a legislação comum interna, notadamente a CLT) e mais favorável ao trabalhador.

Considerando tais decisões que discutem a hierarquia normativa da Convenção n. 155 (425 decisões, isto é, 7% do total de decisões analisadas), verificou-se que 53% delas classificam a Convenção n. 155 como norma de *status* supralegal; 15% compreendem-na como norma de caráter materialmente constitucional; 12% indicam que a Convenção n. 155 deve ser caracterizada como norma materialmente constitucional ou, caso assim não se entenda, que lhe seja conferido o *status* supralegal; 9% consideram a Convenção n. 155 com hierarquia legal; 8% afirmaram que a Convenção n. 155 não prevalece, mas não houve indicação de hierarquia normativa específica; 2% consideraram o *status* da Convenção n. 155 indiferente; 1% indicou que a Convenção n. 155 seria uma *soft law*; e 0% (1 decisão) classificou a Convenção n. 155 apenas como infraconstitucional, sem indicação de *status* específico. Assim, conclui-se que em 93% do total de decisões analisadas, tal discussão não é feita. Em 7%, se discute sobre a hierarquia normativa, sendo prevalente o posicionamento de que a Convenção n. 155 tem *status* supralegal.

4.3 Quanto à distribuição da aplicação da Convenção n. 155 da OIT por ano

Há um uso crescente da Convenção n. 155 até 2017. O ano de 2018 é o primeiro registro de diminuição do uso da convenção, embora haja muitas decisões proferidas em 2018 que se valeram da Convenção n. 155. Nota-se que a maioria das decisões que utilizaram a convenção concentraram-se no intervalo entre os anos de 2015 e 2018, período de pico no uso da convenção, conforme se observa no gráfico a seguir.

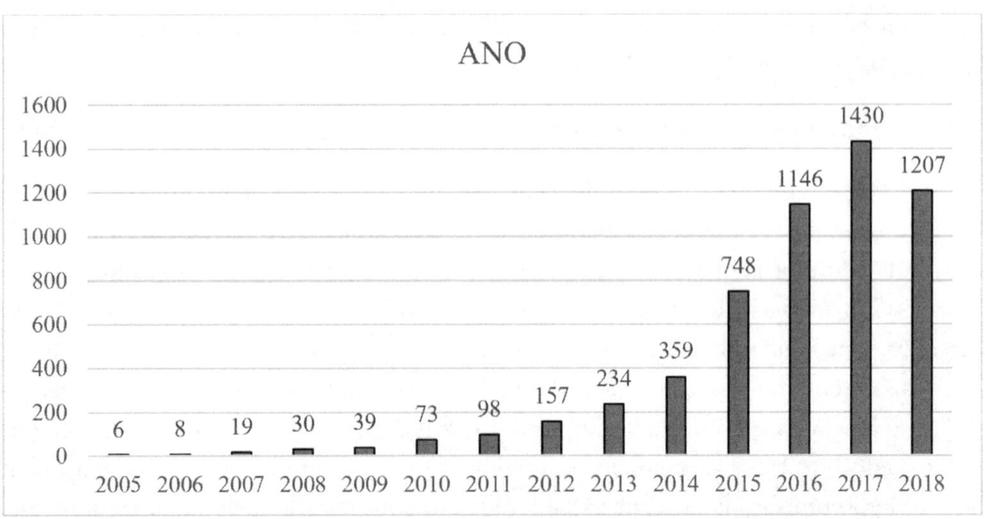

Gráfico 1 — Total de decisões por ano de julgamento (elaboração própria)

A concentração da aplicação da Convenção n. 155 nesse período é notória, porém não foi possível identificar com clareza a razão do pico ter ocorrido nesse momento. Uma possível explicação para o fenômeno diz respeito aos reflexos da decisão do Supremo Tribunal Federal no RE 466.343/SP, em 2009, acerca da supralegalidade dos tratados de direitos humanos não aprovados na forma do art. 5º, § 3º da Constituição Federal.

A segunda consideração a ser feita neste tocante, diz respeito à diminuição dos resultados em 2018, ano posterior à entrada em vigor de uma das maiores alterações da legislação trabalhista brasileira (Lei n. 13.467/2017, conhecida como Reforma Trabalhista). Inicialmente, cogitou-se que, em razão das alterações legislativas implementadas pela Reforma Trabalhista, os magistrados passariam a utilizar mais a Convenção n. 155 com a finalidade de dirimir dúvidas advindas da nova lei, evitar eventual rebaixamento de direitos, etc. No entanto, esse aumento previsto não se mostrou verdadeiro em todos os tribunais e, de forma geral, houve diminuição da utilização da convenção no ano de 2018.

No entanto, embora a hipótese sobre o aumento da aplicação da Convenção n. 155 no ano posterior à Reforma Trabalhista não tenha se confirmado em todos os tribunais, foi possível perceber que, em 2018, a Convenção n. 155 foi utilizada (em alguns casos) para lidar dificuldade advindas da nova lei, o que se observou nas discussões sobre aplicação da Reforma Trabalhista e controle de convencionalidade da Reforma Trabalhista.

Assim, é possível afirmar que a aplicação da convenção (e, possivelmente, de outros dispositivos internacionais) em momentos de mudanças legislativas pode esclarecer imprecisões, frear eventuais retrocessos e firmar um padrão trabalhista mínimo (o que corresponde a um dos objetivos da OIT com os *labour standards*). Embora a Convenção n. 155 não tenha sido amplamente aplicada com tal finalidade, percebeu-se que nos casos em que a Convenção n. 155 foi aplicada, o(a) magistrado(a) conseguiu superar entraves oriundos da Reforma Trabalhista.

4.4. Quanto à função exercida pela Convenção n. 155 da OIT nas decisões

Após a leitura das decisões, percebeu-se que a convenção tem diferentes funções em relação à fundamentação, a saber: função *ratio decidendi* (em que a Convenção n. 155 é o fundamento principal ou um dos fundamentos principais da decisão), função *obiter dictum* (Convenção n. 155 não é o fundamento jurídico da decisão e é citada de forma acessória, com a finalidade de complementar um raciocínio ou reforçar alguma disposição já existente no direito brasileiro), função de elemento de discussão (a Convenção n. 155 é discutida, porém, não é aplicada) e função de citação de trecho de terceiro (a Convenção n. 155 é mencionada em trecho escrito por um terceiro, como em trecho de um livro por exemplo, porém não é levada em consideração pelo magistrado relator da decisão).

Percebeu-se que 36% das decisões correspondem à citação de trecho de terceiro. Em 17% das decisões, embora a Convenção n. 155 tenha sido citada e alvo de debates, ela não foi aplicada. Contudo, em 29%, a Convenção n. 155 assumiu a função de *ratio decidendi* e, em 18% das decisões, figurou como *obiter dictum*, totalizando 47% dos casos em que a Convenção n. 155 foi aplicada, influenciando a fundamentação das decisões (ainda que não como fundamento principal). Nesse sentido, ainda que tenham sido registrados tribunais em que a Convenção n. 155 não exerceu, de forma prevalecente, as funções de *ratio decidendi* e *obiter dictum*, em uma análise macroscópica, é possível afirmar que a Convenção n. 155, quando mencionada, foi aplicada e colaborou para a fundamentação da decisão.

4.5. Quanto à discussão jurídica abordada quando da aplicação da Convenção n. 155 da OIT

Em relação à discussão jurídica travada na decisão quando houve a menção à Convenção n. 155 (independentemente de ter figurado como *ratio decidendi*, *obiter dictum*, discussão ou citação de trecho de terceiro), notou-se uma variedade de temas abordados, tais como, dever de cuidado com o meio ambiente do trabalho, cumulação de adicionais, redução de riscos relacionados à jornada, definição de saúde, etc.

Considerando o recorte temporal analisado, duas discussões jurídicas se destacaram quantitativamente: dever de cuidado com o meio ambiente do trabalho e cumulação de adicionais. Ressalta-se que tais resultados não eram previsíveis, já que pela leitura do referencial teórico, acreditava-se que a Convenção n. 155 estava sendo utilizada pela jurisprudência brasileira para tratar predominantemente da discussão sobre cumulação de adicionais. Nesse sentido, a predominância da discussão sobre o dever de cuidado com o meio ambiente do trabalho surpreendeu (e negou) percepções iniciais e se adequa ao teor preventivo da convenção.

Para além dessa análise quantitativa, entende-se necessário apontar que nem todos os temas listados acima foram abordados quando a convenção assumiu a função *ratio decidendi* ou *obiter dictum*, isto é, nas situações em que a Convenção n. 155 foi efetivamente aplicada. Ademais, houve temas que não prevaleceram em quantidade, mas evidenciaram discussões em que a aplicação da Convenção n. 155 pode conferir maior proteção à saúde e segurança do trabalhador e, caso fosse aplicada com mais frequência, poderia oferecer tal proteção em mais casos, a exemplo do direito dos trabalhadores à informação.

5. Análise das categorias de influência da Convenção n. 155 da OIT na promoção da saúde e segurança do trabalhador identificadas a partir da pesquisa jurisprudencial

A partir do retrato traçado acima, foram identificadas dez categorias de influência, aqui denominadas como: (*i*) colmatadora de lacunas conceituais, (*ii*) estandardizadora, (*iii*) ampliativa, (*iv*) modelar, (*v*) fortalecedora, (*vi*) pacificadora, (*vii*) principiológica, (*viii*) complementadora e (*ix*) saneadora, analisadas abaixo. Nota-se que uma categoria de influência não exclui a outra, isto é, a convenção pode exercer mais de uma categoria de influência simultaneamente; e que algumas categorias de influência foram registradas em poucas decisões, o que, no entanto, não retira a sua relevância.

> (*i*) Observou-se que a Convenção n. 155 da OIT influencia a proteção da saúde e segurança do trabalhador ao ser utilizada com a finalidade indicar o conceito de determinadas expressões, preenchendo, assim, lacunas conceituais no ordenamento jurídico brasileiro. Tal categoria de influência identificada foi nomeada nesta tese como "colmatadora de lacunas conceituais". Essa influência foi verificada nas decisões codificadas com os códigos "definição de saúde" e "definição de meio ambiente do trabalho".

Quanto às decisões codificadas como "definição de saúde", o art. 3 da Convenção n. 155 foi utilizado para a adoção, por parte dos magistrados, de um conceito amplo de saúde, o qual deve "*abranger não só a ausência de afecções ou de doenças, mas também os elementos físicos e mentais que afetam a saúde e estão diretamente relacionados com a segurança e a higiene no trabalho*". Nesse sentido, decisão proferida no âmbito do TRT18 (Processo n. 0012009-13.2015.5.18.0011), em que o magistrado determinou que o empregador proporcionasse um meio ambiente do trabalho saudável, em sentido amplo, inclusive no tocante à esfera mental da saúde, devendo assegurar não apenas que o ambiente seja saudável, mas também livre de assédios e discriminações, na medida em que saúde é "um estado completo de bem-estar físico, mental e social e não somente a ausência de afecções e enfermidades", conforme a Convenção n. 155 da OIT.

Quanto às decisões codificadas como "definição de meio ambiente do trabalho", a Convenção n. 155 foi utilizada para conferir um conceito amplo de meio ambiente do trabalho, não permitindo que ele seja compreendido de maneira restritiva como sinônimo das instalações físicas do empregador, indicando que ele abrange todos os lugares onde os trabalhadores devem permanecer – sendo, portanto, indivisível. Não se pode estabelecer divisão pela a espécie de vínculo com a empresa.

Assim, baseando-se na Convenção n. 155 da OIT, o(a) magistrado(a) definiu conceitos que são ausentes ou imprecisos na legislação trabalhista brasileira, o que permitiu um maior espetro de proteção, já que a saúde foi considerada, inclusive, no seu aspecto psicossocial, e que a promoção do meio ambiente do trabalho equilibrado não fosse restrita somente aos empregados (e sim a todos que naquele ambiente laboram, independentemente do vínculo jurídico estabelecido) e envolvesse qualquer local em que o trabalhador deva permanecer.

Salienta-se, neste particular, a possibilidade de a norma internacional influenciar o direito interno com a finalidade de preencher lacunas em geral, não apenas lacunas conceituais, como aponta Beaudonnet (2006, p.11). Contudo, tal finalidade não foi observada a partir do mapeamento jurisprudencial feito neste estudo.

(*ii*) Observou-se que a Convenção n. 155 da OIT influencia a proteção da saúde e segurança do trabalhador ao ser utilizada com a finalidade de estabelecer um patamar mínimo de direitos, funcionando como um *labor standard*, isto é, um padrão mínimo que não deve ser diminuído. Assim, identificou-se a categoria de influência estandardizadora, em que a Convenção n. 155 auxilia na manutenção de um padrão de direitos, abaixo do qual não se deve permitir negociação ou flexibilização, constituindo uma "*garantia contra a supressão de direitos humanos*" (Borges, 2017, p. 183).

(*iii*) Observou-se que a Convenção n. 155 da OIT influencia a proteção da saúde e segurança do trabalhador ao ser utilizada com a finalidade de ampliar direitos, ainda que contrariando as disposições existentes no direito nacional. Essa categoria de influência foi denominada ampliativa, evidenciando os tratados internacionais como fonte de expansão de direitos fundamentais sociais. No caso brasileiro, como a legislação doméstica está, de maneira geral, alinhada com a Convenção n. 155, esta categoria foi verificada apenas nas decisões em que o(a) magistrado(a) permitiu que o trabalhador recebesse de forma cumulativa os adicionais de insalubridade e periculosidade. Quanto a esta discussão jurídica, necessário tecer duas considerações.

A primeira consideração refere-se à monetização da saúde do trabalhador. Quando se categoriza tal cenário como "ampliativo" de direitos, faz-se referência tão somente à vantagem financeira atribuída ao trabalhador por receber dois adicionais distintos. Entende-se que a verdadeira proteção de sua saúde se dá com a eliminação e/ou atenuação dos riscos (advindos da existência de agentes insalubres e perigosos) e não com a sua compensação financeira. Este teor preventivo, inclusive, é o cerne da Convenção n. 155. Contudo, acredita-se que tal possibilidade de cumulação, de um lado, compensaria (ainda que de forma meramente financeira) a exposição do trabalhador a dois tipos de riscos distintos, além de — possivelmente — desestimular o empregador em manter o meio ambiente de trabalho insalubre e perigoso, em função do encarecimento da remuneração que seria devida ao trabalhador.

A segunda consideração diz respeito ao mais recente posicionamento do TST, segundo o qual, em julgamento de incidente de recurso repetitivo (Processo n. IRR-239-55.2011.5.02.0319), ficou vedada a cumulação dos adicionais de insalubridade e de periculosidade, ainda que decorrentes de fatos geradores distintos e autônomos, visto que o art. 193 da CLT foi recepcionado pela Constituição Federal e a Convenção n. 155 não enseja a cumulação dos adicionais.

(*iv*) Observou-se que o controle de convencionalidade feito a partir da Convenção n. 155 da OIT foi utilizado para indicar a necessidade de realização do controle de convencionalidade da Reforma Trabalhista a partir de outras convenções da OIT. Essa categoria de influência foi nomeada como modelar, pois o controle de convencionalidade feito a partir da Convenção n. 155 serviu de modelo para outro controle de convencionalidade.

(*v*) Observou-se que a Convenção n. 155 da OIT foi invocada para reforçar as disposições já existentes no direito brasileiro, exercendo a categoria de influência denominada fortalecedora. Nesses casos, observou-se que a Convenção n. 155 figura como um argumento de autoridade, corroborando como a legislação doméstica. Destaca-se que esta foi a categoria de influência prevalecente e abrangeu diversas discussões jurídicas. A seguir, transcreveu-se um exemplo de como tal categoria se manifestou, ressaltando-se que há inúmeros outros exemplos nas decisões analisadas.

(*vi*) Observou-se que a Convenção n. 155 da OIT foi mencionada com o objetivo de resolver ou reforçar a solução de um debate jurídico existente no direito interno, exercendo a categoria de influência aqui denominada como pacificadora, pois auxilia na pacificação de uma dúvida a respeito do direito a ser aplicado no caso concreto, a exemplo da discussão a responsabilidade solidária entre tomador e prestador de serviço no tocante à garantia de higidez do meio ambiente do trabalho.

O art. 17 da Convenção n. 155 — que dispõe que "*sempre que duas ou mais empresas desenvolverem simultaneamente atividades num mesmo local de trabalho, as mesmas terão o dever de colaborar na aplicação das medidas previstas na presente Convenção*" — foi utilizado para fundamentar a responsabilidade solidária entre tomador e prestador de serviços no tocante à garantia de higidez do meio ambiente do trabalho, nos casos de terceirização.

(*vii*) Observou-se que a Convenção n. 155 da OIT foi citada com o objetivo de trazer luzes a princípios aplicáveis ao direito ambiental do trabalho, a exemplo da menção ao princípio da melhoria contínua. Essa categoria de influência foi denominada principiológica. A Convenção n. 155 foi citada com a finalidade de frisar que o empregador tem o dever de promover, de forma constante, o aprimoramento das condições labor-ambientais, conforme ilustrado pela ementa seguinte, extraída de decisão proferida no âmbito do TRT3 (Processo n. 0012013-32.2015.5.03.0152):

> Tratando-se de doença ocupacional, a responsabilidade do empregador decorre do dever de proporcionar meio ambiente seguro de trabalho para os seus funcionários, nos termos do comando constitucional previsto no artigo 7º, inciso XXII, em virtude do contrato

mantido entre as partes (art. 157 da CLT) e, ainda, ao princípio do aprimoramento contínuo, previsto na Convenção n. 155 da OIT, ratificada pelo Brasil.

(*viii*) Observou-se que a Convenção n. 155 da OIT foi citada com a finalidade de complementar uma disposição já existente no direito interno, categoria de influência denominada complementadora. Neste caso, não se trata propriamente do preenchimento de uma lacuna, pois há disciplina direito brasileiro, no entanto, tal complemento se faz necessário para especificar a previsão legal doméstica. Tal influência foi evidenciada especialmente nas decisões sobre o direito de recusa dos trabalhadores nos casos de não cumprimento de norma saúde segurança, colocando o trabalhador em risco.

Como se observa, o art. 483, "d" da CLT autoriza a rescisão do contrato de trabalho pelo empregado nas situações em que o empregador não cumprir com as obrigações do contrato. Trata-se de uma disposição genérica, que poderia diversos inadimplementos do empregador, a exemplo do pagamento da remuneração, não concessão de intervalor para descanso, a não observância das normas de saúde e segurança, etc. Neste caso, o art. 13 da Convenção n. 155 foi utilizado para tornar a legislação doméstica mais específica, indicando que o trabalhador que julgar necessário interromper uma situação de trabalho (por considerar que ela envolve um perigo iminente e grave para sua vida ou sua saúde) deverá ser protegido, o que, na percepção do magistrado, autoriza a rescisão indireta.

(*ix*) Por fim, observou-se que a Convenção n. 155 da OIT foi mencionada com a finalidade de esclarecer as disposições do direito interno, organizando fundamentos existentes no ordenamento jurídico brasileiro, mas que se encontram em diferentes normas. Assim, a Convenção n. 155 exerceu a categoria de influência denominada como saneadora, pois promove certa organização de disposições esparsas, consistindo em uma norma mais direta e clara. Tal influência foi verificada nas discussões a respeito do dever de cuidado do empregador com o meio ambiente do trabalho, em que o(a) magistrado(a) utiliza a Convenção n. 155, sobretudo o seu art. 16, para declarar que o empregador tinha o dever de zelar pelo meio labor-ambiental, trazendo mais objetividade no tocante à identificação dos deveres do empregador.

6. Conclusão

Este estudo teve como objetivo central compreender, a partir das atividades jurisdicionais da Justiça do Trabalho, se e, em caso afirmativo, como a proteção da saúde e segurança do trabalhador no Brasil é influenciada pelo direito internacional, mais especialmente, pela Convenção n. 155 da OIT.

Para tanto, realizou-se pesquisa jurisprudencial a partir da qual foi possível afirmar que o direito internacional, mais especialmente, a Convenção n. 155 da OIT influenciou a proteção da saúde e segurança do trabalhador na maioria das decisões judiciais analisadas, respondendo-se, assim, a pergunta de pesquisa norteadora deste estudo. Saliente-se que, embora tenha-se constatado que a Convenção n. 155 é mencionada em apenas 0,04% do número de processos julgados ao longo do recorte temporal adotado na tese, as decisões encontradas são relevantes na medida em que se tornam referência acerca da aplicação da Convenção n. 155 da OIT e podem influenciar futuras decisões, além de constituir uma quantidade (em número absolutos) expressiva, pois a leitura do referencial teórico sugeriu que seria encontrado um número ainda menor de resultados. Nesse sentido, entende-se que a Convenção n. 155 exerceu influência na proteção da saúde e segurança do trabalhador pela Justiça do Trabalho no Brasil (e, se fosse mais utilizada, poderia contribuir ainda mais para a proteção da saúde e segurança do trabalhador).

Tal influência se deu de diferentes maneiras, aqui denominadas como categorias de influência: colmatadora de lacunas conceituais (em que a Convenção n. 155 foi utilizada com a finalidade indicar o conceito de determinadas expressões, preenchendo, assim, lacunas conceituais no ordenamento jurídico brasileiro), estandardizadora (em que a Convenção n. 155 foi utilizada com a finalidade de estabelecer um patamar mínimo de direitos, funcionando como um *labor standard*, isto é, um padrão mínimo que não deve ser diminuído), ampliativa (em que a Convenção n. 155 foi utilizada com a finalidade de ampliar direitos, ainda que contrariando as disposições existentes no direito nacional), modelar (em que a Convenção n. 155 foi utilizada como modelo para a realização de controle de convencionalidade), fortalecedora (em que a Convenção n. 155 foi utilizada para reforçar as disposições já existentes no direito brasileiro), pacificadora (em que a Convenção n. 155 foi utilizada para resolver ou reforçar a solução de um debate jurídico existente no direito interno), principiológica (em que a Convenção n. 155 foi utilizada para trazer luzes a princípios aplicáveis ao direito do trabalho), complementadora (em que a Convenção n. 155 foi utilizada para complementar uma disposição já existente no direito interno) e saneadora (em que a Convenção n. 155 foi utilizada para esclarecer as disposições do direito interno, organizando fundamentos existentes no ordenamento jurídico brasileiro, mas que se encontram em diferentes normas).

A partir da análise das decisões e da influência exercida pela Convenção n. 155 da OIT, acredita-se que a aplicação de tal convenção — e, possivelmente, de outros dispositivos internacionais — seria um elemento fortalecedor da atuação da Justiça do Trabalho, proporcionando condições para que os juízes do trabalho sejam atores sociais (mais) influentes na manutenção (e, se possível, na ampliação) dos *labour standards*. Respeitando o princípio do livre convencimento do juiz, com base nos dados apresentados nesta tese, defende-se esta ideia pois acredita-se que a utilização da Convenção n. 155 da OIT, bem como de outras normas internacionais, pode proporcionar uma melhor decisão e esclarecimento em relação a determinado caso concreto, além de impedir — ou, ao menos, mitigar — a flexibilização acentuada de direitos trabalhistas decorrente de alterações legislativas suscitadas por contingências locais (como crises econômicas e políticas, por exemplo).

A história já mostrou que a conquista de direitos trabalhistas não evolui linearmente, havendo ciclos de garantia de direitos e ciclos de flexibilização. Especialmente nesses momentos de tensão, a aplicação das normas internacionais e, na situação analisada, da Convenção n. 155, formaria o alicerce jurídico para frear eventuais retrocessos e, ao menos, manter (quanto melhor, superar) os padrões preconizados internacionalmente. Ademais, há situações normativas em que as normas internacionais proporcionam maior proteção do que a legislação interna; e, ao aplicá-las, o Poder Judiciário estaria proporcionando à sociedade uma melhor forma de reparação.

Não se espera que todos os magistrados em todas as decisões façam referência a normas internacionais, mesmo porque, muitas vezes, o próprio direito interno já é suficiente para solucionar determinado litígio, além de, em muitos casos, o direito internacional já ter influenciado o direito interno previamente, a exemplo do desenvolvimento de uma norma interna em função de uma obrigação internacional assumida.

Contudo, entende-se necessário ressaltar que o direito internacional pode ser um instrumento estratégico para a melhor solução dos litígios. Espera-se, com este estudo, ter evidenciado as diferentes influências que a Convenção n. 155 da OIT (e, potencialmente, outros dispositivos internacionais) pode exercer na proteção da saúde e segurança do trabalhador em uma decisão judicial.

Referências

ALCOCK, Antony Evelyn. *History of the International Labour Organization.* Londres: Palgrave Macmillan, 1971.

BEAUDONNET, Xavier. How domestic jurisdictions use universal sources of international law. In: *Labour law:* its role, trends and potential, Labor Education, 2006, p. 9-19.

BORGES, Daniel Damásio. *A aplicação e a interpretação das convenções internacionais em matéria de saúde e de trabalho na ordem jurídica brasileira:* contribuição ao estudo do impacto do direito internacional sobre as políticas sociais brasileiras. 2017. 275 f. Tese (Livre Docência) – Faculdade de Direito, Universidade de São Paulo, São Paulo, 2017.

DIMITRIJEVIC, Paul. *L'Organisation internationale du travail* — historie de la représentation patronale. Genève: Livrairie de L'Université Gerorg et Cie S.A., 1972.

ITCILO. *International labour law and domestic law* — a training manual for judges, lawyers and legal educators: occupational safety and health. Turin: Training Centre of the ILO, 2018.

LEARY, Virginia. *International labour convention and national law* — the effectiveness of the automatic incorporation of treaties in national legal systems. Dordrecht: Springer, 1982.

OBSERVATÓRIO DE SEGURANÇA E SAÚDE NO TRABALHO. *Acidentômetros.* 2019. Disponível em: https://smartlabbr.org/sst. Acesso em: 10 jan. 2019.

OJEDA AVILES, Antonio. La "externalización» del derecho del trabajo. *Revista Internacional del Trabajo,* v. 128, n. 1-2, 2009, p. 51-72.

ORGANIZAÇÃO INTERNACIONAL DO TRABALHO. *Las reglas del juego:* una introducción a la actividad normativa de la Organización Internacional del Trabajo. Edición del Centenario. Genebra: International Labour Office, 2019a.

______. *Safety and health at work*. 2019b.

PASQUALETO, Olívia de Quintana Figueiredo. *Proteção da saúde e segurança do trabalhador* — influência do direito internacional. São Paulo: Almedina, 2021.

POTOBSKY, G. Von. Eficacia jurídica de los convenios de la OIT en el plano nacional. In: JAVILLIER, Jean-claude; GERNIGON, Bernard; POLITAKIS, Georges P. *Les normes internationales du travail:* un patrimoine pour l'avenir — mélanges en l'honneur de Nicolas Valticos. Genève: Bureau International Du Travail, 2004. p. 287-305.

SUPIOT, Alain. *Crítica do direito do trabalho.* Tradução de António Monteiro Fernandes. Lisboa: Fundação Calouste Gulbenkian, 2016.

UK PARLIAMENT. *Reforming society in the 19th century and early factory legislation*. Disponível em: https://www.parliament.uk/about/living-heritage/transformingsociety/livinglearning/19 thcentury/overview/earlyfactorylegislation/. Acesso em: 09 jul. 2018.

VALTICOS, Nicolas. *Traité de Droit du Travail* — droit international du travail. Paris: Librarie Dalloz, 1970.

VILLERMÉ, Louis-René. *Tableau de l'état physique et moral des ouvriers employés dans les manufactures de coton, de laine et de soie.* Paris: Jules Renouard et Cie Libraries, 1840. Disponível em: https://gallica.bnf.fr/ark:/12148/bpt6k6503b.pdf. Acesso em: 11 jul. 2018.

Reformas trabalhistas brasileira e argentina em diálogo com a experiência espanhola

Magda Barros Biavaschi(1)

Bárbara V. Vazquez(2)

Alisson Droppa(3)

Introdução

Este texto, agora atualizado, foi apresentado no Seminário Internacional *"Políticas de la Memoria"* del Centro Cultural Haroldo Conti. EJE 2/Mesa 3 *"Pasado y presente de los derechos laborales en Argentina y América Latina: hacia un balance de los avances y retrocesos en las últimas décadas"*, que aconteceu de 27 a 29 de setembro no Centro Cultural Haroldo Conti, em Buenos Aires, coordenado por Victoria Basualdo e Matias Cremonte, com apoio da Flacso Argentina e da Associação de Advogados Laboralistas da Argentina.

Desde a crise de 2008, fruto da overdose de um capitalismo sem peias, hegemonizado pelos interesses das finanças, uma onda de reformas liberalizantes atingiu países centrais e periféricos, impactando negativamente os mercados de trabalho e com graves consequências para os latino-americanos, marcados por alta heterogeneidade e baixos salários. No Brasil, a crise, que chegou forte em 2015, aprofundou-se em 2016, assumindo contornos políticos significativos. Um *lawfare* de graves proporções retirou da Presidência a primeira mulher eleita, Dilma Rousseff, criando condições para encaminhamento de reformas como a trabalhista, aprovada em 2017, e a previdenciária,

(1) Desembargadora do Trabalho aposentada. Pesquisadora no CESIT/Unicamp. Professora colaboradora em programas de pós-graduação no IE e IFCH/Unicamp. E-mail: magdabia@terra.com.br.

(2) Mestre e Doutoranda em Desenvolvimento Econômico (IE/Unicamp), em cotutela com a *Universidade de Castilla La Mancha*. Docente e coordenadora da pós-graduação da Escola Dieese de Ciências do Trabalho. E-mail: barbaravvazquez@gmail.com.

(3) Historiador. Doutor em História Social. Pesquisador do trabalho e técnico do DIEESE. E-mail: alissondroppa@gmail.com.

aprovada em 2019[(4)]. Evocando o *credo liberal*, foi retomada a regressiva crença de que o encontro "livre" das vontades é lócus prevalente da produção de normas que regem as relações entre indivíduos. A reforma trabalhista brasileira, referência para uma proposta análoga na Argentina que se seguiu, deslocou a fonte dos direitos dos trabalhadores da regulação pública, universal, para o contrato individual, atingindo direitos conquistados e as instituições do trabalho.

Este artigo aborda essas reformas e, à luz de experiências de contrarreformas em andamento, sobretudo na Espanha, traz elementos que contribuem para com o debate sobre a relevância de um sistema público de proteção que incorpore todas as pessoas que trabalham em direitos em garantias, independentemente da natureza dos serviços prestados, colocando diques à ação disruptiva do capitalismo. A partir desses pressupostos, discute certos aspectos e os significados da reforma trabalhista brasileira de 2017 e de propostas encaminhadas na Argentina durante o governo do Presidente Macri (Biavaschi *et al.*, 2018: 209-241; Galvão & Teixeira, 2018: 153-181), lançando considerações preliminares sobre recentes medidas anunciadas pelo recém-empossado Presidente Milei. A seguir, dialoga com o processo espanhol de reforma e contrarreforma, trazendo, nessa trajetória, aspectos sobre os sistemas públicos de proteção ao trabalho, chegando às considerações finais.

1. A reforma trabalhista brasileira: a falácia dos argumentos

A Constituição brasileira de 1988, construída em berço análogo ao da Constituição de Weimar, de 1919, constitucionalizou o sistema público de proteção social ao trabalho e elevou os direitos trabalhistas à condição de sociais fundamentais, ampliando o leque da proteção às categorias até então não incorporadas pela Consolidação das Leis do Trabalho, CLT: rurais e domésticas remuneradas, estas na grande maioria mulheres. Direitos esses conquistados em um processo difícil, com avanços e recuos, cuja construção sistemática teve início em 1930, *pari passu* ao processo de industrialização, passando por decretos asseguradores de direitos (sobretudo a partir de 1932), pela Lei n. 62/35 que incorporou esses direitos e outras conquistas (estabilidade no emprego aos dez anos conquistada pelos ferroviários em 1923), pela CLT de 1943, pelo novo sindicalismo nas décadas de 1970/80, chegando à Constituição de 1988 que completou o ciclo de constituição desse sistema, cujas normas, de ordem pública, são inafastáveis pela vontade das partes, justo quando ventos liberalizantes sopravam fortes na América Latina.

Foram substantivas as pressões liberalizantes a partir da década de 1990, em tempos de capitalismo globalizado e hegemonizado pelos interesses das finanças, encorajadas pelas políticas de austeridade fiscal. Com os interesses privados insistindo em subjugar o sentido do público, eram vendidas as ideias de que: o sistema de proteção

(4) A reforma trabalhista foi proposta e aprovada no governo de Michel Temer. Já a previdenciária foi proposta no governo Temer, mas sofreu resistências e apenas no governo Jair Bolsonaro logrou aprovação.

ao trabalho oferece entraves ao crescimento econômico, sendo imprescindível retirar a sua "rigidez". Nessa década, no Brasil, houve privatizações e medidas de ajuste fiscal. Porém, os alicerces do sistema de proteção social ao trabalho não foram estruturalmente atingidos. Em 2002, em tempos de juros altíssimos e de elevado desemprego, a coligação Lula-Presidente foi eleita. Entre 2003 e 2014, o Brasil caminhou rumo à redução das desigualdades, com êxito na base da pirâmide social. Medidas de incentivo ao consumo e a política de valorização do salário-mínimo, entre outras, contribuíram para com esse cenário. A grave crise de 2008 não teve no Brasil o impacto sofrido pelos países centrais. Os indicadores de mercado de trabalho mantinham-se estáveis. A forte expansão do produto era sustentada pelo estímulo ao crédito, ampliação do emprego e aumento da formalidade, em contexto de estímulo à demanda por consumo. Mas a pressão dos setores econômicos por reformas era expressiva.

Em 2012, a Confederação Nacional da Indústria, *CNI,* lançou 101 medidas para "modernizar" as relações de trabalho. A tese, em síntese, era a de que a "rigidez" da legislação trabalhista, o excesso de burocracia e de obrigações provocavam insegurança jurídica que afastava os investimentos, criando ambiente contrário à geração de empregos (CNI, 2012). Nesse documento, seguido pelo da Confederação Nacional da Agricultura e Pecuária, CNA e pelo da Federação Brasileira de Bancos, FEBRABAN, a supremacia do negociado sobre o legislado e a ampliação da terceirização aparecem como centrais. Como a grave crise econômica que chegou em 2015 e se aprofundou em 2016, as reformas liberalizantes ganharam contornos relevantes no documento do MDB, partido do então Vice-Presidente Michel Temer, *Uma ponte para o Futuro* (Biavaschi, Teixeira, 2018). Era forte a pressão pela flexibilização das normas trabalhistas como forma de as empresas se adaptarem, por um lado, ao padrão de competitividade internacional; por outro, com estratégia de redução dos custos do trabalho. Daí a corrosão das conquistas acumuladas pela classe trabalhadora, freios ao desejo de acumulação de riqueza abstrata que move o capitalismo. Sistema que, no Brasil, pais de resilientes raízes escravocratas, patriarcais e monocultoras, encontrou condições estruturais para se instalar e se expandir.

Nessa *démarche*, em dezembro de 2016 a reforma trabalhista foi apresentada como elemento de "modernização" das regras vigentes, cuja "rigidez" precisava ser retirada para garantir "segurança jurídica", atrair investimentos que dinamizam a economia, aumentar a competitividade e, em decorrência, os postos de trabalho. A excessiva judicialização dos conflitos e a atuação "paternalista" da Justiça do Trabalho, bradavam seus defensores, geram inseguranças e afastam investidores. Falsas ideias desnudadas, sobretudo, pelo bom desempenho da economia nos governos Lula e no primeiro Dilma, em que houve crescimento econômico, elevação da renda do trabalho, formalização e baixo desemprego em tempos em que vigia essa mesma tela de direitos.

Vários dos seus dispositivos reduziram o papel do sistema de proteção, atingindo a regulação pública e as instituições do trabalho, sobretudo a Justiça do Trabalho e as organizações sindicais. E o fizeram transtrocando as fontes dos direitos da lei universal para o contrato individual de trabalho, restringindo o acesso ao Judiciário, reduzindo as atribuições e possibilidades interpretativas dos magistrados, Quanto às organizações sindicais, a prevalência do contrato individual de trabalho, inclusive sobre as negociações coletivas, a retirada dos sindicatos de vários momentos da relação de emprego, em especial na assistência às despedidas e demissões, a extinção abrupta da fonte de financiamento, a legitimação de formas de contratar até então espúrias (como ampliação da terceirização e o "autônomo exclusivo"), atingiram as organizações dos trabalhadores. O sistema público de proteção ao trabalho, constitucionalizado em 1988, foi estruturalmente atingido, com impactos na regulação e nas instituições do trabalho.

A reforma trouxe obstáculos ao acesso à jurisdição trabalhista, tal como: § 3º do art. 790 da CLT, limitando a Gratuidade de Justiça aos trabalhadores que recebam salário igual ou inferior a 40% do limite máximo do benefício do regime geral da previdência, valores muito baixos; art. 507-B, permitindo a quitação anual do contrato de emprego visando a impedir questionamentos judiciais; § 3º do art. 8º, impedindo a Justiça do Trabalho de declarar nulas cláusulas de acordos e convenções coletivas prejudiciais aos trabalhadores, limitando a jurisdição ao exame dos requisitos formais dos instrumentos normativos[(5)]. O fundamento dos defensores é o de que magistrados e ministros do TST, ao interpretarem normas e editarem Súmulas, extrapolam na função de intérpretes, em "ativismo judicial" a ser contido. Daí os mecanismos estimuladores da solução extrajudicial dos conflitos, como o Processo de Jurisdição Voluntária para Homologação de Acordo Extrajudicial que, além de institucionalizar possibilidades de fraude a direitos, transforma a Justiça do Trabalho em órgão homologador de acordos potencialmente lesivos. Ainda, dispôs que Súmulas e enunciados de jurisprudência do TST e dos Regionais não poderão criar obrigações não previstas em lei, limitando a jurisprudência. Outro exemplo é a tarifação do dano moral e a adoção do "princípio da intervenção mínima na autonomia da vontade coletiva" no exame das convenções ou acordos coletivos. Assim, na contramão do movimento de construção do direito do trabalho, trouxe para as relações de trabalho o *pacta sunt servanda* que supõe a igualdade das partes (Biavaschi *et al.*, 2018:.209-241).

É falacioso o argumento da segurança jurídica e do excesso de litigiosidade. Isso porque o incremento das ações judiciais se dá *pari passu* ao aumento das despedidas e se relaciona às lesões reiteradas a direitos básicos, em um país em que as baixas multas não desestimulam esses descumprimentos. A reforma chega a determinar aos juízes e tribunais que observem os aspectos formais da manifestação de vontade, mesmo que as cláusulas das negociações coletivas violem o princípio do não retrocesso social (Teixeira, *et al.*, 2017). E, ao dar prevalência aos contratos individuais, viola princípios próprios do

---

(5) Recentemente o Ministro do STF, Alexandre de Moraes, em decisão monocrática, decidiu que uma trabalhadora, beneficiária da Gratuidade de Justiça, terá que pagar honorários do advogado da outra parte, determinando que o TRT de Minas Gerais profira outra decisão, observando a jurisprudência do STF fixada na Adin 5.766. Notícia acessível em: https://www.migalhas.com.br/quentes/388403/moraes-justica-gratuita-nao-isenta-trabalhador-de-pagar-sucumbencia.

Direito do Trabalho e atinge a lógica fundacional da Justiça do Trabalho, criada que foi para concretizar um direito profundamente social e tuitivo da classe trabalhadora e cujas decisões, de forma majoritária, são diques à ação desigualadora do capitalismo (Teixeira et. al., 2017). E o prevalecer do "livre encontro" das vontades individuais, inclusive sobre as normas coletivas, fere o papel desmercantilizador que as organizações sindicais têm, em uma guinada em que interesses privados preponderam.

Como evidenciam os dados do Tribunal Superior do Trabalho, TST, e do Conselho Nacional de Justiça, CNJ, (KREIN, et. al, 2021), grande parte das reclamatórias ajuizadas antes da reforma e, mesmo, depois dela, busca o pagamento de parcelas devidas nas despedidas, horas extras, insalubridade e reconhecimento do vínculo de emprego. Daí que a segurança jurídica almejada pelos defensores da reforma, na realidade, a liberdade para descumprir os direitos trabalhistas, deixando o trabalhador em absoluta insegurança.

Apesar da retórica de que a reforma estaria fundamentada na necessidade do fortalecimento dos sindicatos dos trabalhadores, ela limitou a participação destes quando, por exemplo, eliminou a obrigatoriedade de assistirem os trabalhadores no pagamento das parcelas decorrentes da despedida, a chamada homologação das rescisões daqueles com mais de um ano de contrato. Essa eliminação, além de suprimir a condição de validade dos atos de despedida e demissão à assistência sindical, acabou contribuindo para com a abrupta redução das ações trabalhistas (Vazquez; Biavaschi; Droppa, 2019). Por fim, eliminou importante fonte de custeio, com prejuízos financeiros brutais às organizações sindicais de trabalhadores. Elementos que evidenciam que o sistema de proteção ao trabalho foi substancialmente atingido, incluídas a legislação e as instituições incumbidas de concretizá-la, fiscalizar sua aplicação e ampliar o leque de direitos a saber: Justiça do Trabalho, sistemas de fiscalização e organizações sindicais.

Nos últimos anos, indicadores econômicos apontaram para degradação das condições de vida da maior parte da população, dificuldades que a reforma de 2017 e as medidas provisórias subsequentes trataram de acirrar e a pandemia da Covid 19 de escancarar, evidenciando a histórica exclusão de grande contingente de trabalhadores da proteção social. Além disso, governos adeptos ao ideário liberal, sucessivas crises econômicas, reformas liberalizantes, contribuíram para com o aprofundamento das desigualdades e da pobreza, situação que, aliás, já apresenta relativa melhora desde a posse de Luiz Inácio Lula da Silva. Segundo dados da PNADC-IBGE[(6)], o desemprego atinge 8,2 milhões de pessoas (7,5% da força de trabalho). Durante a pandemia, o desemprego superou 14% por quatro trimestres consecutivos (3ºtri de 2020 a 2ºtri de 2021). Preocupam: os quase 9 milhões de desocupados; o desalento, a subocupação e a subutilização; os "por conta própria", os MEIs, PJs, "empresários de si próprios", em meio à crescente informalidade e à explosão do *loca-loca* das plataformas digitais.

(6) Trimestre encerrado em novembro de 2023.

2. A reforma trabalhista argentina: aspectos relevantes

A reforma trabalhista argentina, encaminhada pelo então Presidente Mauricio Macri, teve como referência expressa a recente reforma brasileira. No entanto, as ruas argentinas posicionaram-se fortemente contrárias à proposta. Foram grandes as manifestações, em meio às discussões da reforma previdenciária, fator determinante para a suspensão de sua tramitação.

Quanto às linhas estruturantes, estimuladas pelas reformas espanholas de 2010, 2011 e 2012 (tal como acontecera no Brasil), os contornos da proposta argentina eram similares aos da brasileira. Previa: exclusão da natureza salarial de parte das remunerações variáveis; rebaixamento das condições de trabalho permitido em acordo individual; alteração das condições de trabalho unilateralmente pelo empregador; retirada de freios à terceirização, suprimida a responsabilidade solidária que a legislação argentina contempla; contratos de trabalho "autônomo" economicamente vinculado e trabalho "autônomo" independente, com colaboradores; redução das indenizações por despedida; contratos em tempo parcial; e, como novidade em relação à brasileira, a constituição de fundo para pagamento das verbas rescisórias.

Biavaschi e Teixeira (2018) mostram que no período 2010–2015 as ações judiciais que mais cresceram na Argentina foram as decorrentes de acidentes e doenças profissionais (legalmente, equiparam-se aos acidentes). Evidenciam, também, que a reforma proposta pelo então Presidente Macri reduzia o prazo de prescrição de 2 anos para 1 ano (no caso da brasileira, a lei traz a prescrição intercorrente, até então adotada por minoritária jurisprudência). Distintamente da brasileira proposta por Temer e vigente desde 2017, a proposta argentina trazia certos benefícios à classe trabalhadora, como ampliação da licença paternidade de 2 para 15 dias, redução da jornada por acordo para cuidar de menores, licenças para adoção e tratamentos de reprodução assistida, além de políticas de capacitação e formação profissional. Fortemente resistida em massivas manifestações, sua tramitação foi suspensa pelo Presidente Macri que, a seguir, como estratégia para facilitar a aprovação, a tripartiu, como segue: i) regularização do emprego sem registro (informal), que, aliás, aumentou muito de 2012 a 2019, variando entre 44% a 50% (Souza, 2022), com proposta de caráter flexibilizador ao permitir a renúncia a direitos adquiridos (Biavaschi; Teixeira, 2018).

Como estímulo à formalização, oferecia aos empregadores anistia pelas dívidas previdenciárias, multas, infrações e extinção de ações penais; ii) o segundo projeto propunha alterações na lei do contrato de trabalho, com redução das indenizações por despedida, renúncia a direitos adquiridos e acordos individuais modificando condições de trabalho, permitindo "livre" negociação apta a suprimir ou modificar direitos, violando o princípio da irrenunciabilidade a direitos assegurados em normas de ordem pública; iii) o terceiro, tratava da capacitação laboral contínua, sistema de práticas formativas, emprego juvenil, rede federal de serviços de emprego e seguro-desemprego ampliado, prevendo a criação de um documento de identidade ocupacional (Biavaschi; Teixeira, 2018). Os três projetos tramitavam quando as eleições deram vitória a Alberto Fernandez que se colocou no cenário de forma totalmente distinta, emprestando sentido de coletividade às ações, retomando o processo de construção e afirmação dos direitos sociais e de políticas públicas visando à redução das desigualdades, com sólidos programas de transferência de renda.

2.1. A arena de disputas ainda presente. A judicialização dos conflitos.

Com a chegada ao poder de Alberto Fernandez, com um governo sensível às questões do trabalho, essas reformas não avançaram. No entanto, não foi superado o processo de deterioração do mercado de trabalho, em um país sufocado por dívida externa e grave crise econômica. A pausa da agenda liberal relacionada ao trabalho não significou silenciamento de suas pautas. E como o capitalismo é muito criativo e vai sempre engendrando novas formas de contratar para poder saciar seu desejo de acumulação de riqueza abstrata, setores econômicos continuam "burilando" propostas com finalidade de flexibilizar um mercado bastante flexível.

Como exemplo, cita-se o trabalho alocado via plataformas digitais(7), cuja disputa de forças foi levada ao Judiciário. Como a informatização dos tribunais trabalhistas é algo recente e as decisões ainda não são publicadas na íntegra, além de certo atraso quanto à disponibilização das informações, a pesquisa se torna difícil. Ao se pesquisar a matéria no sistema do Poder Judiciário da Nação, a primeira constatação é a de que as decisões judiciais, na maioria dos casos, são limitadas ao exame de medidas cautelares, sendo exceções as situações em que juízes enfrentaram, especificamente, a natureza do vínculo entre entregadores e empresas contratantes.

Uma das primeiras decisões foi proferida em ação encaminhada pelos trabalhadores integrantes da Asociación Personal de Plataformas, APP, com inscrição sindical em tramitação, determinando à demandada, RAPPI ARG S.A., proceder ao desbloqueio do acesso ao App *"Soy Rappi"*, assegurando a continuidade dos trabalhos. Esse bloqueio do acesso aos Apps tem sido utilizado como ferramenta punitiva aos trabalhadores, provocando exclusão provisória ou definitiva da plataforma, com justificativa de que não estão seguindo as diretrizes das empresas. No caso mencionado envolvendo a RAPPI, a decisão cautelar da primeira instância da Justiça Nacional do Trabalho, obrigando a empresa a desbloquear o trabalhador, foi reformada pela Sala IX da Cámara Nacional de Apelaciones del Trabajo, CNAT, mas ainda deixando a questão de fundo sobre a existência ou não do vínculo de emprego pendente de julgamento.

---

(7) O novo governo encaminhou ao parlamento projeto de lei visando a regulamentar o trabalho por plataformas digitais. Mas essa proposta, que tramitou em uma das casas, não foi adiante. Não há uma regulação específica. No entanto, para certas correntes de entendimentos, a legislação existente já possibilitaria o enfrentamento da temática, não sendo necessário regramento específico.

Em outro caso, localizado pelo desembargador Luis Raffaghelli[8], da CNAT, a decisão foi inversa à mencionada anteriormente. Os desembargadores, baseando-se no Decreto de Necessidade e Urgência n. 329/20 que não permitia a despedida dos trabalhadores, devido à situação de emergência sanitária do país, mantiveram a decisão cautelar proferida pelo primeiro grau, obrigando a RAPPI a permitir o acesso dos trabalhadores ao APP da empresa. A utilização do estado de emergência como fundamento tanto para decisões anteriores como para a os pedidos dos trabalhadores de desbloqueio tem sido estratégia constante na Justiça do Trabalho na Argentina.

Além das decisões em medidas cautelares, em favor ou não do trabalhador, o judiciário argentino foi instado a se manifestar quanto às punições impostas por autoridades administrativas às empresas que operaram por meio de plataformas, como é o caso da multa aplicada à RAPPI por infrações laborais pelo Ministério do Trabalho da província de Buenos Aires. No recurso, a Rappi sustentou que: *En suma, la empresa sostuvo que los "rappitenderos" son trabajadores libres e independientes que desempeñan un trabajo autónomo, por lo que no media entre ellos y la empresa una relación de trabajo alcanzada por la normativa laboral.*[9]

A decisão exemplar, mesmo que limitada à província de Buenos Aires, manteve a multa, sustentando que as empresas que contratam via plataformas são estabelecimentos empresariais, passiveis de enquadramento no art. 6 da Lei de Contrato de Trabalho. Além da multa, o caso se tornou exemplar ao confirmar a existência de vínculo de emprego entre os trabalhadores e a plataforma digital.

Quanto à atuação da CNAT, cabe registrar que, até agosto de 2022, tramitaram somente dois casos discutindo a natureza do vínculo estabelecido: em um deles, o trabalhador era motorista da "CABIFY" que, em ação proposta perante a Justiça do Trabalho, requereu o reconhecimento do vínculo e seu registro, bem como pagamento dos direitos decorrentes, como salário e indenizações. E, em outra ação, com conteúdo semelhante, o judiciário, invocando o princípio da primazia da realidade, reconheceu o vínculo de emprego com a tomadora dos serviços. Nesses dois casos, porém, não houve decisão definitiva da CNAT quanto à questão de fundo em face de acordo que pôs fim ao processo, sem definição quanto à natureza do vínculo. Aliás, a estratégia do acordo, com pagamento de valores e sem reconhecimento de vínculo, tem sido utilizada no Brasil pelas empresas como Uber, Ifood, 99, enfim, em processos que chegam em grau de recurso ordinário nos Tribunais Regionais. Essa estratégia que, no Brasil, tem sido resistida por alguns Tribunais Regionais (Biavaschi, 2022) é, em regra, utilizada pelas empresas para evitar decisão que lhes seja desfavorável, buscando impedir a formação de jurisprudência que conclua pelo vínculo de emprego.

---

(8) Os dados são de difícil obtenção. No caso, o desembargador Luis Raffaghelli, estudioso do tema e colaborador em pesquisas sobre a regulamentação do trabalho na Argentina, localizou essa decisão.

(9) Processo n. 49.930, disponível em: https://aldiaargentina.microjuris.com/wp-content/uploads/2021/09/Fallo-Rappi.pdf. Acesso em: 17 de jul. 2023.

Tais exemplos evidenciam que a retirada das reformas liberalizantes da pauta pelo governo de Fernandez não significou o término da disputa entre as forças do capital e do trabalho e, muito menos, que as pressões do capital para a supressão dos diques ao seu "livre" trânsito tenham sido eliminadas. Ao contrário. A luta e as tensões vivenciadas pelos trabalhadores por plataformas digitais são uma das expressões dessa complexidade. No entanto, em meio à grave crise econômica, marcada por endividamento externo e alta inflação, o candidato apoiado pelo governo de Alberto Fernandez foi derrotado no segundo turno das eleições pelo polêmico deputado Javier Milei, de corte ultraliberal, com campanha estruturada na negação das instituições públicas e na promessa de uma "liberdade", compreendida como ausência de obstáculos ao "live trânsito" dos indivíduos. Milei anunciou seu pacote de meditas desreguladoras, com forte impacto no campo do trabalho. Nesse contexto, a CGT e as duas CTAs(10) — a autônoma e a dos trabalhadores —, juntamente com outras organizações sindicais e sociais, organizam manifestações contra a reforma e se preparam para a primeira greve geral no dia 24 de janeiro de 2024.

Trata-se do Mega Decreto de Necessidade e Urgência, DNU, com vigência programada para 29 de dezembro de 2023(11). Diante da ameaça de que a Província de Buenos Aires buscaria, pela via judicial, suspender o DNU, Milei ameaça convocar um plebiscito. Mas judicializada a questão pela Confederação Geral do Trabalho, CGT, nos aspectos referentes aos direitos dos trabalhadores, uma decisão provisória, liminar, suspendeu o Decreto nesse aspecto(12), impondo a primeira importante derrota institucional ao Decreto. Cabe recurso e acompanhar esse processo se faz necessário.

Entre medidas destinadas a vários setores da economia, no campo do trabalho o "decretaço" elimina multas por descumprimento e irregularidades nos registros dos empregados; aumenta o tempo de experiência (período de prova) de três para oito meses; traz medidas regressivas para o teletrabalho; criminaliza protestos. Além de introduzir as seguintes alterações em matéria de trabalho: i) elimina multas por descumprimentos trabalhistas e problemas nos registros dos trabalhadores; ii) modifica o regime de contratação, descartando qualquer presunção em favor dos trabalhadores; iii) eleva o período de experiência de três para oito meses; iv) flexibiliza regras para a terceirização, negando a condição de empregados diretos de quem a utiliza e altera o sistema de solidariedade; v) amplia as possibilidades de banco de horas via contratos coletivos de trabalho; vi) reduz as indenizações por despedida; vii) penaliza manifestações e piquetes dos trabalhadores, caracterizando-os como "injuria trabalhista grave"; viii) altera critérios de correção dos créditos trabalhistas; ix) atinge a ultratividade nos convênios coletivos;

(10) CGT: Confederación General del Trabajo e CTA: Central de trabajadores y trabajadoras de Argentina.

(11) Ver matéria referente a esse decreto em: https://www.pagina12.com.ar/698942-uno-a-uno-los-retrocesos-en-derechos-laborales-del-decretazo.

(12) Ver matéria em: https://www1.folha.uol.com.br/mercado/2024/01/justica-argentina-suspende-reforma-trabalhista-de-megadecreto-de-milei.shtml.

x) altera o regime do teletrabalho; xi) permite contratar trabalhadores colaboradores, em uma relação "autônoma"; xii) para as trabalhadoras domésticas, 90% mulheres, reduz as indenizações e para os rurais amplia a possibilidade de terceirização via empresas de serviços temporários e agências de colocação, até então proibidas; xiii) regulamenta o direito constitucional de greve nas atividades essenciais, introduzindo restrições para algumas atividades econômicas. São essas e outras as alterações anunciadas que devem ser acompanhadas e que se encontram suspensas via liminar concedida judicialmente. Milei, na contramão das conquistas civilizatórias, utiliza-se da força bruta e da repressão, em nome de clamada liberdade dos indivíduos.

3. A revogação de reformas liberalizantes: a trajetória da Espanha

No dia 23 de dezembro de 2021, a Ministra do Trabalho da Espanha, Yolanda Diaz, comemorou acordo formalizado com sindicatos e empregadores para a implementação de uma reforma trabalhista que possa reduzir o trabalho temporário e precário. Esse acordo, firmado com as duas organizações patronais, o CEOE e o CEPYME (de pequenas e médias empresas) e com as duas Centrais Sindicais: Comissões Operárias e UGT, aconteceu pouco antes do termo final colocado pela Comissão Europeia que condicionou essa "nova reforma" à formalização do plano de recuperação europeu que tem na Espanha uma das principais beneficiárias.

Essa "nova reforma" e a notícia da revogação da anterior, importante referência para a enxurrada de reformas trabalhistas liberalizantes levadas à efeito em países da América Latina, fez repercutir, cá na periferia do capitalismo, a ideia revogatória das reformas que, contrariamente ao prometido, não resolveram os problemas do desemprego e da informalidade na região, contribuindo, ademais, para aprofundar a precarização e as históricas assimetrias de seus mercados de trabalho (Rigoletto e Salas Páez, 2018: 183-208). O então pré-candidato à Presidência da República, Luiz Ignácio Lula da Silva, hoje Presidente do Brasil, buscou, em sua campanha eleitoral, colocar no centro dos debates o tema do trabalho e de sua proteção.

Com realidades distintas e sistemas de justiça diversos, a taxa de desocupação na Espanha, em 2010, atingia 20%, maior índice da série que começou em 2000. Diante desse cenário, as promessas dos reformistas liberais centraram-se na criação de emprego, eleito o modelo de relações de trabalho como responsável por esse abalo. Nada muito diferente ao que se deu com as reformas liberalizantes latino-americanas. Naquele momento histórico espanhol, entre as principais medidas estavam a redução dos valores devidos nas despedidas e a flexibilização do direito ao emprego, alterando-se as causas do despedimento do art. 51 do Estatuto dos Trabalhadores. Porém, ao contrário do prometido, as medidas não reduziram o desemprego que atingiu 21% no 1º trimestre/2016[13].

(13) Dados do Instituto Nacional de Estadística INE. Disponível em: https://www.ine.es/jaxiT3/Datos.htm?t=4086

Além da redução de jornada e de salários, medidas estimularam os meios extrajudiciais de solução de conflitos; outras, definiram bonificações para contratar jovens com até 30 anos, maiores de 45 anos desempregados há tempo, mulheres, incapacitados, entre outros; outras regularam contratos de formação profissional e introduziram mecanismos de intermediação nos contratos (terceirização) via parcerias público/privadas. É que o desemprego entre os jovens menores de 25 anos chegara a 50% e, segundo dados da OCDE, o tempo de desemprego na Espanha era o maior comparado ao dos demais países da OCDE (em 2010 de 14,8 meses, enquanto nos demais países o tempo de desemprego variava entre 9,6 e 7,4 meses).

Diante da alegada insuficiência das medidas de 2010 para melhorar emprego e produtividade, o remédio foi mais reformas. Para as negociações coletivas, foi alterado o art. 40 do Estatuto dos Trabalhadores com soluções para as empresas negociarem onde não há representantes dos trabalhadores e adoção de meios extrajudiciais de solução de conflitos, na ideia de que a negociação coletiva é instrumento apto a favorecer a adaptabilidade das empresas às necessidades da economia e encontrar equilíbrio entre flexibilidade e segurança dos trabalhadores.

Para alterar as normas coletivas foi mantido o período prévio de consulta aos representantes sindicais, podendo o empregador adotá-las na ausência de acordo. Foram eliminados entraves às despedidas, reduzidas indenizações, suprimidas autorizações administrativas para despedidas em massa e priorizados convênios de empresa em detrimento do setorial. O regime de ultratividade foi limitado em um ano após a vigência das normas coletivas, sendo proibido que acordos ou convenções disponham sobre a prioridade em relação ao acordo setorial. Houve medidas sobre intermediação da mão de obra e formação profissional, introdução de contratos precários.(14) Quanto às relações coletivas, de forma geral a espanhola não trouxe caracterização de conduta anti-sindical. Conquanto sejam evidentes os mecanismos de enfraquecimento do poder sindical, o papel das organizações sindicais foi mantido. Elas não foram excluídas da atuação como se observa, por exemplo, na possibilidade de compensação anual de horários, negociada com representantes sindicais e, na inexistência destes, podendo a empresa distribuir unilateralmente 10% da jornada ao longo do ano.

Quanto ao acesso à Justiça, a lei de organização não foi alterada para impedir o acesso dos trabalhadores ao Judiciário como aconteceu na brasileira. Embora tenha havido tentativa de elevar custas processuais, foi declarada inconstitucional pelo Tribunal Constitucional, que procedeu à adequação de dispositivos às modificações procedimentais, em especial quanto às despedidas individuais e coletivas.

(14) Medidas como contrato a tempo parcial, teletrabalho, trouxeram flexibilidade na organização do trabalho.

A reforma aprovada no governo Mariano Rajoy (PP) em 2012 tornou-se centro da crítica das entidades sindicais nos anos subsequentes, posteriormente incorporadas às plataformas de partidos políticos que se fortaleceram na Espanha, sobretudo a coalizão PSOE-UP. Além do mal desempenho dos indicadores econômicos, esses fatores, aglutinados, fortaleceram a posição pró derrogação da reforma. Desenhou-se estratégia de revogação progressiva e construída com base no diálogo social tripartite, entre governo, associações empresariais e sindicatos.

Em terreno de grandes disputas, em 30 de dezembro de 2021, foi aprovado o Decreto-lei, o RDL 32/2021, que altera dispositivos da reforma de 2012. Essa aprovação se deu em momento de alto desemprego e crise, por um lado e, de outro, como resultado de negociações tripartites que se desenvolveram entre março e novembro de 2021. A princípio, aspectos visivelmente lesivos das reformas foram alterados, com especial atenção às formas atípicas de contratação. A *derrogacíon* na Espanha, portanto, não significou anulação de uma norma trabalhista posta, mas um percurso político de reconstrução das relações de trabalho em novos marcos e princípios (Baylos, 2022).

Ademais das condições políticas construídas, o contexto de pandemia trouxe à tona a necessidade de novos aparatos de proteção trabalhista. Foi nesse período que o ERTE, Expediente de *regulación temporal de empleo*, se constituiu como instrumento emergencial de ajuste frente à queda da atividade econômica, suplantando a prática até então estabelecida como legítima pela Reforma, de demissões coletivas. Seu mérito reside na garantia de emprego, aliás, coadunada com o princípio expresso no art. 35 da constituição espanhola. Houve supressão da demissão por absenteísmo, regulação do tempo de trabalho e nas condições de trabalho (Baylos, 2021).

Historicamente, o uso extensivo de contratos a termo, temporários, como ferramenta para fomentar o emprego se consolidou, acirrando a precariedade e a fragilização do mercado, atingindo a organização dos trabalhadores. O Ministério do Trabalho buscou, assim, responder a essa realidade, buscando reverter as características estruturais e conjunturais do mercado de trabalho por meio de caminho contrário àquele que fundamentou as políticas anteriores, ineficazes no cumprimento de suas promessas.

Os fundamentos do direito do trabalho reaparecem nesse chamado novo paradigma, primeira contraposição à reforma liberalizante anteriormente aprovada, incluindo mecanismos, em síntese, para: reduzir a temporalidade dos contratos, sobretudo em relação aos jovens; trazer para o contrato a prazo indeterminado a centralidade das contratações; organizar as atividades visando à redução da precariedade e devolver à negociação coletiva papel central para a democracia social. Por certo, não abarca a totalidade dos problemas, mas foi o limite do possível nos marcos do diálogo social. Não se trata de novo Estatuto do Trabalho, mas um sinal de busca de melhorias apropriadas para a aquele país, para sua realidade e especificidades.

A *derrogación* se desenvolve de forma paulatina. As alterações iniciais foram basilares, guiando o sistema de relações de trabalho a um caminho oposto àquele aberto desde a Reforma de 2012. Um dos principais eixos é reduzir as contratações atípicas e estimular as por prazo indeterminado, fomentando maior estabilidade para trabalhadores e para a economia. Foram extintos os "contratos por serviço", similares ao intermitente brasileiro; houve limitação de tempo de contrato para temporários; isonomia de direitos entre terceirizados e diretos; ainda há regras de restrição às despedidas, que foram substituídas por mecanismos de compensação, em caso de crises ou emergências sanitárias; revogou-se a limitação à ultratividade e a cultura de negociação tripartite parece ter sido incorporada como uma ferramenta eficaz de regulação. Assim, a Espanha acaba por constituir um espaço de experimentos trabalhistas e de dinâmica normatização, fundamental para pensar o futuro da experiência brasileira (Baylos, 2020).

As recentes conquistas demonstram seus resultados: Com a reversão da reforma liberalizante, a Espanha alcança patamar de desemprego mais baixo dos últimos anos (ao redor de 18,8%[(15)]). A cobertura da seguridade social é *record*, assim como assistiu-se a aumento dos contratos a tempo indeterminado, enquanto a taxa de temporalidade caiu para 17,3% no 3ºtri/2023, frente a 26,0% observada em 2021, antes da Reforma.

4. Considerações finais

As promessas das reformas liberalizantes não se concretizaram, onde quer que tenham sido implementadas. E isso aconteceu na Espanha, cujas reformas levadas a efeito após a grave crise de 2008 estão sendo revistas dada à ineficácia de suas proposições. Os discursos subordinados à lógica do mercado, à da redução de custos, da consolidação de mercados competitivos via retirada dos obstáculos ao "livre" trânsito do desejo de acumulação abstrata que move o capitalismo, evidenciaram-se frágeis e sem nexo com a realidade viva dos mercados de trabalho, em um cenário de competição acelerada e de mercantilização de todas as esferas da vida. Os problemas do desemprego, da informalidade, exclusão não foram superados na vigência das reformas liberalizantes.

Por outro lado, a contrarreforma espanhola acena positivamente para a retomada de um sistema de relações de trabalho fundamentado em uma regulação pública que, do ponto de vista formal, incorpora os princípios do não retrocesso e da progressividade social, assegurando que direitos conquistados não podem ser reduzidos ou afastados. São mudanças ainda muito recentes para serem avaliadas quanto à eficácia, mas que, desde já, demonstram nova percepção quanto à necessidade de uma regulamentação pública das relações de trabalho, no sentido contraposto à ideia de que "a liberação das forças que impulsionam a acumulação de capital é um movimento "natural" e "irreversível" em direção ao progresso e à autonomia do indivíduo" (Belluzzo, 2013:33).

(15) 3ºtri/2023, segundo dados do INE. Disponível em: https://www.ine.es/jaxiT3/Datos.htm?t=4086.

Na Argentina, principalmente devido à mobilização dos trabalhadores, foi possível, durante o governo Fernandez, sustar o avanço das reformas liberalizantes. No entanto, a crise econômica que assola o país tem impedido o avanço de políticas de ampliação dos direitos sociais, especialmente as relacionadas às "novas formas" de exploração do trabalho, como é o caso do trabalho por plataformas. Já o novo governo ultraliberal de Javier Milei, publicou o Mega Decreto, DNU/70, de 2023, com medidas de desregulamentação de vários setores da economia, incluindo, em capítulo destinado ao trabalho, cortes a direitos que atingem trabalhadores e suas organizações. Têm sido severas as críticas das organizações sindicais e sociais ao Decreto, tanto quanto à forma como pelo conteúdo. Recente liminar o suspendeu judicialmente nos aspectos referentes ao trabalho, consistindo, ainda que provisoriamente, importante obstáculo imposto ao governo e ao seu DNU. Acompanhar esse processo se faz necessário.

A pandemia escancarou a relevância de um arcabouço legal na regulamentação do trabalho, principalmente no sentido de políticas públicas voltadas à garantia do emprego em tempos de retração da economia. Nesse sentido, a reforma trabalhista brasileira e as medidas provisórias subsequentes não cumpriram o papel de buscar a manutenção dos postos de trabalho e, em muitos casos, podem ter contribuído para com sua extinção, ao contrário da Argentina que impediu despedir trabalhadores em tempos pandêmicos. Já o caso da Espanha é ponto de luz a estimular a construção de sociedades que não tenham a desigualdade como fundante.

5. Referências

BAYLOS GRAU, A. (2022). La reforma laboral en España: primeras impresiones. Derecho Laboral. *Revista De Doctrina, Jurisprudencia e Informaciones Sociales*, 64(284), 729–753. Recuperado a partir de: https://revistas.fcu.edu.uy/index.php/RDL/article/view/3076.

______ (2021). Emergencia sanitaria, legislación laboral de crisis y diálogo social. *Revista del Ministerio de Trabajo y Economía Social*, n. extra 149, p. 15-36.

______ (2020) El necesario cambio en la regulación de las relaciones laborales en España. *Temas para el Debate*. ISSN 1134-6574, N.. 312 (diciembre), 2020.

BELLUZZO, Luíz Gonzaga. *O Capital e suas metamorfoses*. São Paulo: Unesp, 2013.

BIAVASCHI, Magda. Um olhar sobre o trabalho sob plataformas digitais. In: Carolina Rodrigues Costa *et al.* (Orgs.). *O Futuro do Trabalho:* Perspectivas Latino-americanas. Em Debate, Florianópolis, 2022.

______; TEIXEIRA, Marilane. *As reformas trabalhistas no Brasil e na Argentina: ataque ao sistema público de regulação do trabalho e resistência dos atores sociais*. Campinas, 2018, digitado.

______. As reformas estruturantes em um país em que jagunços ainda têm vez: A Reforma Trabalhista que não cria empregos e suprime direitos. In: TEIXEIRA, Marilane *et al.* (Orgs.). *Contribuição crítica à Reforma Trabalhista*. Campinas: UNICAMP/CESIT, 2017. Disponível em: http://www.cesit.net.br/wp-content/uploads/2017/06/Dossie-14set2017.pdf. Acesso em: 15 jun. 2019.

______; TEIXEIRA, Marilane. Balanço da reforma trabalhista em perspectiva econômica, as falácias dos argumentos de seus defensores e os impactos nas instituições públicas do trabalho. *Revista Jurídica Trabalho e Desenvolvimento Humano.* Procuradoria Regional do Trabalho da 15ª Região, v. 2, n. 1, 2019.

______ *et. al.* O impacto de algumas reformas trabalhistas na regulação e nas instituições públicas do trabalho em diálogo comparado. In: KREIN, José Dari; GIMENEZ, Denis Maracci; SANTOS, Anselmo Luis dos. *Dimensões críticas da reforma trabalhista no Brasil.* Campinas, SP: Curt Nimuendajú, 2018. p. 209-241.

KREIN, José Dari [*et. al.*]. *O Trabalho pós-reforma trabalhista (2017)* [livroeletrônico]: volume 1. Organização: São Paulo: Cesit – Centro de Estudos Sindicais e de Economia do Trabalho, 2021.

SALAS, Carlos. Labour, income and social programmes in contemporary Mexico. In: *United Nations Development Programme, Social Protection, Growth and Employment:* Evidence from India, Kenya, Malawi, Mexico, Peru and Tajikistan, UNDP, New York, 2013: 201-230.

SOUZA, D. M..; TROVÃO, C. J. B. M. A dinâmica da informalidade no Brasil e na Argentina (2012–2019) e a vulnerabilidade da classe trabalhadora. *Trabalho, Educação e Saúde*, [*S. l.*], v. 20, p. 27, 2022. DOI: 10.1590/1981-7746-ojs00181. Disponível em: https://www.tes.epsjv.fiocruz.br/index.php/tes/article/view/181. Acesso em: 16 jun. 2023.

VAZQUEZ, Bárbara V.; BIAVASCHI, Magda B.; DROPPA, Alisson. As segundas intenções da reforma trabalhista brasileira: uma análise das extinções contratuais em "comum acordo". *Revista Teoria Jurídica Contemporânea.* Rio de Janeiro, 2019.

Os tribunais superiores e a violência institucional contra a classe trabalhadora

Valdete Souto Severo[1]

1. Introdução

O mote deste livro é "Direito e Processo do Trabalho nos tribunais". A primeira reação que tenho a esse título é de cansaço. Recupero textos que escrevi ao longo dos quase 23 anos de magistratura. Vários deles analisando ou fazendo crítica a decisões proferidas por tribunais superiores. Decisões que promoveram a descostura do tecido social minimamente protegido por uma legislação que, na realidade, sequer atinge boa parte da classe trabalhadora no Brasil. Direito parido na luta, a regulação trabalhista é fruto da organização das trabalhadoras e trabalhadores. Tem no Brasil uma gênese que se mistura com a luta contra a escravização de pessoas. E que, em sua dialética existencial, mantém a lógica da relação *senhor-escravizado*, em regras como aquela que (ainda) regula a chamada justa causa para a despedida.

Como insisto em sala de aula, o Direito Material e Processual do Trabalho não foi benesse estatal, nem surgiu apenas em razão da mobilização coletiva de quem vivia do trabalho e já não suportava mais a exploração sem limites. É também resultado de conjunturas sociais que revelaram, ao longo do tempo, a sua necessidade para a manutenção do sistema capitalista. Não há circulação de riqueza sem consumidores e consumidoras.

---

(1) Doutora em Direito do Trabalho pela USP/SP. Mestre em Direitos Fundamentais pela PUC/RS. Pós-Doutora em Ciências Políticas pela UFRGS/RS. Professora de Direito e Processo do Trabalho na UFRGS/RS. Juíza do Trabalho da Quarta Região desde 2001. Pesquisadora do Grupo de Pesquisa Trabalho e Capital - USP e UFRGS. Membra do RENAPEDTS — Rede Nacional de Pesquisa e Estudos em Direito do Trabalho e Previdência Social. Especialista em Processo Civil pela UNISINOSRS. Especialista em Direito do Trabalho, Processo do Trabalho e Direito Previdenciário pela UNISC/RS. Master em Direito do Trabalho, Direito Sindical e Previdência Social, pela Universidade Europeia de Roma — UER (Itália). Especialista em Direito do Trabalho e Previdência Social pela Universidade da República do Uruguai. Pesquisadora colaboradora em nível de pós-doc junto ao programa de pós-graduação em Filosofia da UNICAMP/SP. Contato: valdete.severo@gmail.com.

O que o Direito do Trabalho chama contrato é a venda de força de trabalho, que só ocorre porque optamos por criar uma sociabilidade, pela qual tudo é reduzido à condição de mercadoria. E fizemos do trabalho a mercadoria de troca por excelência. Sem ele, não há dinheiro. E sem dinheiro, não há acesso a alimentos, remédios, roupas ou moradia. Tudo é uma escolha política. Algo que temos dificuldade de contestar, porque aprendemos a naturalizar, desde a primeira infância, a violência da necessidade de trocar trabalho por capital, para poder sobreviver.

Perceber que o Direito material e processual do Trabalho está inscrito nessa ordem social irracional não diminui sua importância. Ao contrário, faz compreender que a regulação jurídica dessa relação social que, no limite, revela-se quase absurda, é condição de possibilidade de uma vivência que nos permita, inclusive, questionar a ordem atual das coisas. Só há Direito do Trabalho, para que exista tempo fora do trabalho; possibilidade de alimentação saudável, descanso, convívio social e manutenção da saúde, em um modelo de sociedade que está fundado na utilização de pessoas como instrumentos para produção de dinheiro. Bem, quando olhamos para os lados e vemos que a maioria das pessoas já não tem tempo fora do trabalho, possibilidade de alimentar-se de modo saudável ou condições (físicas, emocionais e psíquicas) de compreender e atuar sobre o mundo, fica difícil seguir reconhecendo o sentido do Direito do Trabalho e da regulação jurídica dessa troca.

Ou, mais precisamente, o que o sistema de justiça tem feito dela.

O problema, porém, não está em suas regras, muitas das quais bem que mereciam uma alteração profunda. Tampouco no fato de haver regulação imperativa para essa relação de troca. Ao contrário, é exatamente porque o Direito do Trabalho não tem sido levado à sério, que estamos hoje submersas em uma realidade de pessoas doentes, exaustas e incapazes de compreender a loucura de eventos como o genocídio promovido por Israel em Gaza ou a verdadeira razão das chacinas contra pretos e pobres nas periferias das grandes cidades brasileiras.

É aí que entram os tribunais. Historicamente, tanto a Justiça do Trabalho, quanto o Supremo Tribunal Federal, têm sido agentes importantes para a ineficiência das regras trabalhistas. Este artigo tratará da função política que vem sendo exercida pelo STF nos últimos anos. Trarei exemplos não exaustivos de decisões que, ao longo das décadas que nos separam da Constituição de 1988, alteraram o rumo da compreensão jurídica sobre normas trabalhistas, negando a função para a qual o Direito do Trabalho foi pensado e pela qual sua existência ainda hoje revela-se fundamental.

Na primeira parte, serão referidas algumas decisões que determinaram uma verdadeira mudança de curso, em relação aos objetivos preconizados na Constituição de 1988, em matérias centrais e diversas. Na segunda parte, tratarei de modo mais específico, acerca das recentes reclamações constitucionais. Esse instrumento jurídico vem sendo utilizado de modo estratégico, para suprimir competência material da Justiça do Trabalho e negar a centralidade da relação de emprego, apesar da literalidade do inciso I do art. 7º da Constituição. Discutirei, então, o que isso significa em termos de violência contra a classe trabalhadora e destruição das possibilidades de uma vivência minimamente democrática.

2. Terceirização, responsabilidade, greve e outros direitos na berlinda: o TST e o STF como agentes do desmanche dos direitos sociais

A Constituição de 1988 representou, simbolicamente, um modo de o Brasil encontrar-se com o discurso internacional, sobre direitos sociais. Pela primeira vez, regras trabalhistas passaram a figurar na parte que trata dos direitos e garantias fundamentais. Lá nos valores da República, no art. 3º, está o ***valor social*** do trabalho e da livre iniciativa. Um abandono proposital, portanto, da ótica que nas constituições precedentes tratava, tanto o trabalho quanto a livre iniciativa, como direitos individuais.

O Supremo Tribunal Federal (STF), como guardião dessa ordem constitucional, muitas vezes se pronunciou no sentido de conferir eficácia aos direitos trabalhistas. É o caso da decisão que reconheceu a legitimidade das greves de estudantes e do conteúdo político das reivindicações. No voto condutor da decisão proferida no Mandado de Injunção 712, da lavra do Ministro Eros Roberto Grau (2007), consignou-se que são "constitucionalmente admissíveis todos os tipos de greve: greves reivindicatórias, greves de solidariedade, greves políticas, greves de protesto". Na mesma linha, o TST, em ação civil pública movida pelo Sindicato dos Empregados em Estabelecimentos Bancários de Belo Horizonte e Região (Processo n. RR 253840-90.2006.5.03.0140, Relator Ministro Luiz Philippe Vieira de Mello Filho), condenou os bancos ABN AMRO Real S.A., Santander Banespa S.A., Itaú S.A., União de Bancos Brasileiros S.A. — UNIBANCO, Mercantil do Brasil S.A., Bradesco S.A., HSBC Bank Brasil S.A. — Banco Múltiplo e Safra S.A ao pagamento de indenização por uso do interdito proibitório como forma de impedir o exercício do direito de greve.

Na Reclamação n. 16337, o Min. Dias Toffoli, em decisão monocrática, assegurou a competência da Justiça do Trabalho para tratar de questões que envolvem o direito de greve, nos termos da Súmula Vinculante n. 23 do STF. E nas Reclamações 11536 GO, relatora Minª. Cármen Lúcia e 11847-BA, relator Min. Joaquim Barbosa, o STF reafirmou que o exercício do direito de greve não pode ensejar o corte de ponto. Nesse mesmo sentido, o Ministro Luiz Fux, na Reclamação n. 16535, definiu a impossibilidade de corte de ponto em greve legítima. Já escrevi em outro texto, acompanhada de colegas que também estudam a matéria, que esse movimento do STF em direção à efetividade dos direitos trabalhistas implicou, "em novembro de 2014, a crítica de que estava se tornando uma Corte bolivariana, embora, na prática, com exceção da questão pertinente à greve, já estivesse, desde 2009, cumprindo o papel que foi recusado pelo TST, de inserir uma racionalidade liberal no Direito do Trabalho"[(2)].

Pois bem, a mudança da posição adotada pelo STF, também quanto ao tema da greve, ocorreu logo depois. No Recurso Extraordinário 693456, com repercussão geral, a decisão final, publicada em 19.10.2017, foi de que a "deflagração de greve por servidor público civil corresponde à suspensão do trabalho e, ainda que a greve não seja abusiva, como regra, a remuneração dos dias de paralisação não deve ser paga"[(3)]. A tese de repercussão geral ficou assim redigida:

> "A administração pública deve proceder ao desconto dos dias de paralisação decorrentes do exercício do direito de greve pelos servidores públicos, em virtude da suspensão do vínculo funcional que dela decorre, permitida a compensação em caso de acordo. O desconto será, contudo, incabível se ficar demonstrado que a greve foi provocada por conduta ilícita do Poder Público."

No RE 846854 (Tema 544), de 25.05.2017, o STF fixou a tese de que a "justiça comum, federal ou estadual, é competente para julgar a abusividade de greve de servidores públicos ***celetistas*** da Administração pública direta, autarquias e fundações públicas". A partir das decisões antes relacionadas, outras foram adotadas. Em 2018, a Seção Especializada em Dissídios Coletivos do Tribunal Superior do Trabalho considerou abusiva a greve das empregadas e empregados das empresas que compõem a Eletrobrás[(4)]. A ideia de que greve contra privatização é abusiva parte, aqui, de dois pressupostos. Primeiro, de que não há direito à greve política. Segundo, de que a greve contra a venda de estatais à iniciativa privada não se caracteriza como greve por condições de trabalho. Na demanda acima referida, o TST acabou acolhendo, por maioria, o voto divergente do Ministro Ives Gandra Martins Filho, para quem — segundo notícia veiculada no *site* do TST — "greve legítima é apenas a que trata de direitos que se pretendem ver respeitados ou criados, como reajuste salarial ou vantagens diversas"[(5)].

É de ver de onde foi retirado esse conceito de greve, já que a Constituição e a lei que rege o instituto nada dizem nesse sentido. A verdade é que já na Reclamação 54597, interposta em 04.7.2016, com pedido cautelar, e extinta por perda de objeto em 18.5.2018, o Ministro Dias Toffoli havia afirmado: "*tal e qual é lícito matar a outrem em vista do bem comum, não será ilícita a recusa do direito de greve a tais e quais servidores públicos em benefício do bem comum.*(...) Atividades das quais dependam a manutenção da ordem pública e a segurança pública, a administração da Justiça e a saúde pública não estão inseridos no elenco dos servidores alcançados por esse direito".

---

(2) Disponível em: https://www.jorgesoutomaior.com/blog/o-que-e-isso-companheirs. Acesso em: 16 jan. 2024.

(3) Disponível em: https://portal.stf.jus.br/processos/detalhe.asp?incidente=4255687. Acesso em: 17 jan. 2024.

(4) Disponível em: http://www.tst.jus.br/noticias/-/asset_publisher/89Dk/content/id/24793939. Acesso em: 11 fev. 2019.

(5) Disponível em: http://www.tst.jus.br/noticias/-/asset_publisher/89Dk/content/id/24793939. Acesso em: 11 fev. 2019.

O direito constitucional de greve foi o primeiro a ser disciplinado em lei, ainda em 1989, com o intuito claro de limitar a abrangência de seu exercício. A partir disso, temos uma Constituição garantindo a greve como direito fundamental, ancorada em convenções internacionais ratificadas, mas sequer os limites da legislação ordinária têm sido observado pelos tribunais superiores.

No RE 693456 (Tema 531) de 2016, que teve por relatora a Ministra Carmen Lúcia, também ficou estabelecido que é possível descontar salário de servidor público durante a greve por se tratar de suspensão do vínculo, exceto "se ficar demonstrado que a greve foi provocada por conduta ilícita do Poder Público". A Lei n. 7.783/1989 diz expressamente que greve é a "suspensão coletiva, temporária e pacífica, total ou parcial, ***de prestação pessoal de serviços*** a empregador" (art. 2º) (grifei). Ora, se a lei — que já limita a Constituição — se refere à suspensão da obrigação de trabalhar e não à obrigação de pagar trabalho, parece tratar-se de hipótese de interrupção, e não de suspensão do vínculo.

No ARE 654432 (Tema 541), de 05.04.2017, também da Ministra Carmen Lúcia, a redação é de que o "exercício do direito de greve, sob qualquer forma ou modalidade, ***é vedado*** aos policiais civis e a todos os servidores públicos que atuem diretamente na área de segurança pública". O texto da Constituição da República dispõe que "é assegurado o direito de greve, ***competindo aos trabalhadores decidir sobre a oportunidade de exercê-lo e sobre os interesses que devam por meio dele defender***" (art. 9º). Remete à lei a possibilidade de definir "os serviços ou atividades essenciais" e dispor "sobre o atendimento das necessidades inadiáveis da comunidade" (§ 1º), o que faz concluir, com certa facilidade, não haver possibilidade de impedimento do exercício de um direito fundamental a determinada categoria de trabalhadores, por lei infraconstitucional. E, com efeito, não há lei proibindo greve de servidor público que atue em atividades ligadas à segurança.

Nas ADIs 1306 e 1335, o STF, em decisão proferida em 2018, declarou a constitucionalidade do Decreto n. 4.264/95 do Estado da Bahia, que determina, em caso de paralisação de servidores públicos: sejam os grevistas "convocados' a reassumirem imediatamente seus cargos, haja instauração de processo administrativo disciplinar caso persista o afastamento, desconto dos dias de greves e exoneração imediata dos ocupantes de cargo de provimento temporário e de função gratificada que participarem do movimento grevista"[(6)]. Na prática, portanto, o Decreto simplesmente impede que a greve ocorra sem prejuízo irreparável aos trabalhadores que aderirem ao movimento.

Se o discurso jurídico não consegue implicar uma alteração cultural na forma como os agentes do Estado agem diante da possibilidade de reivindicação coletiva, é porque a cultura da greve como "caso de polícia" ainda persiste. E persiste porque a greve é a revelação do que não funciona. Explicita o metabolismo da sociedade capitalista, deixa suas entranhas à mostra e revela a violência do trabalho obrigatório. Apenas de forma coletiva é possível alterar as condições dessa troca e não é por outra razão que o

---

(6) Disponível em: http://portal.stf.jus.br/noticias/verNoticiaDetalhe.asp?idConteudo=381340. Acesso em: 12 fev. 2019

Direito do Trabalho surge justamente impulsionado pela organização e pela reivindicação coletiva de melhores condições de vida e trabalho. Portanto, antes mesmo de ser regulada como direito, a greve é fato social. É a denúncia de que determinada situação está se tornando insuportável. Por isso, a reação contra a greve é, a um só tempo, a reação contra toda a forma de produção de racionalidade que conteste o modelo de organização social vigente. Daí a gravidade da posição política assumida pelos tribunais superiores nos casos acima referidos.

Outras matérias também foram alvo de decisões judiciais que evidenciam uma postura de "justiça política do capital"(7). Eis alguns exemplos.

Na ADI 3934, de 2009, relator Ministro Ricardo Lewandowski, foi declarada a constitucionalidade dos artigos da lei de recuperação judicial sobre sucessão e limitação do privilégio do crédito trabalhista em 150 salários. No RE 589.998/PI, 2013, relator Ministro Ricardo Lewandowski, o STF negou o direito à estabilidade, prevista no art. 41 da CF, aos empregados de empresa pública e de sociedade de economia mista. No ARE 709.212, de 2014, relator Ministro Gilmar Mendes, o STF decidiu que a prescrição para cobrar depósitos do FGTS é de cinco anos, em vez de 30. No RE AI 664.335, de 2014, relator Ministro Luiz Fux, o STF definiu que o segurado não tem direito à aposentadoria especial, por atividade insalubre em razão de ruído, caso lhe seja fornecido EPI. Na ADI 5209, de 2014, relator Ministro Ricardo Lewandowisk, foi suspensa, em decisão monocrática, a vigência da Portaria n. 2, de 2011, referente à lista do trabalho escravo. Na ADI 1923, de 2015, relator Ministro Fux, o STF declarou constitucional a Lei n. 9.637/98, que autoriza os entes públicos a firmarem convênios com Organizações Sociais, para administração dos serviços públicos nas áreas da saúde (CF, art. 199, *caput*), educação (CF, art. 209, *caput*), cultura (CF, art. 215), desporto e lazer (CF, art. 217), ciência e tecnologia (CF, art. 218) e meio ambiente (CF, art. 225), implicando uma autorização para a terceirização ampla em atividades que a Constituição definiu como essenciais ao Estado. No RE 590.415, de 2015, relator Ministro Roberto Barroso, o STF reconheceu validade à quitação ampla fixada em cláusula de adesão ao PDV. No RE 895.759 (1159), de 2016, decisão monocrática do Ministro Teori Zavascki, foi acolhida a validade de norma coletiva que fixa o limite máximo de horas *"in itinere"*, fazendo, inclusive, uma apologia do negociado sobre o legislado. Na ADIN 4842, de 2016, relator Ministro Celso de Melo, o STF declarou constitucional o art. 5º da Lei n. 11.901/09, que fixa em 12 horas a jornada de trabalho dos bombeiros civis, seguida por 36 horas de descanso e com limitação a 36 horas semanais, contrariando a limitação diária estabelecida no art. 7º, XIII, da Constituição. No RE 381.367, Relator Ministro Marco Aurélio; RE

(7) A expressão dá nome ao livro do amigo Grijalbo Coutinho Fernandes, que não apenas refere praticamente todas as decisões contra a Justiça do Trabalho e o Direito do Trabalho nos últimos anos, como também faz uma profunda análise histórica, jurídica e política dos elementos que estão implicados na postura assumida pelo STF, em relação ao mundo do trabalho. FERNANDES, Grijalbo Coutinho. *Justiça Política do Capital:* a desconstrução do direito do trabalho por meio de decisões judiciais. São Paulo: Tirant Lo Blanch, 2021.

661.256, com repercussão geral, e RE 827.833, ambos de relatoria do Ministro Luís Roberto Barroso, em 2016, o STF vetou a possibilidade de aposentados pedirem a revisão da aposentadoria quando voltarem a trabalhar e a contribuir para a Previdência Social. Todas essas decisões, compiladas em texto que publicamos em janeiro de 2017, já revelavam um quadro dramático(8).

O fato de se tratar de uma postura política de hostilidade para com a efetivação dos direitos trabalhistas é explicitada na decisão proferida na Medida Cautelar para Arguição de Descumprimento de Preceito Fundamental n. 323, de 2016. Em sua decisão, o Ministro Gilmar Mendes acusou os ministros do TST de proferirem decisões casuísticas e de favorecerem apenas a um lado da relação trabalhista. Ele determinou "a suspensão de todos os processos em curso e dos efeitos de decisões judiciais proferidas no âmbito da Justiça do Trabalho que versem sobre a aplicação da ultratividade de normas de acordos e de convenções coletivas, sem prejuízo do término de sua fase instrutória, bem como das execuções já iniciadas". No ARE 1121633 (Tema 1046), em 02.6.2022, o STF firmou posição no sentido de que "são constitucionais os acordos e as convenções coletivos que, ao considerarem a adequação setorial negociada, pactuam limitações ou afastamentos de direitos trabalhistas, independentemente da explicitação especificada de vantagens compensatórias, desde que respeitados os direitos absolutamente indisponíveis".

No rol das decisões que mais afetaram o Direito do Trabalho nos últimos anos, está ainda a do dia 25 de maio de 2023, no RE 1.387.795, em que o Ministro Dias Toffoli, ao examinar matéria relativa à inclusão de empresa do grupo econômico no polo passivo de uma demanda trabalhista, na fase de cumprimento da dívida, determinou a "suspensão nacional do processamento de todas as execuções trabalhistas que versem sobre a questão". Reconheceu repercussão geral para a matéria (tema 1232), cujo texto é: "Possibilidade de inclusão no polo passivo da lide, na fase de execução trabalhista, de empresa integrante de grupo econômico que não participou do processo de conhecimento". A suspensão atingiu um número expressivo de demandas em todo país. O processo estava na pauta para julgamento no dia 03/11/2023, mas houve pedido de vista pelo Ministro Alexandre de Moraes e até janeiro de 2024 não havia sido julgado(9).

Está também a decisão proferida pelo Ministro Gilmar Mendes, nos autos da ADC 58. Ele determinou, em juízo monocrático, "para a garantia do princípio da segurança jurídica", a suspensão de "todos os processos que envolvam a aplicação dos dispositivos legais objeto das Ações Declaratórias de Constitucionalidade ns. 58 e 59". De todos os processos, portanto, já que sempre há necessidade de definição do critério para a correção dos créditos nele reconhecidos como devidos. Quando, mais tarde, a ADI foi julgada, o

(8) Disponível em: https://www.jorgesoutomaior.com/blog/o-que-e-isso-companheirs. Acesso em: 16 jan. 2024.

(9) No *site* do STF consta agendamento para julgamento em fevereiro de 2024. Disponível em: https://portal.stf.jus.br/processos/detalhe.asp?incidente=6422105. Acesso em: 18 jan. 2024.

STF, diante da discussão sobre o critério de correção monetária dos créditos trabalhistas (TR ou IPCA-E) fixou o uso da taxa SELIC. O julgamento ocorreu abarcando a ADI 5867 e a ADI 6021, ambas pedindo a inconstitucionalidade de regras que previam a utilização da TR como critério de atualização monetária e o reconhecimento do IPCA-E como índice correto. Por sua vez, as ADCs 58 e 59 tinham como objeto a declaração de constitucionalidade dessas mesmas regras. Ou seja, a discussão era sobre o uso da TR ou do IPCA-E. No acórdão, há referência expressa ao fato de que o STF já havia declarado "a inconstitucionalidade do art. 1º-F da Lei n. 9.494/1997, com a redação dada pela Lei n. 11.960/2009, decidindo que a TR seria insuficiente para a atualização monetária das dívidas do Poder Público, pois sua utilização violaria o direito de propriedade" e que "a quantificação dos juros moratórios segundo o índice de remuneração da caderneta de poupança foi reputada ofensiva à isonomia, pela discriminação em detrimento da parte processual privada (ADI 4.357, ADI 4.425, ADI 5.348 e RE 870.947-RG – Tema 810".

A conclusão, porém, foi de definir, "até que sobrevenha solução legislativa", aplicação dos "mesmos índices de correção monetária e de juros vigentes para as hipóteses de condenações cíveis em geral". Antes do ajuizamento (fase "extrajudicial") "o IPCA-E acumulado no período de janeiro a dezembro de 2000. A partir de janeiro de 2001, deverá ser utilizado o IPCA-E mensal (IPCA-15/IBGE)" e "juros legais (art. 39, *caput*, da Lei n. 8.177, de 1991)". Após o ajuizamento da demanda, "taxa referencial do Sistema Especial de Liquidação e Custódia — SELIC". Em nome da segurança jurídica, o que se concretizou foi o rebaixamento expressivo dos valores das condenações, pela utilização de critérios que acabam por constituir um prêmio ao violador da ordem jurídica, pelo tempo decorrido durante o processo até a formação do título executivo.

Ainda, é preciso mencionar que em plena pandemia, diante de medida provisória que autorizava redução de salário sem redução de jornada, o STF se posicionou, na ADI 6363, por sua constitucionalidade. A regra tem origem na MP 936. No Parlamento, foi aprovada em regime de urgência nas duas casas e virou lei (14.020). Em abril de 2020, o STF firmou entendimento de que a regra que autoriza acordo individual para reduzir salário e jornada não fere a norma constitucional que estabelece o direito fundamental à "irredutibilidade do salário, salvo o disposto em convenção ou acordo coletivo" (inciso VI do art. 7º), porque "não há conflito entre empregados e empregadores, mas uma convergência sobre a necessidade de manutenção da atividade empresarial e do emprego"[(10)]. Nega-se a literalidade do texto e o conflito histórico que o embasa.

Outras decisões poderiam ser referidas. Em especial aquelas que, recentemente, retiram competência material da Justiça do Trabalho ou pretendem impedir o reconhecimento de vínculo com motoristas que trabalham em empresas que operam por aplicativo digital. É sobre elas que tratarei no próximo capítulo.

(10) Disponível em: http://portal.stf.jus.br/noticias/verNoticiaDetalhe.asp?idConteudo=441651&ori=1. Acesso em: 04 maio 2020.

3. O STF assume o protagonismo do desmanche

Nos últimos meses, uma série de decisões do STF, especialmente em sede de reclamação constitucional, têm suprimido a competência material da Justiça do trabalho e desconstituído decisões que reconhecem a existência de vínculos de emprego. Segundo o site Jota, o Supremo Tribunal Federal havia recebido, até dezembro de 2023, 2.566 reclamações em temas afetos à Justiça do Trabalho(11). Um importante estudo realizado pela USP compila praticamente todas as decisões mais recentes, apresentando um quadro das reclamações constitucionais ajuizadas nos últimos meses(12).

Trata-se de algo bastante sintomático, uma escolha política(13). Como bem assinala Grijalbo Coutinho Fernandes, não é novidade o caráter político do Direito ou mesmo a função que o Poder Judiciário exerce, de pressionar a sociedade a caminhar em determinada direção, necessariamente em razão de uma forma própria de pensar o convívio social. A questão, que ele identifica através da expressão "justiça política do capital", é o desvirtuamento ou a manipulação da ordem jurídica para perseguir grupos, pessoas ou classes sociais(14).

A atuação disciplinada, dos órgãos de cúpula do Poder Judiciário, para a desconstrução do que identifica o Direito do Trabalho — a relação de emprego, por exemplo — é claro exemplo disso. Trata-se de proferir decisões que, dizendo o contrário do que diz a regra, criam uma outra ordem de valores sociais. Uma ordem, para a qual o Direito do Trabalho não existe, enquanto ramo especializado, fundado na necessidade social de proteção a quem vive do trabalho. A afirmação pode parecer forte, mas é facilmente demonstrada. Na decisão em que declarou a inconstitucionalidade do prazo de 30 anos para reclamar diferenças de FGTS, ainda em 2015, os argumentos utilizados foram econômicos, dissociados inclusive da doutrina constitucional mais tradicional, que preconiza a manutenção de lei posterior mais favorável e estabelece os direitos fundamentais previstos na Constituição como o mínimo, a partir do qual uma ordem jurídica social deve ser construída. Aliás, é nesse sentido a literalidade do *caput* do art. 7º da Constituição.

Do mesmo modo, na ADI 1625, ajuizada em 19.06.1997 e julgada apenas em maio de 2023, foi reconhecida a inconstitucionalidade da denúncia da Convenção n. 158 da OIT, pelo Presidente da República, por ser tratado internacional aprovado pelo Congresso Nacional. Mas o STF atribuiu "efeitos prospectivos a partir da publicação da ata de

(11) Disponível em: https://www.jota.info/stf/do-supremo/stf-ja-recebeu-2-566-reclamacoes-sobre-direito-do-trabalho-em-2023-diz-gilmar-mendes-19102023. Acesso em: 16 jan. 2024.

(12) Disponível em: https://direito.usp.br/pca/arquivos/7e9f9c09bcb7_pesquisa-anamatra-fdusp.pdf. Acesso em: 16 jan. 2024.

(13) O que fica bastante claro nessa reportagem. Disponível em: https://www.conjur.com.br/2023-dez-05/stf-oficia-cnj-sobre-decisoes-da-justica-do-trabalho-que-desrespeitam-jurisprudencia/. Acesso em: 16/1/2024.

(14) FERNANDES, Grijalbo Coutinho. Justiça Política do Capital: a desconstrução do direito do trabalho por meio de decisões judiciais. São Paulo: Tirant Lo Blanch, 2021. p. 84.

julgamento desta ação, preservada a eficácia das denúncias em período anterior a tal data". Ou seja, julgou procedente a demanda que pedia a declaração de inconstitucionalidade da denúncia da Convenção n. 158 da OIT, mas... *não declarou a inconstitucionalidade da denúncia à Convenção n. 158 da OIT*, que era justamente o objeto da discussão processual.

A ofensiva à relação de emprego, com o uso de argumentos cada vez mais dissociados do que estabelece, inclusive literalmente, a ordem jurídica, começa a ficar nítida na análise e no tratamento dado à terceirização. Para compreender o processo de desmanche em relação ao direito fundamental à relação de emprego (art. 7º, inciso I, da Constituição) é preciso retornar um pouco no tempo. Na década de 1990, uma alteração da jurisprudência sumulada abriu o caminho para essa precarização. Em abril de 1993, após receber denúncia, por parte do sindicato dos trabalhadores bancários, de terceirização não abrangida pelas hipóteses legais, o Ministério Público do Trabalho instaurou Inquérito Civil Público contra o Banco do Brasil. As partes assinaram Termo de Compromisso, que, porém, não foi cumprido. Houve, então, um pedido formal do Sub-Procurador Geral Ives Gandra Filho, de "revisão" do Enunciado 256 do TST[(15)].

O entendimento da Súmula n. 256 do TST já era passível de crítica, pois admitia a interposição de terceiros na relação entre capital e trabalho, nas hipóteses de trabalho temporário e vigilância, ambas com evidente recorte de classe e raça. O que era ruim, piorou muito. O enunciado foi cancelado e em seu lugar foi editada a Súmula n. 331, em dezembro de 1993[(16)]. Essa súmula, ao criar a figura da atividade-meio; referir — sem explicar — a expressão *responsabilidade subsidiária* e estabelecer exigência processual não prevista em lei (necessidade de o tomador estar na demanda de conhecimento) incentiva, de uma só vez, o desrespeito ao vínculo de emprego, o rebaixamento da condição social de quem vive do trabalho; a subversão de noções jurídicas consolidadas (como a da responsabilidade por um crédito trabalhista) e o processo do trabalho. Um festival de irregularidades que passaram a ser observadas e que, para além dos problemas técnicos que causam, implicaram precarização brutal nas condições de vida de boa parte das trabalhadoras e trabalhadores do país.

O STF, quando chamado a se manifestar sobre o assunto, aprofundou o processo de erosão de conceitos que são básicos para a efetividade do direito material e processual do trabalho. Na Ação Declaratória de Constitucionalidade (ADC) 16, quando firmou o entendimento de que o art. 71, § 1º, da Lei de Licitações (Lei n. 8.666/1993),

---

(15) "Salvo os casos de trabalho temporário e de serviço de vigilância, previstos nas Leis ns. 6.019, de 03.01.1974, e 7.102, de 20.06.1983, é ilegal a contratação de trabalhadores por empresa interposta, formando-se o vínculo empregatício diretamente com o tomador dos serviços".

(16) BIAVASCHI, Magda. DROPPA, Alisson. *A história da Súmula n. 331 do Tribunal Superior do Trabalho:* A Alteração na forma de compreender a terceirização. Texto baseado nos resultados apresentados no Relatório Cientifico Final da Pesquisa "A Terceirização e a Justiça do Trabalho", financiada pela Fundação de Amparo a Pesquisa do Estado de São Paulo-FAPESP. Disponível em: <http://www.revistas.unifacs.br/ index.php/redu/ article/view/918/669.

com a redação dada pela Lei n. 9.032/1995, é constitucional, gerou o efeito de afastar a possibilidade de responsabilidade *automática* da administração pública nos casos de terceirização. Deve exigir-se, segundo a decisão, prova inequívoca de conduta omissiva ou comissiva do Estado, na fiscalização dos contratos. Como se a própria inadimplência da terceirizada já não revelasse essa omissão no dever estatal de zelar pelo cumprimento da ordem jurídica que o Estado mesmo criou. Na decisão proferida, em exame conjunto do Recurso Extraordinário (RE) 760931 (Tema 246), o STF firmou a tese:

> "O inadimplemento dos encargos trabalhistas dos empregados do contratado não transfere automaticamente ao poder público contratante a responsabilidade pelo seu pagamento, seja em caráter solidário ou subsidiário, nos termos do art. 71, § 1º, da Lei n. 8.666/93."

A redação da Súmula n. 331 do TST foi, então, alterada, mas a compreensão sobre a prova de culpa seguiu sendo atravessada, na Justiça do Trabalho, pela noção de proteção a quem vive do trabalho, com inúmeras decisões no sentido de que a culpa é presumida em face do desaparecimento da prestadora dos serviços (o que é praticamente uma regra nas hipóteses de terceirização para ente público). Ainda assim, também no âmbito do STF, o que era ruim ficou muito pior. No Recurso Extraordinário com Agravo (ARE) 713211, que teve repercussão geral reconhecida pelo STF, o relator da matéria, ministro Luiz Fux, deferiu o pedido, converteu o feito em recurso extraordinário (RE 958252) e julgou, juntamente com a ADPF 324(17), estabelecendo que: "A Constituição não impõe a adoção de um modelo de produção específico, não impede o desenvolvimento de estratégias empresariais flexíveis, tampouco veda a terceirização". A partir disso, refere na ementa que a "terceirização das atividades-meio ou das atividades-fim de uma empresa tem amparo nos princípios constitucionais da livre iniciativa e da livre concorrência, que asseguram aos agentes econômicos a liberdade de formular estratégias negociais indutoras de maior eficiência econômica e competitividade" e que a terceirização "não enseja, por si só, precarização do trabalho, violação da dignidade do trabalhador ou desrespeito a direitos previdenciários". O objeto da discussão era justamente o limite de terceirização possível, diante de uma ordem constitucional que reconhece um direito fundamental à relação de emprego.

A partir disso, é fixada a seguinte tese:

> "1. É lícita a terceirização de toda e qualquer atividade, meio ou fim, não se configurando relação de emprego entre a contratante e o empregado da contratada. 2. Na terceirização, compete à contratante: i) verificar a idoneidade e a capacidade econômica da terceirizada;

(17) Disponível em: https://portal.stf.jus.br/processos/downloadPeca.asp?id=15341103626&ext=.pdf. Acesso em: 18 jan. 2024.

> e ii) responder subsidiariamente pelo descumprimento das normas trabalhistas, bem como por obrigações previdenciárias, na forma do art. 31 da Lei n. 8.212/1993."[18]

E o tema n. 725:

> "É lícita a terceirização ou qualquer outra forma de divisão do trabalho entre pessoas jurídicas distintas, independentemente do objeto social das empresas envolvidas, mantida a responsabilidade subsidiária da empresa contratante."

Essa compreensão já havia sido acolhida pela Justiça do Trabalho, através de decisões que aceitavam como lícita a prática, por exemplo, de terceirização de motoristas em empresa de transporte ou atendentes em empresas de telemarqueting. Nos últimos anos, porém, a Justiça do Trabalho passou a ser mais criteriosa em relação às possibilidades de terceirização, atenta a parâmetros por ela mesma fixados, e inclusive começou a reconhecer a ilicitude de algumas práticas de terceirização, em larga medida por conta do problema social que tais práticas geram. Essa resistência foi insuficiente para travar o processo de desmanche, especialmente representado por algumas decisões do STF.

O mais impressionante, porém, não é a defesa da terceirização irrestrita, com tudo o que isso significa em termos de fragilização da efetividade dos direitos trabalhistas. É o fato de que essa decisão, proferida no RE 958252 e na ADPF 324 tem sido utilizada para o efeito de afastar a competência material ou a declaração de vínculo de emprego, *em situações que sequer tratam de terceirização*. Eis alguns exemplos:

Na Reclamação 62764, julgada em 05.10.2023, o STF cassou decisão que havia considerado ilegítima a terceirização dos serviços prestados, fundamentando em descumprimento da ADPF 324/DF e do Tema 725. Na Reclamação 63.231, julgada em 23/10/2023, referiu a regularidade de contratos firmados por motoristas de cargas autônomos (ADC 48 e ADIn 3.961) e em contratos de parceria entre salões de beleza e profissionais do setor (ADIn 5.625). Na Reclamação 63.474, analisada em 31.10.2023, foi deferida medida cautelar para cassar os efeitos de decisão da 5ª Turma do Tribunal Regional do Trabalho da 2ª Região, que reconhecera um vínculo de emprego. Novamente, a ADPF 324 foi invocada como razão de decidir, ao lado da ADC 48, da ADI 3.961, da ADI 5.625, e do Tema 725. Na Reclamação 63380, analisada em 07.11.2023, a ministra Cármen Lúcia cassou decisão da Justiça do Trabalho, que havia reconhecido o vínculo de emprego entre um diretor de programas e o Sistema Brasileiro de Televisão (SBT)[19], com idêntico argumento. Na Reclamação 56.098, de novembro de 2023, o Ministro Luiz Fux alterou decisão do Tribunal Regional do Trabalho da 1ª Região,

(18) Disponível em: http://www.stf.jus.br/portal/autenticacao/autenticarDocumento.asp. Acesso em: 17 jan. 2024.

(19) Disponível em: https://portal.stf.jus.br/processos/downloadPeca.asp?id=15362476997&ext=.pdf. Acesso em: 16 jan. 2024.

que afirmava a existência de vínculo de emprego entre um corretor de imóveis e uma empresa imobiliária, uma vez mais utilizando o mesmo argumento de afronta à decisão proferida na ADPF 324/DF e o Tema 725.

Em todos esses casos sequer discutia-se terceirização, mas sim a natureza de uma relação *na qual não há interposição de terceiros*. Ainda assim, o fundamento utilizado foi de que o tribunal regional "não observou o entendimento da CORTE quanto à constitucionalidade das *relações de trabalho diversas da de emprego*". O fundamento para aceitar a reclamação e alterar decisão proferida em sede de recurso ordinário, "pulando" o TST, foi o de "alegação de má-aplicação das teses vinculantes firmadas nos julgamentos do RE 958.252 – Tema-RG 725 e da ADPF 324". Ora, pelos termos do CPC, a reclamação será inadmissível quando "proposta para garantir a observância de acórdão de recurso extraordinário com repercussão geral reconhecida ou de acórdão proferido em julgamento de recursos extraordinário ou especial repetitivos, *quando não esgotadas as instâncias ordinárias*" (art. 988, § 5º). Esse descolamento da decisão em relação ao texto legal, cada vez mais frequente, revela a clara opção dos órgãos de cúpula do Poder Judiciário, notadamente do STF, "em prol da flexibilização laboral". Algo que ao longo dos últimos anos, em especial após o golpe de 2016, serviu de inspiração "à política de dizimação de direitos sociais"[20].

Exatamente por se tratar do resultado de escolhas que, no Brasil, vêm sendo feitas há bastante tempo e tornaram-se mais agudas a partir de 2016, a atuação no sentido de promover o desmanche do Direito do Trabalho revela os limites do discurso constitucional, diante de uma realidade de capitalismo predatório, para o qual os direitos sociais são um incômodo a ser eliminado[21]. Como já referi, tais direitos, em uma realidade capitalista, são condição de possibilidade para o exercício da resistência e da transformação da realidade. Em nossa sociedade, o trabalho é, como referia Marx, trabalho forçado ou obrigatório, ou seja, o caminho para a obtenção do valor com o qual é possível comprar os bens vitais para a existência física. Logo, a efetividade de direitos como limitação da jornada, ambiente saudável, salário decente, garantia contra a despedida, são concretamente a via institucional mais eficiente para viabilizar a construção de uma realidade social diversa. É possível afirmar, sob prisma diverso, que em uma sociedade na qual as pessoas trabalham mais de doze horas por dia, sem intervalo (algo, aliás, autorizado a partir da Lei n. 13.467), sem contar aí o período de deslocamento entre casa e trabalho; recebem remuneração de pouco mais de oitocentos reais por mês; não tem carteira assinada; atuam em ambientes adoecedores, é uma sociedade de pessoas que não têm tempo

---

(20) FERNANDES, *Op. cit.*, p. 482.

(21) SEVERO, Valdete Souto; SOUTO MAIOR, Jorge Luiz. A Justiça do Trabalho como instrumento de Democracia. *Rev. Direito e Práx.*, Rio de Janeiro, vol. 11, n. 4, 2020, p. 2.773-2.801.

ou condição material para pensar a vida a sua volta e engendrar alternativas de convívio social diversas[(22)].

O exemplo dos vínculos de motoristas que prestam trabalho para empresas que operam através de plataformas digitais é emblemático. Na Reclamação Constitucional 59.795, o Ministro Alexandre de Moraes proferiu decisão monocrática cassando acórdão do Tribunal Regional do Trabalho da 3ª Região, em demanda que discute o reconhecimento de vínculo de emprego. A decisão determina a remessa dos autos à justiça comum[(23)]. Outras decisões nesse sentido também foram prolatadas. Ora, esse é um trabalho entre dois sujeitos. A prestação do serviço de transporte (de bens ou pessoas) é baseada predominantemente em tecnologia da informação, na qual os registros dos clientes atendidos, tempo de trabalho dispensado, valor recebido, diretrizes a serem cumpridas são controlados através de uma plataforma digital e podem ser facilmente verificados. A pessoa que quiser consumir o serviço acessa diretamente a plataforma, bem como efetua o pagamento diretamente à empresa. Há ostensivo controle subjetivo da atividade, no melhor estilo do capitalismo industrial, através de verificações e avaliações. Há controle do tempo de trabalho, que apesar de variável não está à disposição do empregado, como em princípio pode parecer. Existem advertências escritas, por exemplo, de supostas atividades irregulares praticadas pela/os motoristas, restringindo as atividades em locais específicos, como aeroportos. Há também mensagens disparadas no aplicativo, "incentivando" a continuar *"on line"* por 12 horas ou mais, para bater a meta estipulada para o dia ou para a semana. As opções adotadas por quem realiza o trabalho têm consequências em sua pontuação e avaliação pela empregadora. Como refere recente decisão proferida pela Justiça do Trabalho:

> "A relação de emprego é o instituto fundamental dos compromissos em torno da essencialidade dos direitos humanos e da integração sócio-político-econômica da classe trabalhadora que foram assumidos na pactuação de reconstrução da sociedade capitalista e que dão origem à formação do Estado Social. A relação de emprego é concebida, pois, como um imperativo de ordem pública, na medida em que a integração ao projeto sócio-econômico-produtivo do Estado Social é automática, involuntária e vinculativa. A identificação de uma relação de emprego, por conseguinte, não é um favor que se faz ao trabalhador, nem uma pena que se impõe ao empreendedor. Bem ao contrário, representa revalidar e buscar conferir efetividade ao pacto em questão. Toda vez que se busca argumentos para negar a relação de emprego em efetivas relações de exploração do trabalho pelo capital o que se tem como efeito é um passo dado em direção a todo desajuste social e humano que nos conduziram a duas guerras mundiais

---

(22) SEVERO, Valdete Souto; SOUTO MAIOR, Jorge Luiz. A Justiça do Trabalho como instrumento de Democracia. *Rev. Direito e Práx.*, Rio de Janeiro, vol. 11, n. 4, 2020, p. 2.773-2.801.

(23) Disponível em: https://portal.stf.jus.br/processos/downloadPeca.asp?id=15358217388&ext=.pdf. Acesso em: 08 ago. 2023.

> e que tem feito aumentar as desigualdades sociais, a fome, a miséria e as diversas formas de opressão, o que, por sua vez, constitui alimento à quebra da solidariedade e da própria razão, fortalecendo as bases de regimes autoritários e ditatoriais. Impressiona que depois de tantos anos de tentativa de superação da ordem liberal e consolidação do Estado Social ainda se conviva com práticas que retomam a época pré-capitalista, quando o argumento de 'parceria' entre os proprietários de terras e os trabalhadores forneciam fundamento para a espoliação da condição humana destes. Não é à toa, portanto, que a relação entre os trabalhadores e as empresas detentoras de aplicativo são apresentados como 'servidão moderna', 'escravidão digital', ou, na expressão mais reduzida, 'uberização'. E a argumentação artificialmente criada e midiaticamente difundida ainda busca fazer acreditar que quem explora faz um 'favor' para o explorado. Como se divulga com insistência, quem tem algum sonho poderá realizá-lo trabalhando 'com' o aplicativo da UBER (e não 'para' o aplicativo e, menos ainda, 'para' a UBER) e o fará sem se submeter a um padrão, ou seja, sendo o seu 'próprio chefe'. Aqueles que conseguem alcançar esta condição são tidos, então, como seres privilegiados. Ostentariam, assim, como denuncia sarcasticamente Ricardo Antunes, o 'privilégio da servidão'!" (0010112-89.2020.5.15.0032, relator Desembargador Jorge Luiz Souto Maior, 2022)

Trabalho por conta alheia, sem reconhecimento de vínculo de emprego, num contexto de trabalho obrigatório como o que vivemos, configura ato ilícito, cujos efeitos inclusive extrapolam a esfera do patrimônio jurídico da/o trabalhador/a diretamente implicado. Trabalhar sem vínculo implica permanecer na precariedade, sem condições de programar a vida, consumir de forma organizada, ter efetivo descanso. Sem condições de pensar a vida, estudar e, especialmente, atuar dentro de um contexto de implicação democrática com os fatos e atos que interessam à vida em comunidade.

A gravidade da postura que o STF tem assumido, diante de processos judiciais que discutem a existência de vínculo de emprego, nessa e em outras relações peculiares de extração remunerada de trabalho alheio, compromete a ordem jurídica e o Estado Social. Como pontuamos em outro artigo:

> "Quando se diz que algum trabalhador ou trabalhadora que vende sua força de trabalho para sobreviver, no contexto da satisfação dos interesses daquele que se vale do resultado do trabalho prestado, não tem CLT, o que se está dizendo, concretamente, é que se pode negar direitos fundamentais a esta pessoa. Em suma, que a Constituição não se aplica a ela. Como se vê, é uma fala muito violenta, destinada àqueles e aquelas que foram historicamente excluídos, que naturaliza a exploração sem limites. E ainda o faz com o discurso falacioso da liberdade e da autonomia. Esta proposição gera apenas

> dois efeitos concretos: rebaixamento da condição humana desse(a) trabalhador(a) e a potencialização do aumento da taxa de lucro de quem explora a força de trabalho alheia(24).
>
> O ataque à Justiça do Trabalho e ao Direito do Trabalho revela-se, assim, como uma violência contra a classe trabalhadora, que está na mira dessa investida de decisões que suprimem competência material ou negam vínculo de emprego, em sede de reclamação constitucional. Afinal, é na Justiça do Trabalho que a questão social da troca entre capital e trabalho se evidencia. Daí porque é possível afirmar que "mesmo paradoxal em sua função e em sua forma de atuação, a Justiça do Trabalho consolidou-se como local de fala da classe trabalhadora"; um verdadeiro "instrumento de consolidação de uma ordem democrática".(25)

As decisões das cortes superiores, notadamente aquelas aqui discutidas, proferidas pelo STF, demonstram que o problema não é jurídico. Ao contrário, existem regras em quantidade mais do que suficiente para efetivar a proteção social. É preciso, entoão, compreender porque tanto empenho em transformar o Direito do Trabalho em arremedo do direito empresarial. Mais: o que isso implica em termos de comprometimento do pacto social firmado em 1988 e qual a nossa função nesta história.

4. Conclusão

O objetivo desse artigo foi mostrar como a rede de proteção social representada pela legislação trabalhista e potencializada pela Constituição de 1988 sofreu com a erosão promovida por decisões judiciais, especialmente aquelas do TST e do STF, aqui referidas. Para além disso, objetivou-se demonstrar como a escalada da agressão aos direitos trabalhistas chega ao seu ápice questionando o que é o cerne do Direito do Trabalho: a relação de emprego.

As últimas decisões proferidas pelo STF, retirando competência ou declarando a inexistência de vínculo de emprego, embora apresentem como fundamento o tema 725, na verdade atuam sobre relações de trabalho que não se confundem com o fenômeno da terceirização. A linha de argumentação adotada faz perceber que a questão extrapola a esfera jurídica. E que se trata efetivamente de um projeto, cuja finalidade é a extinção da Justiça do Trabalho. Trata-se, portanto, de violência institucional contra a classe trabalhadora, contra a promessa de construção de um estado em que seja possível viver bem.

---

(24) SEVERO, Valdete Souto; SOUTO MAIOR, Jorge Luiz; SEFERIAN, Gustavo. Regulação Meio-termo para os explorados por empresas proprietárias de aplicativos: a invenção da roda. Publicado e disponível em: https://www.jorgesoutomaior.com/blog/regulacao-meio-termo-para-os-explorados-por-empresas-proprietarias-de-aplicativos-a-invencao-da-roda. Acesso em: 21 jan. 2023.

(25) SEVERO, Valdete Souto; SOUTO MAIOR, Jorge Luiz. A Justiça do Trabalho como instrumento de Democracia. *Rev. Direito e Práx.*, Rio de Janeiro, vol. 11, n. 4, 2020, p. 2.773-2.801.

A facilidade com que o desmanche dos direitos sociais tem sido operado já é, em si, resultado de um processo histórico em que o Direito do Trabalho nunca foi plenamente efetivado. Seu agravamento, nos últimos anos, deve servir de alerta. A possibilidade de uma vivência comunitária democrática pressupõe condições minimamente decentes de vida para todas (ou pelo menos para a maioria) das pessoas. E isso, em uma sociedade de trabalho obrigatório, depende diretamente de normas de proteção social, que sejam efetivas.

O discurso constitucional é o máximo que conseguimos, em termos de aproximação com um ideal de vivência digna (não alcançado por boa parte do povo brasileiro, diga-se de passagem). Tem sua importância simbólica, mas é a sua concretização que fará a diferença para a construção de laços sociais e experiências concretas capazes de gerar condições para uma transformação mais profunda. Afinal, esse modelo de convívio social tem sido péssimo para a classe trabalhadora, mas também para as condições de vida na terra, basta pensar na guerra referida na introdução desse artigo ou nas mudanças climáticas que têm gerado catástrofes nos últimos meses.

Mesmo enquanto discurso, portanto, a ideia de um Estado social, fundado na dignidade humana, deve construir aderência na realidade concreta. Não há democracia possível, sem a contenção dos efeitos da troca entre capital e trabalho e essa foi a opção política assumida em 1988. Uma opção que não decorre de altruísmo ou ingenuidade, mas da constatação da impossibilidade de seguir vivendo em uma sociedade cada vez mais excludente.

Daí porque é preciso radicalizar. Ir à raiz do Direito do Trabalho, recuperar sua função histórica. Compreender porque a questão social importa, em uma sociedade que segue tendo o trabalho assalariado como condição de possibilidade para a existência física. E não ter medo de escrever sobre isso, de decidir a partir disso, de fazer a crítica saudável que permita o desvelamento das razões que legitimam o desmanche aqui retratado em tantos e tão tristes exemplos. Reverter o quadro atual depende de um esforço conjunto, que implique uma atuação jurisdicional comprometida com os valores constitucionais, mas também — e sobretudo — uma produção acadêmica que recupere e explicite as razões históricas que justificam a existência do Direito do Trabalho e demonstrem as consequências catastróficas de sua eliminação, em um contexto de capitalismo predatório.

Referências

BIAVASCHI, Magda. DROPPA, Alisson. *A história da Súmula n. 331 do Tribunal Superior do Trabalho:* A Alteração na forma de compreender a terceirização. Texto baseado nos resultados apresentados no Relatório Cientifico Final da Pesquisa "A Terceirização e a Justiça do Trabalho", financiada pela Fundação de Amparo a Pesquisa do Estado de São Paulo-FAPESP. Disponível em: http://www.revistas.unifacs.br/ index.php/redu/article/view/918/669.

FERNANDES, Grijalbo Coutinho. *Justiça Política do Capital:* a desconstrução do direito do trabalho por meio de decisões judiciais. São Paulo: Tirant Lo Blanch, 2021.

SEVERO, Valdete Souto; SOUTO MAIOR, Jorge Luiz. A Justiça do Trabalho como instrumento de Democracia. *Rev. Direito e Práx.*, Rio de Janeiro, vol. 11, n. 4, 2020, p. 2.773-2.801.

______; ______; SEFERIAN, Gustavo. Regulação *Meio-termo para os explorados por empresas proprietárias de aplicativos:* a invenção da roda. Publicado e disponível em: https://www.jorgesoutomaior.com/blog/regulacao-meio-termo-para-os-explorados-por-empresas-proprietarias-de-aplicativos-a-invencao-da-roda. Acesso em: 21 jan. 2023

YAMAMOTO, Paulo de Carvalho. O ímpeto do STF de legislar contra a Constituição: o insólito caso da Ação Declaratória de Constitucionalidade n. 16. In: SOUTO MAIOR, Jorge Luiz; SEVERO, Valdete Souto (Coords.). *Resistência III:* o direito do trabalho diz não à terceirização. São Paulo: LTr, 2019.

Páginas consultadas

http://portal.stf.jus.br/noticias/verNoticiaDetalhe.asp?idConteudo=381340

http://portal.stf.jus.br/noticias/verNoticiaDetalhe.asp?idConteudo=441651&ori=1

http://www.stf.jus.br/portal/autenticacao/autenticarDocumento.asp

http://www.tst.jus.br/noticias/-/asset_publisher/89Dk/content/id/24793939

http://www.tst.jus.br/noticias/-/asset_publisher/89Dk/content/id/24793939

https://direito.usp.br/pca/arquivos/7e9f9c09bcb7_pesquisa-anamatra-fdusp.pdf

https://portal.stf.jus.br/processos/detalhe.asp?incidente=4255687

https://portal.stf.jus.br/processos/downloadPeca.asp?id=15358217388&ext=.pdf

https://portal.stf.jus.br/processos/downloadPeca.asp?id=15362476997&ext=.pdf

https://www.conjur.com.br/2023-dez-05/stf-oficia-cnj-sobre-decisoes-da-justica-do-trabalho-que-desrespeitam-jurisprudencia/

https://www.jorgesoutomaior.com/blog/o-que-e-isso-companheirs

https://www.jota.info/stf/do-supremo/stf-ja-recebeu-2-566-reclamacoes-sobre-direito-do-trabalho-em-2023-diz-gilmar-mendes-19102023

O banco de horas: A flexibilização da jornada de trabalho analisada a partir de decisões judiciais

Carolina Teixeira Corsini[1]

1. Introdução

O tempo não existia, sob a forma de grandeza medida em número, nas sociedades primitivas. Trata-se de uma construção social — e não uma dada realidade imposta — que atende aos anseios de um modelo de produção para cujo êxito se faz necessária alguma racionalidade acerca do tempo a ser dedicado ao trabalho.

Na sociedade capitalista, esse tempo possui três dimensões centrais: a duração (ou extensão), a intensidade e a distribuição. A jornada de trabalho é a primeira expressão da duração e compreende a quantidade de tempo que o trabalho assume na vida das pessoas. Dada a centralidade que ocupa na dinâmica do trabalho, a luta em torno dos seus limites protagonizou, inclusive, a própria construção do Direito do Trabalho. As tensões dela decorrentes acabaram por levar à padronização da jornada de 8 horas diárias, o que — a nível internacional — materializou-se na Convenção n. 1 da OIT, sobre as Horas de Trabalho (na Indústria), de 1919, que estabeleceu o princípio de "8 horas por dia e 48 horas por semana".

No Brasil, foi no ano de 1906 que a reivindicação da jornada de 8 horas diárias passou a se expandir entre os operários, mas foi somente na década de 1930 que o Estado brasileiro tratou de, em âmbito nacional, fixar o limite de 8 horas diárias e de 48 horas semanais, ainda assim restrito a alguns setores[2]. No entanto, logo no ano de 1940, por meio do Decreto-lei n. 2.308, foi prevista a possibilidade de compensação de jornada e

(1) Juíza do Trabalho Substituta no Tribunal Regional do Trabalho da 2ª Região. Especialista em Direito do Trabalho pela Faculdade de Direito da Universidade de São Paulo - USP e em Economia do Trabalho e Sindicalismo pela UNICAMP. Pós-Graduada em Direitos Humanos pela Faculdade de Direito da Universidade de Coimbra.

(2) O Decreto n. 21.186, de 22 de março de 1932, tinha previsão nesse sentido para o setor do comércio e o Decreto n. 21.364, de 4 de maio do mesmo ano, para a indústria.

prorrogação para além do limite de oito horas diárias, o que revela a inserção no ordenamento jurídico, desde as primeiras regras de regulamentação do trabalho no país, da possibilidade de flexibilização neste aspecto.

A compensação de jornada, no entanto, esteve restrita — ao menos sob a ótica da norma estatal — até a década de 1990 aos arranjos de distribuição das horas nos dias da semana. A majoração do módulo temporal de compensação para além daquele inicialmente previsto foi autorizada pela Lei n. 9.601/98, que institui o denominado banco de horas, cuja implementação estava condicionada ao acordo coletivo.

Trata-se de medida adotada no contexto de uma agenda de flexibilização cuja origem remonta à crise econômica da década de 1970, que se operou num processo de avanço da financeirização do capital produtivo que, aliada à crescente instabilidade econômica, à globalização financeira e à disponibilização de novas tecnologias, desestabilizou a concorrência intercapitalista existente nos mercados nacionais e internacionais e passou a exigir das empresas estratégias para o enfrentamento dessa nova competitividade, sendo uma delas a racionalização produtiva, com o escopo de enfrentar as variações da demanda.

O presente trabalho tem por escopo analisar o contexto em que a compensação de jornada desponta como estratégia para racionalizar a produção de modo a sincronizá-la com a demanda de trabalho, as possíveis perdas para os trabalhadores e, ademais, como a matéria tem sido examinada quando a Justiça do Trabalho é provocada a fazê-lo, o que é realizado a partir do exame restrito de acórdãos provenientes da 4ª Turma do Tribunal Regional da 2ª Região, publicados em 27.09.2023, nos quais há análise de pedido de horas extras e em cuja fundamentação tenha sido feita referência à compensação de jornada na modalidade banco de horas.

A análise é fruto do estudo realizado no trabalho de conclusão do curso de Especialização em Economia do Trabalho e Sindicalismo na UNICAMP.

A escolha do Tribunal decorreu de sua amplitude, já que é o maior do país na perspectiva de quantidade de juízes e processos recebidos anualmente. Segundo o Relatório Geral da Justiça do Trabalho de 2022, o tribunal é composto por 506 juízes de primeiro grau, 94 desembargadores e recebeu 331.454 casos novos naquele ano. A definição da turma e do dia foram feitos de forma aleatória, de modo a evitar imprimir à análise qualquer aspecto tendencioso, seja pela sua composição ou seja pelo seu posicionamento acerca de questões relativas à prorrogação de jornada.

2. Flexibilização das normas de regulamentação das relações de trabalho

Para bem compreender o instituto em relação ao qual este trabalho se dedica, mister se faz, inicialmente e ainda que de maneira breve, adentrar o tema específico da flexibilização (ou flexibilidade) das regras que orientam a relação havida entre o capital e o trabalho.

Jean-Claude Javillier (1997) classifica a flexibilidade de acordo com sua finalidade, de modo que sustenta a existência de três classes, a saber: de proteção, de adaptação e de desregulação.

Quanto à primeira — de proteção —, é ela da essência do próprio Direito do Trabalho, na medida em que este "sempre foi flexível, só que em um único sentido. A norma laboral tradicional sempre foi superável e adaptável em benefício do trabalhador" (Uriarte, p. 10). É nesse sentido que se consagrou no Direito do Trabalho a regra da norma mais favorável, corolário do princípio de proteção, segundo a qual diante da existência de várias normas aplicáveis a uma mesma relação jurídica deve-se fazer a opção por aquela que seja mais favorável ao trabalhador (Plá Rodriguez, 2015, p. 123).

A flexibilidade de adaptação é, por sua vez, a adaptação das normas legais rígidas a situações específicas. Aqui, é a hipótese de fazê-lo para atender a particularidades profissionais ou técnicas; ou, ainda, a novas circunstâncias outrora não identificadas ou experienciadas no contexto da prestação de serviços. Longe de se tratar de mera derrogação de direitos, é, em verdade, a modificação deles por meio de normas coletivas ou sua diminuição condicionada a uma contrapartida.

Finalmente, a flexibilização de desregulação consubstancia a simples derrogação de direitos laborais existentes ou, ainda, sua substituição por outros inferiores, ou seja, com um alcance ou nível de proteção menos vantajoso ao trabalhador. Sua razão de ser é conferir certa margem de liberdade às empresas para ajustar a contratação, o uso e a remuneração do trabalho às flutuações da demanda por seus produtos e, por vezes, viabilizar a redução do custo da mão de obra.

A flexibilização de desregulação, é "uma tendência presente em praticamente todos os países capitalistas centrais e em desenvolvimento, com diferentes intensidades e temporalidades, forjada a partir da crise dos anos 70" (Krein, 2007, p. 1), quando, após elevadas taxas de crescimento econômico nos países de capitalismo avançado, durante os anos de 1950 e 1960, o modelo econômico adotado após a Segunda Guerra Mundial começou a ruir, levando à ampliação do desemprego e da inflação e desencadeando uma fase que iria durar boa parte dos anos 1970 (Harvey, 2014, p. 22).

Trata-se de uma ruptura em relação a um contexto socioeconômico que prevaleceu no período pós-guerra, em que se verificou uma necessária reestruturação das formas de Estado e das relações internacionais a fim de "impedir um retorno às condições catastróficas que tanto ameaçaram o poder capitalista na grande crise dos anos 1930", e, para tanto, firmou-se "alguma espécie de acordo de classe entre capitalistas e trabalhadores", por meio da combinação de Estado, mercado e instituições democráticas, a fim de garantir a paz e o bem-estar (Harvey, p. 19).

É relevante notar que a crise dos anos 1970 operou-se num processo de avanço da financeirização do capital produtivo, que ocorreu em razão das inovações financeiras que começaram a surgir no final da década de 1960 e que foram capazes de romper as fronteiras nacionais e as limitações existentes em cada país sobre a mobilidade de capitais para o exterior. Tal contexto, aliado à elevação da taxa de juros reais, provocou um aumento desproporcional da rentabilidade não operacional dos capitais produtivos.

A tal respeito, Dedecca (2005, p. 24) explica que a financeirização do capital industrial, num contexto de crescente instabilidade econômica e de globalização financeira, além da disponibilização de novas tecnologias — decorrente da incorporação mais rápida do progresso técnico — e métodos de organização, acabaram por desestabilizar a concorrência intercapitalista existente nos mercados nacionais e internacionais. A situação passou a exigir das empresas estratégias para o enfrentamento dessa nova competitividade, de modo que passaram a se orientar a partir de: a) aproveitamento das oportunidades de valorização do capital nos mercados financeiros, e b) racionalização produtiva, com o escopo de enfrentar as variações da demanda.

A racionalização produtiva operacionalizou-se a partir da flexibilização do trabalho, já que foi necessária a modificação de um padrão de relações de trabalho até então estabelecido por meio de normas estatais e também de negociações coletivas. Paradoxalmente, as empresas buscaram no Estado e nas negociações coletivas os caminhos para alcançar tal desiderato; ao primeiro coube a edição de normas aptas a promover a desregulamentação e as segundas serviram de mecanismo para estabelecer novas condições — a rigor representativas de garantias aquém daquelas previstas em norma estatal — a orientar a relação capital-trabalho, afastando-se do propósito original da negociação de caráter coletivo.

Desse modo, para concretizar a flexibilização almejada, necessário se fez o deslocamento do centro normativo regulamentador das relações de trabalho que, embora inicialmente pautado na regulação estatal — a partir, aliás, de uma construção histórica —, passou a ser pela via dos acordos, de caráter coletivo ou individual.

Nesse cenário, a autonomia por parte das empresas no uso da força de trabalho desponta como reivindicação junto ao Estado e aos sindicatos e manifesta-se em três vertentes: a) a demanda por menor restrição à contratação por prazo indeterminado, o que acaba por gerar maior liberdade na dispensa; b) o anseio por uma estrutura de ocupações menos rígida — de modo a conferir ao trabalhador maior dinamismo na execução de variadas tarefas; c) a possibilidade de utilização de jornadas flexíveis.

No tocante à flexibilização da jornada, o propósito é sincronizar o nível da produção com a demanda de trabalho. O meio mais estratégico de fazê-lo é a partir da compensação de horas, de modo que as horas pagas e não trabalhadas nos momentos de baixa produtividade são utilizadas nos períodos de maior atividade e sem que tal represente acréscimo salarial e, destarte, aumento do custo do trabalho, ainda que provoque a superação do limite legal de jornada.

3. A regulamentação e a despadronização da jornada de trabalho no Brasil

Nos primeiros trinta anos do século XX no Brasil, as condições de trabalho correspondiam, nas grandes empresas, ao modelo de acumulação da primeira fase do capitalismo industrial (Fausto, 2016, p. 126). Ao tempo da Primeira República, estava a sociedade brasileira ainda sob os valores insertos na Constituição Federal de 1891, dentre os quais o do trabalho não estava a possuir destaque, já que a única referência ali contida a tal respeito é restrita à competência que se conferia ao Congresso Nacional para legislar sobre trabalho (item 28 do art. 34, incluído pela Emenda Constitucional de 3 de setembro de 1926); enquanto, por outro lado, era assegurada a inviolabilidade dos direitos concernentes à liberdade e à propriedade (art. 72, *caput*).

As jornadas de trabalho eram extensas e variavam entre 10 e 14 horas por dia (Decca, 1991, p. 13) e o salário tornou-se proporcional ao número de horas trabalhadas com o raio de alcance capaz de suportar o trabalhador (Fausto, 2016, p. 136). Por inexistente legislação social, imperavam os regulamentos internos elaborados pelas fábricas. É exatamente nas duras condições de trabalho — consistentes nos baixos salários, aliados ao horário de trabalho ilimitado — que se pode encontrar as origens das organizações de lutas dos trabalhadores no Brasil (Basbaum, 1997, p. 204).

Foi no ano de 1906 que a reivindicação da jornada de 8 horas diárias passou a se expandir entre os operários, quando, então, ocorreu o Primeiro Congresso Operário, que deu origem, em 1907, à primeira greve geral em São Paulo. Apesar da repressão violenta ao movimento, alguns setores obtiveram vitórias parciais; no entanto, elas materializaram-se em mero acordo travado com os empregadores, os quais constantemente o descumpriam.

Tal circunstância, aliada a um cenário de acentuada expansão econômica entre os anos de 1910 e 1913 — que gerou a partir de 1911 uma tendência na elevação dos preços e agravamento das condições de existência — levou à eclosão das mobilizações operárias em 1912. A jornada de trabalho também passou a compor o debate político já em 1911, com a apresentação de alguns projetos de lei nesse sentido (Cardoso, p. 86). Em 1917, o deputado federal Mauricio de Lacerda chegou a apresentar à Câmara dos Deputados uma indicação no sentido de ser elaborado um Código do Trabalho, que previa, dentre outros direitos, jornada de oito horas; mas bombardeado que foi pelos industriais e pela maioria dos congressistas, acabou por não avançar (Souto Maior, 2017, p. 144).

O Estado brasileiro somente tratou de, em âmbito nacional, fixar o limite de 8 horas diárias e de 48 horas semanais na década de 1930, o que inicialmente ocorreu no setor do comércio em 1932, por meio do Decreto 21.186 (de 22 de março), seguiu-se para a indústria (Decreto n. 21.364, de 4 de maio)[(3)] e, posteriormente, disseminou-se para outros setores. Entre os anos de 1932 e 1938, quinze decretos-leis foram editados com o escopo de regulamentar a jornada de trabalho, com abrangência em diversos setores (Cardoso, 2007, p. 86).

Em 1940, foi promulgado o Decreto-lei n. 2.308 que tratou da duração da jornada de trabalho:

> "Art. 1º A duração normal do trabalho, para os empregados em qualquer atividade privada, com as exclusões deste decreto-lei, não excederá de oito horas diárias, desde que a lei não fixe expressamente outro limite[(4)].
>
> Art. 2º A duração normal do trabalho poderá ser acrescida de horas suplementares, em número não excedente de duas, mediante acordo escrito entre empregador e empregado ou mediante contrato coletivo de trabalho.
>
> § 1º Do acordo ou do contrato deverá constar, obrigatoriamente, a importância da remuneração da hora suplementar, que será superior à da hora normal, cabendo ao Ministério do Trabalho, Indústria e Comércio, quando se torne necessário, fixar o mínimo do acréscimo.
>
> § 2º Poderá ser dispensado o acréscimo de salário se, por força de acordo ou contrato coletivo, o excesso de horas em um dia for compensado pela correspondente diminuição em outro dia, de maneira que não exceda o horário normal na semana."

A CLT incorporou, no seu art. 59, parte significativa do Decreto-lei n. 2.308/1940, inclusive no que se refere à possibilidade de prorrogação e de compensação de jornada. As poucas alterações efetuadas foram as seguintes: estabeleceu-se o adicional para a hora extraordinária de 20% e se proibiu que a compensação de jornada pudesse ultrapassar dez horas diárias.

O limite de jornada de 8 horas diárias foi expressamente previsto na Constituição Federal de 1946 e assim seguiu até a de 1988; o que, aliado a outros direitos reconhecidos referentes aos tempos de repouso – sejam eles diários, semanais ou anuais -, consolidou uma padronização de jornada com dias de labor bem definidos, assim como o tempo destinado ao descanso, capaz de colocar freios no uso e na distribuição do tempo pelo empregador, e com notáveis impactos na organização da vida social, já que possibilitou a

---

(3) Ainda assim o Decreto revelou-se flexível em alguma medida já que chegou a permitir jornadas de 12 (doze) horas diárias e 60 (sessenta) horas semanais, quando fixadas mediante acordo entre empregadores e empregados (art. 3º) ou em se tratando de seções de estabelecimentos industriais cujo funcionamento fosse essencial (art. 4º).

(4) Algumas categorias já possuíam limite de jornada diverso, como por exemplo os bancários, cuja jornada era regulamentada pelo Decreto n. 23.322/1933.

programação de funcionamento de instituições destinadas ao fornecimento de serviços de interesse social (a exemplo de creches e escolas).

No entanto, teve início na década de 1990 uma série de medidas destinadas a flexibilizar as garantias legais no que diz respeito à gestão do tempo de trabalho, o que levou a um movimento que se denomina despadronização da jornada, assim compreendida como a dissolução dos limites estabelecidos pelo Estado — que assim o faz por meio de lei — ou estabelecidos por negociação coletiva, de modo a permitir múltiplos arranjos da jornada de trabalho e, portanto, do uso do tempo de trabalho (Gibb, 2017, p. 19).

A agenda de flexibilização do tempo de trabalho que ganhou protagonismo nos anos 1990 no Brasil foi decorrência, segundo Krein (2007, p. 220), da combinação de algumas ordens de transformação, a saber: 1) a opção de inserção do país na globalização financeira, o que gerou a exposição das empresas que atuam nos limites territoriais nacionais a uma maior concorrência, a qual se agravou por um contexto de baixo crescimento econômico e de valorização cambial; 2) como resultado da primeira ocorre uma reestruturação produtiva em diversos segmentos dinâmicos; 3) crescente desestruturação do mercado de trabalho e mitigação do poder de resistência dos trabalhadores, bem como – e por corolário – de suas entidades de classe; 4) consequência dos três fatores referidos, as entidades patronais passam a fazer pressão por reformas na perspectiva da flexibilização.

Exemplo dessas medidas flexibilizadoras é a Lei n. 9.601/98 que introduziu a possibilidade de adoção do banco de horas.

4. Banco de horas

A compensação de jornada inicial e tradicionalmente autorizada pelo § 2º do art. 59 da CLT restringia-se ao módulo semanal, modalidade em que, em regra, as horas que seriam trabalhadas aos sábados são diluídas nos demais dias da semana, seja em uma distribuição uniforme com o acréscimo de 48 minutos nos cinco dias restantes — gerando a conhecida jornada de 08h48min — ou não; mas observado sempre o limite máximo de 10 horas diárias.

Em tese e a rigor, trata-se de modalidade de compensação com potencial de conferir concretos benefícios aos sujeitos da relação empregatícia, inclusive àquele que se afigura em posição de desvantagem no aspecto decisório acerca das condições de trabalho; afinal possibilita que o trabalhador abstenha-se — se assim o desejar — de destinar tempo ao trabalho em mais um dia da semana (inclusive aquele direcionado ao seu deslocamento) — em acréscimo, destarte, ao descanso semanal remunerado —, e ao empregador de deixar de promover atividades em suas instalações em dia de menor movimento.

Além disso, a distribuição das horas ao longo dos dias da semana — gerando a majoração no labor diário de modo a configurar o trabalho extraordinário na perspectiva diária — corresponde, nessa modalidade, ao tempo de trabalho já efetivamente pactuado e objeto da contrapartida remuneratória expressada pelo salário ajustado; ou seja, não consubstancia extrapolação da jornada semanal ou mensal acertada entre os sujeitos da relação empregatícia.

Em 1998, por meio da Lei n. 9.601, foi autorizado legalmente o denominado banco de horas, que representa a majoração do módulo temporal de compensação para além daquele semanal inicialmente previsto. Assim o foi desde que a compensação das horas trabalhadas em excesso ocorresse no prazo de 120 dias, além de estar condicionada a sua implementação à previsão em acordo ou convenção coletiva de trabalho. O prazo foi alterado para um ano por meio da MP n. 2.164-41 de 2001.

Por meio do banco de horas, embora não se vislumbre a possibilidade de um imediato ou próximo benefício ao trabalhador — como se dá com a compensação semanal —, as horas em prorrogação ao limite legal, além de não serem pagas com o adicional de no mínimo 50% à remuneração da hora normal, são compensadas em outro dia, cuja proximidade e previsibilidade são desconhecidas.

O instituto, portanto, amplia sobremaneira o tempo a ser observado para que o trabalhador possa desfrutar da contrapartida da prorrogação da jornada, já que quando por ela remunerado, o prazo a ser observado é aquele mesmo para pagamento do salário, ou seja, até o quinto dia útil do mês subsequente ao vencido (art. 469, § 1º, da CLT).

É relevante consignar que o banco de horas não foi previsto por primeiro pela norma estatal, pois em meados dos anos 90 já contava com previsão em normas coletivas do setor automotivo. Porém, em observância ao espírito próprio da negociação, essa compensação esteve condicionada a contrapartidas como, por exemplo, a redução de jornada — sem redução salarial — e o compromisso de manutenção do emprego e dos níveis de remuneração (Krein, 2007, p. 222).

No entanto, a regulamentação do instituto, tal como feita legalmente em sua origem, não coloca nenhuma condicionante capaz de equilibrar os interesses do empregador — que já está contemplado com medida que lhe confere liberdade na organização da produção — com os anseios dos trabalhadores por melhores condições de trabalho. Ou seja, ao não regular o conteúdo específico da compensação de jornada, autoriza-se a empresa a fazer uso do tempo do trabalhador com maior liberdade, uma vez que a ela é imposta apenas a obrigação de observar os parâmetros legais, que, neste caso, são ínfimos e restringem-se à fixação do instrumento autorizador e do prazo para compensação.

Desse modo, o estabelecimento de condicionantes favoráveis aos trabalhadores capazes de elevar o patamar de proteção ao trabalho, bem como de impor limites com o intuito de conferir algum grau de previsibilidade nas convocações, ficam a cargo exclusivo dos sindicatos. Seu êxito, ou não, acaba por depender de sua capacidade de negociação, fruto que é de sua força enquanto ente coletivo.

Ocorre, porém, que a Lei n. 13.467/2017, ao inserir o § 5º no art. 59 da CLT passou a conferir um grau mais elevado de flexibilização neste aspecto; fê-lo ao autorizar a implementação do banco de horas por mero acordo individual entre empregado e empregador, ou seja, sem a participação do sindicato, embora para tal hipótese tenha reduzido o prazo de compensação para seis meses.

A tal respeito, há um aspecto desde logo a ser observado: a autorização para a pactuação do banco de horas via acordo individual desestimula a negociação coletiva e afasta a possibilidade de que, por meio dela, o trabalhador seja favorecido com medidas capazes de lhe diminuir os prejuízos advindos da compensação. Se no âmbito da negociação coletiva é possível negociar condições específicas e mais favoráveis no aspecto próprio do banco de horas e, ademais, em outras matérias de interesse da categoria, no campo do acordo individual é intuitivo e verificável nos diversos processos que tramitam na Justiça do Trabalho, que o empregado força nenhuma possui para impor ao empregador as condições que entende lhe serem benéficas. Nesse sentido, a possibilidade de se estabelecer a compensação por acordo individual reduz a capacidade de resistência sindical e torna a sua implementação mais desfavorável aos trabalhadores.

Além disso, ao se avaliar a lógica implementada pelo banco de horas — de afastar o pagamento mais oneroso para o empregador para substituí-lo por tempo de descanso —, tanto no módulo anual como no semestral, é possível aferir que a ausência de regulamentação legal específica é capaz de gerar diversas perdas para os trabalhadores.

Por primeiro, ficou dispensado, na hipótese de compensação, o acréscimo de salário de que trata o art. 7º, XVI, da CF. Ainda que a norma o tenha feito sob a lógica de que poderá o trabalhador descansar em outro dia, não se impôs nenhuma paridade entre as horas prorrogadas e aquelas compensadas. Se as horas extraordinárias, por serem mais fatigantes e antissociais (Silva, 2021, p. 867), quando pagas assim o são com o acréscimo de no mínimo 50%, não se mostra razoável que quando transportadas para o sistema de compensação o sejam na proporção de 1 hora de trabalho para 1 hora de descanso.

Além disso, é sabido que dada a natureza salarial da hora extraordinária, seu pagamento repercute em outras verbas a serem pagas ao trabalhador, como descanso semanal remunerado, férias acrescidas de 1/3, 13º salário, FGTS, além de aviso prévio e indenização de 40% quando sua dispensa ocorre por iniciativa imotivada do empregador. Estas parcelas, contudo, não sofrem nenhuma majoração quando as horas laboradas em excesso são destinadas a compensação futura.

A inexistência de proibição de compensações aos domingos e feriados enseja outra perda salarial. O labor nesses dias gera o direito ao pagamento em dobro das horas correlatas, sem prejuízo do pagamento já garantido a título de descanso semanal remunerado (Lei n. 605/49 e Súmula n. 146 do TST). Desse modo, quando o trabalhador é convocado a trabalhar nesses dias, está possivelmente a compensar horas simples em dias em que valeriam o dobro.

Outro aspecto a ser considerado diz respeito à vida do trabalhador para além dos limites territoriais e temporais impostos pelo trabalho. A ausência de imposição de um prazo mínimo para a convocação para o trabalho a fim de gerar crédito no banco de horas impacta na organização de sua vida social e familiar, pois, consoante é cediço, o trabalhador organiza sua rotina a partir do horário de trabalho. E não se trata apenas da organização das tarefas mais simples de seu cotidiano, mas também daquelas que dizem respeito ao desenvolvimento de outras potencialidades ou aspirações que possua no campo acadêmico, espiritual ou emocional.

Ademais, a inexistência de um parâmetro mínimo para a compensação diária pode levar a situações em que pequenos atrasos possam ser deduzidos do banco de horas, afastando-se do escopo essencial dessa compensação e que, a rigor, a fundamenta.

Outrossim, a falta de norma que determine a adoção de ferramentas capazes de disponibilizar ao trabalhador, a qualquer tempo, o saldo de débitos e créditos constantes do banco de horas, atenta contra a transparência que deve nortear a relação e lhe dificulta a exata compreensão do sistema, deixando-o à margem, por corolário, da fiscalização do uso de seu tempo.

Ainda no âmbito dos potenciais prejuízos, mas no que tange ao que fora regulamentado, o § 3º do art. 59 da CLT estabelece que "na hipótese de rescisão do contrato de trabalho sem que tenha havido a compensação integral da jornada extraordinária, na forma dos §§ 2º e 5º deste artigo, o trabalhador terá direito ao pagamento das horas extras não compensadas, calculadas sobre o valor da remuneração na data da rescisão".

Embora a hora seja calculada sobre o valor da remuneração da data da rescisão — a qual, pode ser, aliás, a mesma da época do labor em prorrogação, de modo que nenhum benefício concreto ou garantido há nisso —, o adicional de no mínimo 50%, ou superior se houver norma coletiva nesse sentido, é pago sem que haja imposição de qualquer correção monetária. Em um país com tendência ao descumprimento das obrigações de pagar por parte dos empregadores — como se verifica a contento pela quantidade de ações que são ajuizadas na Justiça do Trabalho todo ano e pelas matérias nelas debatidas[(5)] —, tal circunstância torna-se um meio de postergar o pagamento das horas extras sem nenhum custo para o empregador.

(5) Os assuntos mais recorrentes nas ações ajuizadas em 2022 foram multa de 40% do FGTS, horas extras, multa do art. 477 da CLT, aviso prévio e adicional de insalubridade, evidenciando que a maior parte dos casos levados à Justiça do Trabalho cuida do inadimplemento de direitos básicos, segundo Relatório Geral da Justiça do Trabalho 2022. Disponível em: https://www.tst.jus.br/documents/18640430/24374464/RGJT.pdf/f65f082d-4765-50bf-3675-e6f352d7b500?t=1688126789237 . Acesso em: 26 nov. 2023.

Isso se torna ainda mais concreto sob a ótica do acordo individual, pois se o banco de horas busca o atendimento das oscilações da demanda, a compensação aplicada a um só empregado — já que não há regra quanto à necessidade de sua adoção à totalidade dos empregados do setor ou que estejam sob a mesma condição fática de sazonalidade — não atende à finalidade. E, nessa hipótese, poderá mesmo vir a ser utilizado como um meio de contornar o prazo para pagamento do salário estabelecido no art. 459 da CLT.

5. Análise judicial do banco de horas

Se por um lado o banco de horas legitima-se ante a norma legal que o autoriza, por outro, as diversas perdas salariais e, inclusive, de qualidade quanto ao uso do tempo de não trabalho, exigem rigor no exame do preenchimento dos requisitos para sua implementação e, ademais, da observância, ou não, das regras destinadas à compensação.

Para o efeito de compreender como a questão relativa ao banco de horas tem sido examinada no âmbito da Justiça do Trabalho — e paralelamente como tem sido implementado pelas empresas — foram examinadas 14 decisões proferidas pela 4ª Turma do Tribunal Regional do Trabalho da 2ª Região[(6)] e publicadas no dia 27.09.2023, fruto do trabalho de conclusão no curso de Especialização em Economia do Trabalho e Sindicalismo na UNICAMP.

A escolha do Tribunal decorreu de sua amplitude, já que é o maior do país na perspectiva de quantidade de juízes e processos recebidos anualmente. Segundo o Relatório Geral da Justiça do Trabalho de 2022, o tribunal é composto por 506 juízes de primeiro grau, 94 desembargadores e recebeu 331.454 casos novos naquele ano. A definição da turma e do dia foram feitos de forma aleatória, de modo a evitar imprimir à análise qualquer aspecto tendencioso, seja pela sua composição ou seja pelo seu posicionamento acerca de questões relativas à prorrogação de jornada.

A análise das 14 decisões revelou o seguinte: a) em oito processos verificou-se que o banco de horas foi previsto em acordo individual — quando a esta modalidade se fez referência expressa —, sendo em alguns casos já no contrato de trabalho; b) em duas situações a empresa reclamada implementou o banco de horas a partir de normas coletivas firmadas por sindicatos não representantes da categoria profissional[(7)]; c) em um processo foram considerados válidos na decisão judicial acordo individual e de prorrogação que não estavam assinados pelo empregado[(8)]; d) em quatro casos, apesar de haver acordo

(6) As decisões foram proferidas nos seguintes processos: 1001378-17.2022.5.02.0003, 1001145-03.2022.5.02.0041, 1000593-21.2021.5.02.0058, 1000697-21.2020.5.02.0002, 1000516-71.2022.5.02.0318, 1001700-29.2022.5.02.0038, 1001639-87.2022.5.02.0065, 1000871-86.2022.5.02.0090, 1001077-88.2022.5.02.0482, 1001125-45.2022.5.02.0030, 1000787-81.2023.5.02.0080, 1000009-10.2022.5.02.0610, 1000753-59.2023.5.02.0613, 1001309-45.2022.5.02.0080.

(7) Processos 1001145-03.2022.5.02.0041 e 1001309-45.2022.5.02.0080.

(8) Processo 1001639-87.2022.5.02.0065.

individual firmado entre empregado e empregador, as normas coletivas continham previsão de requisitos específicos para a adoção do banco de horas ou para a compensação das horas (a exemplo da equivalência de 1 hora e 30 minutos para cada hora trabalhada) que não foram examinados na decisão[(9)]; e) em três processos foram considerados válidos acordos de compensação que não possuíam referência específica ao banco de horas ou ao módulo temporal de compensação, apesar de o art. 59 da CLT fazer referência a três módulos temporais de compensação passíveis de instituição por meio de acordo individual — semanal, mensal e semestral[(10)]; f) em 5 processos os cartões de ponto não indicavam de forma precisa as horas ou os minutos a serem debitados e creditados diariamente, embora em dois deles houvesse o apontamento do montante mensal[(11)]; g) em duas situações houve o crédito ou o débito de ínfimos minutos no momento de encerramento da jornada[(12)]; h) em seis processos houve prorrogação de jornada com extrapolação da 10ª hora diária e com lançamento em banco de horas[(13)].

A implementação predominante do banco de horas via acordo individual — a partir de mera referência ao instituto e sem menção a critérios específicos — revela que o caráter heterônomo da flexibilização está a prevalecer após a vigência da Lei n. 13.467/2017, deixando pouca ou nenhuma margem ao trabalhador para que exponha ou reivindique condicionantes a autorizar a compensação de horas, inclusive no que diz respeito ao prazo de convocação hábil a viabilizar algum ajuste na rotina pessoal ou familiar.

Também ficou demonstrado que se tem feito mal uso da possibilidade de instituição dessa modalidade por meio de acordo individual, na medida em que há empregadores que não tem procedido à clara referência à modalidade de compensação de jornada a ser utilizada, ou, ainda quando os pormenores do suposto ajuste de vontades deixam evidente que a compensação a ser realizada diz respeito à distribuição das horas de labor na semana — e, portanto, restrita ao módulo semanal —, acabam por transpor os limites ali definidos e implementam a compensação de maior amplitude.

Outro aspecto de relevo é a desconsideração das normas coletivas que instituem condições mais favoráveis aos trabalhadores para a adoção desse regime de compensação. Embora o art. 59, § 4º, da CLT tenha autorizado a pactuação mediante acordo individual, tal circunstância não afasta os princípios basilares que norteiam as regras orientadoras

(9) Processos 1000697-21.2020.5.02.0002, 1000516-71.2022.5.02.0318, 1001700-29.2022.5.02.0038 e 1001639-87.2022.5.02.0065.

(10) Processos 1000593-21.2021.5.02.0058, 1001700-29.2022.5.02.0038 e 1000787-81.2023.5.02.0080.

(11) Processos 1001378-17.2022.5.02.0003, 1000593-21.2021.5.02.0058, 1000871-86.2022.5.02.0090, 1000009-10.2022.5.02.0610 e 1000753-59.2023.5.02.0613.

(12) Processos 1001700-29.2022.5.02.0038, 1001125-45.2022.5.02.0030.

(13) Processos 1001378-17.2022.5.02.0003, 1000593-21.2021.5.02.0058,1000697-21.2020.5.02.0002, 1001700-29.2022.5.02.0038, 1001639-87.2022.5.02.0065, 1000787-81.2023.5.02.0080.

das relações de trabalho. Nesse sentido, o princípio da norma mais favorável continua a condicionar a organização e a execução do trabalho, com suporte, aliás, em norma de natureza constitucional inserta no *caput* do art. 7º da CF, de modo que sua observância não constitui mera faculdade do empregador, mas imposição legal.

Em alguns casos analisados, as perdas — ante a ausência de análise da norma coletiva — revelaram-se expressivas, na medida em que, por meio da norma, o trabalhador havia conquistado o direito à equivalência de 1 hora e 30 minutos de compensação para cada hora trabalhada, aproximando-se do escopo de maior valoração da hora prorrogada previsto em norma constitucional (art. 7º, XVI), mas que não fora observado, tanto na vigência do contrato de trabalho — pelo empregador, portanto — como na decisão judicial para o efeito de análise da validade do regime ou de eventuais valores ainda devidos.

No que diz respeito à ausência de transparência no cômputo e nos lançamentos das horas, em alguns dos cartões de ponto examinados nem ao menos havia referência ao número de horas prorrogadas ou compensadas no dia. Se o empregador está a exigir mais tempo à sua disposição e a valer-se de norma que causa perdas salariais ao trabalhador deve deixar à sua disposição — a qualquer tempo — ferramentas capazes de viabilizar sua compreensão do tempo de sua vida que lhe está sendo subtraído pelo trabalho, inclusive e sobretudo para o efeito de fiscalizar a completa equivalência entre as horas trabalhadas e aquelas compensadas, bem como a observância do prazo legalmente instituído para tanto.

A compensação de poucos — ou até ínfimos — minutos no encerramento da jornada, ainda que a contrapartida seja equivalente — quando ultrapassada a jornada em poucos minutos também é feito o crédito —, é de todo relevante que seja pensada sob a ótica das perdas concretas do trabalhador; pois se a ausência de acréscimo salarial, em tese, justifica-se pela possível compensação em outro dia, não está no desconto reiterado de poucos minutos ao final da jornada a nada compensar na perspectiva de fazê-lo para o efeito de o trabalhador dedicar-se às demais esferas de sua vida social ou familiar. Ele está, em verdade, uma vez mais à disposição do empregador — já que grande parte de seu dia já foi consumida pelo contexto laboral[14].

É dizer, tanto no dia em que houve a prorrogação de jornada a gerar o crédito, como naquele dia em que houve o débito de poucos minutos, a rotina do trabalhador esteve voltada ao trabalho, colocando-se à disposição para o cumprimento de sua jornada integral, e inserto em contexto direcionado às atividades laborativas – como na hipótese do deslocamento, que em grandes cidades demanda significativo tempo.

Além disso, quando os ínfimos minutos são deduzidos do final da jornada, a situação mais diz sobre à própria dinâmica da operação ou da atividade, que acaba por viabilizar

(14) A análise pode ser outra quando o débito corresponder a minutos no início da jornada e tal se demonstrar medida adotada a fim de compensar os atrasos do empregado.

sua interrupção um pouco antes do horário programado, do que do desfrute pelo trabalhador de tempo para descanso, lazer outra atividade que lhe seja conveniente.

Nesse sentido, é possível compreender que eventuais tempos mortos da jornada de trabalho são, nessa dinâmica, em verdade subtraídos do tempo que o trabalhador teria para compensar as horas laboradas em prorrogação. Ou seja, nesse caso, o empregador não remunera as horas extras – por autorização legal – e o tempo morto que estaria compreendido na jornada mensal já remunerada pelo salário ajustado é utilizado para retirar também desse mesmo empregado o direito à concreta compensação de horas.

Por derradeiro, a submissão do trabalhador a jornadas superiores a dez horas diárias, além de desrespeitar expressa vedação legal (art. 59, § 2º, da CLT), demonstra uma intensificação do trabalho ainda maior no período de maior demanda, hábil a provocar desgastes de ordem física — inclusive decorrente de exposição a agentes físicos e químicos —, psíquica e emocional e que, portanto, possui aptidão para produzir dano à saúde do empregado — que goza de ampla proteção legal (arts. 6º, 7º, XXII, e 196 da CF) — e que não são compensados ou minimizados com horas ou dias de descanso.

6. Considerações finais

A flexibilização das regras que regulamentam as relações de trabalho podem ocorrer de maneira a favorecer o trabalhador ou a desfavorecê-lo, pois a regra de aplicação da norma mais favorável ao trabalhador é também uma expressão da flexibilização, mas com caráter protetivo. A compensação de jornada, tal como prevista em sua origem, não estava a revelar um aspecto unicamente prejudicial, pois bem poderia ser utilizada de modo a beneficiá-lo quando, ante as particularidades de seu estilo de vida e de seus compromissos familiares e sociais, pudesse fazer alguns ajustes a fim de a eles compatibilizar sua jornada.

Contudo, o banco de horas, autorizado a partir de 1998, não se mostra, a rigor e tal como previsto, uma medida capaz de satisfazer os interesses de ambos os sujeitos da relação de trabalho; ao revés, revela-se desde logo uma medida hábil a atender ao anseio do capital de ajustar a jornada às variações da demanda — fruto da racionalização produtiva que busca implementar —, sem que isso, possa gerar aumento de custo.

Desse modo, apesar de a flexibilização do tempo de trabalho ter o potencial de beneficiar o trabalhador, quando lhe permite ajustes a fim de melhor organizar sua vida, o que se verifica é que foi ela articulada — na perspectiva do banco de horas — de modo a possibilitar maior produtividade e competitividade; é dizer, a modulação da jornada é realizada para bem permitir a utilização do tempo de acordo com as necessidades da produção.

A Justiça do Trabalho, especializada que é em examinar e julgar os conflitos advindos das relações de trabalho, tem o papel fundamental e que lhe justifica a existência, de bem fazer cumprir as normas que as orientam e, neste aspecto, coibir abusos na utilização do banco de horas e impor a observância de regras especiais — notadamente de caráter coletivo — quando existentes. Do contrário, estar-se-ia a autorizar que o empregador a partir de reiteradas irregularidades — sejam elas discretas, a demandar mais criteriosa análise da documentação, ou não —, faça manobras na jornada do trabalhador e, destarte, no seu tempo de trabalho e de não trabalho, com sua submissão corriqueira ao labor em quantidade de horas que impactam o desfrute de outras esferas de sua vida, sem que tenha custo adicional por isso.

Nesse sentido, quando um instituto jurídico é criado para o efeito de flexibilizar direitos, deve ser minuciosamente examinado quando a Justiça do Trabalho é provocada a fazê-lo, sob pena de se reverberar essa flexibilização para além dos limites legalmente instituídos e assim o fazer de maneira velada ou silenciosa, em cada um dos processos em que a matéria é discutida, de modo a não gerar alardes, mas com a mesma força de afastar direitos essenciais e historicamente conquistados.

Referências

BASBAUM, Leôncio. *História sincera da República*. São Paulo: Alfa-Omega, 1975-76.

CARDOSO, Ana Claudia Moreira. *Tempos de trabalho, tempos de não trabalho:* vivências cotidianas de trabalhadores. 2007. Tese (Doutorado em Sociologia) – Faculdade de Filosofia, Letras e Ciências Humanas, Universidade de São Paulo, São Paulo, 2007. doi:10.11606/T.8.2007.tde-20032008-101721. Acesso em: 31 out. 2023.

DAL ROSSO, Sadi. Jornadas excessivas de trabalho. *Revista Paranaense de Desenvolvimento — RPD*, v. 34, n. 124, p. 73-91, 2013.

______. *Mais trabalho!* A intensificação do labor na sociedade contemporânea. São Paulo: Boitempo, 2008.

DECCA, Maria Auxiliadora Guzzo de. *Indústria, trabalho e cotidiano:* Brasil, 1880 a 1930. São Paulo: Atual, 1991.

DEDECCA, Claudio Salvadori. *As ondas de racionalização produtiva e as relações de trabalho no capitalismo avançado*. https://www.eco.unicamp.br/images/arquivos/artigos/463/02_Dedecca.pdf. Acesso em: 18 set. 2023.

______; MONTAGNER, Paula. *Flexibilidade produtiva e das relações de trabalho*. Considerações sobre o caso brasileiro. Disponível em: https://www.eco.unicamp.br/images/arquivos/artigos/3689/TD29.pdf. Acesso em: 18 set. 2023.

DELFINO, Andrea. La irrupción del teletrabajo y el eterno retorno al debate sobre la regulación del tiempo de trabajo. *Temas Y Debates*, 215–224. Disponível em: https://doi.org/10.35305/tyd.v0i0.498.

______. Las transformaciones en el mundo del trabajo desde la óptica temporal. Un tiempo con nuevos tiempos. *Revista Colombiana de Sociología*, v. 34, n. 1, p. 85-101, 2011.

FAUSTO, Boris. *Trabalho urbano e conflito social:* 1890-1920. São Paulo: Companhia das Letras, 2016.

GIBB, Lygia Sabbag Fares. *A tendência de despadronização da jornada de trabalho:* configuração no Brasil e impacto nas mulheres. 2017. 1 recurso *online* (295 p.) Tese (doutorado) – Universidade Estadual de Campinas, Instituto de Economia, Campinas, SP. Disponível em: https://hdl.handle.net/20.500.12733/1632658. Acesso em: 18 set. 2023.

HARVEY, David. *O neoliberalismo:* história e implicações. São Paulo: Edições Loyola, 2014.

JAVILLIER, Jean-Claude. Orden jurídico, relaciones laborales y flexibilización. Aproximaciones comparativas e internacionales. *Ius et veritas*, n. 14, p. 157-169, 1997.

______. Vigencia y transformación en el derecho laboral. *Derecho & Sociedad*, n. 8-9, p. 87-92, 1994.

KREIN, José Dari; ABILIO, Ludmila Costhek; BORSARI, Pietro Rodrigo. A despadronização do tempo de trabalho: múltiplos arranjos e sofisticação dos mecanismos de controle da jornada. In: *PÓS-REFORMA trabalhista* (2017). Organização de José Dari Krein *et al.* Campinas, SP: UNICAMP/IE/CESIT, 2021. *E-BOOK.* (1 recurso *online*), il., digital. ISBN 9786599446115. Disponível em: https://hdl.handle.net/20.500.12733/1524. Acesso em: 18 set. 2023, p. 252-282 (v. 1). Disponível em: https://hdl.handle.net/20.500.12733/1576. Acesso em: 18 set. 2023.

KREIN, José Dari; ALVES, Ana Cristina. O banco de horas: a consolidação da flexibilização da jornada de trabalho. In: *PÓS-REFORMA trabalhista* (2017). Organização de José Dari Krein *et al.* Campinas, SP: UNICAMP/IE/CESIT, 2021. *E-BOOK.* (1 recurso *online*), il., digital. ISBN 9786599446115. Disponível em: https://hdl.handle.net/20.500.12733/1524. Acesso em: 25 out. 2023. p. 729-754 (v. 2).

MANZANO, Sofia Padua. *Diagnóstico das condições de trabalho nas montadoras de veículos do ABC e no Parana:* um estudo sobre a modulação da jornada de trabalho e da PLR. 2004. 135 p. Dissertação (mestrado) – Universidade Estadual de Campinas, Instituto de Economia, Campinas, SP. Disponível em: https://hdl.handle.net/20.500.12733/1599412. Acesso em: 18 set. 2023.

NINET, José Ignacio García. La protección del tiempo de trabajo en la historia de la OIT. *Revista del Ministerio de Trabajo y Economía Social*, n. 147, p. 217-247, 2020.

OIT. *Duração do Trabalho em Todo o Mundo:* Tendências de jornadas de trabalho, legislação e políticas numa perspectiva global comparada / Sangheon Lee, Deirdre McCann e Jon C. Messenger; Secretaria Internacional de Trabalho. Brasília: OIT, 2009.

PLÁ RODRIGUEZ, Américo. *Princípios de direito do trabalho.* São Paulo: LTr, 2015.

SILVA, Homero Batista Mateus da. *Direito do Trabalho Aplicado:* Direito Individual do Trabalho. Vol. 2. São Paulo: Thomson Reuters Brasil, 2021.

SILVA, Josué Pereira da Silva. *Três Discursos, uma sentença:* tempo e trabalho em São Paulo — 1906/1932. São Paulo: ANNABLUME/FAPESP, 1996.

SOUTO MAIOR, Jorge Luiz. *Curso de Direito do trabalho:* teoria geral do direito do trabalho, volume I: Parte I. São Paulo: LTr, 2011.

______. *História do Direito do trabalho no Brasil:* curso de direito do trabalho, volume I: parte II. São Paulo: LTr, 2017.

SÜSSEKIND, Arnaldo. *Curso de Direito do Trabalho.* Rio de Janeiro: Renovar, 2010.

URIARTE, Oscar Ermida. *La flexibilidade. Fundación de Cultura Universitaria:* 2001.

Litigiosidade trabalhista: a solução é punir advogados e trabalhadores?

Felipe Bernardes[1]

1. Introdução — o debate instaurado no CNJ

Em recente discurso no 21º Conamat (Congresso Nacional de Magistrados da Justiça do Trabalho), ocorrido entre 1º e 4 de maio de 2024, o Min. Luís Roberto Barroso, do STF, prestou informações sobre a primeira reunião de grupo criado no âmbito do Conselho Nacional de Justiça (CNJ) para pesquisa acerca da litigiosidade trabalhista no Brasil.

A iniciativa é interessante, por pluralizar o debate. De nossa parte, esperamos que sejam efetivamente ouvidos os maiores interessados: a tão sofrida classe trabalhadora brasileira.

Minha análise, aqui, será singela e direta. De fato, ao que nos pareceu, o Min. Barroso, na citada reunião, baseou-se essencialmente em estudo feito por brilhantes pesquisadores da UERJ acerca da litigiosidade trabalhista[2]. O estudo foi muito bem construído e partiu de premissas e dados corretos, mas traz proposições que merecem cautela, pois algumas conclusões expostas não guardam correlação lógica com os dados apresentados. Os dados estatísticos foram bem coletados, e nos parecem bastante embasados — com importante cruzamento de informações relativas à formalidade do mercado de trabalho, dispensas, desemprego e taxas de acionamento da Justiça do Trabalho — e servirão de base para as críticas expostas a seguir.

---

(1) Juiz do Trabalho no Tribunal Regional do Trabalho da 1ª Região. Mestre em Direito do Trabalho e da Seguridade Social pela Universidade de São Paulo. Autor das obras: "Manual de Processo do Trabalho" (5. ed.) e "O Direito do Trabalho no Supremo Tribunal Federal", ambas publicadas pela Editora JusPodivm.

(2) ALMEIDA, Fernanda Cabral de; FERNANDES, João Renda Leal; BRAGA, Júlia de Castro Tavares; SOUSA, Ricardo José Leite. Breves considerações sobre a litigiosidade trabalhista no Brasil. *Jota*, 02 maio 2024. Disponível em: https://www.jota.info/opiniao-e-analise/artigos/breves-consideracoes-sobre-a-litigiosidade-trabalhista-no-brasil-02052024. Acesso em: 07 maio 2024.

2. Existe de fato um excesso de processos na Justiça do Trabalho?(3)

No ano de 2023, foram ajuizadas 1,8 milhões de reclamações trabalhistas, sendo que, no mesmo ano, houve 27,7 milhões de extinções de contratos de trabalho no Brasil. Daí decorre que apenas 8,4% dos rompimentos contratuais foram judicializados em 2023. A correlação entre os percentuais serve apenas para fazer uma análise comparativa, porque, na prática, alguns desses processos novos (ainda que não sejam tantos) foram ajuizados por empregados com vínculo de emprego ainda ativo.

A primeira conclusão é que a quantidade de processos trabalhistas até pode ser alta, mas jamais pode ser considerada excessiva ou abusiva. Em números absolutos, 1,8 milhões de processos podem parecer muita coisa, mas relativamente à quantidade de vínculos empregatícios rompidos, a quantidade pode ser tida como baixa.

Ademais, comparativamente com os demais ramos do Judiciário brasileiro, veja-se que a Justiça do Trabalho apresenta o menor percentual das ações em tramitação no Brasil: de 82 milhões **de processos que tramitavam no território nacional em 2023, apenas 6,6% eram da Justiça do Trabalho** (5,4 milhões). **Das novas ações distribuídas no ano de 2023, apenas 10,1% o foram ao Judiciário Trabalhista.**

Esses dados são autoexplicativos e falam por si. Não há nada de "anormal" ou "abusivo" com o quantitativo de processos judiciais em trâmite na Justiça do Trabalho. Apesar disso, concordo com a afirmação de que há, sim, uma quantidade grande de processos judiciais e que talvez seja possível reduzir a litigiosidade. Surge, então, a indagação: quais as principais causas da litigiosidade trabalhista no Brasil e como combatê-las?

3. O descumprimento generalizado da legislação trabalhista e a herança escravocrata que vê o trabalho como "favor"

Vejam-se os seguintes dados estatísticos extraídos dos Relatórios Gerais da Justiça do Trabalho, do Conselho Superior da Justiça do Trabalho(4):

Ano	Percentual de acordos	Percentual de procedência total	Percentual de procedência parcial	Percentual de improcedência	Percentual de extinção, desistência ou arquivamento
2015	39,5%	2,2%	28,1%	7,3%	23%
2016	39,9%	2,2%	29,2%	7,9%	20,7%
2017	38,9%	2,3%	30,5%	8,7%	19,6%
2018	39,2%	4,1%	31%	9,7%	16%

(3) Os dados estatísticos citados neste tópico foram extraídos do trabalho acadêmico citado na nota de rodapé *supra*.

(4) Disponível em: https://tst.jus.br/web/estatistica/jt/relatorio-geral.

Ano	Percentual de acordos	Percentual de procedência total	Percentual de procedência parcial	Percentual de improcedência	Percentual de extinção, desistência ou arquivamento
2019	39%	6,5%	30,2%	9,8%	14,5%
2020	40,5%	8,9%	27%	9,5%	14%
2021	41,3%	8,3%	28,1%	9,6%	12%
2022	38%	7,4%	30,4%	11,2%	13%

Considerando o espaço amostral acima (que abrange os últimos 8 anos com estatísticas já disponíveis), e por aproximação, pode-se dizer que, em média:

(i) 39,5% das reclamações trabalhistas são resolvidas por conciliação;

(ii) 5,2% das reclamações trabalhistas são julgadas totalmente procedentes;

(iii) 29,3% das reclamações trabalhistas são julgadas parcialmente procedentes;

(iv) 9,2% das reclamações trabalhistas são julgadas improcedentes;

(v) 16,6% das reclamações trabalhistas são extintas sem resolução de mérito.

No item "i", o empregador, com a chancela do Judiciário, reconhece que o trabalhador possuía algum direito que não foi pago por força do contrato de trabalho. Nos itens "ii" e "iii", esse reconhecimento é feito pelo Judiciário, em decisão resultante de contraditório participativo e que, por isso, forma coisa julgada material, a qual é sabidamente indiscutível, ressalvada a possibilidade hipotética de ação rescisória para desconstituí-la.

<u>Somando os itens i, ii e iii, tem-se que, em 74% das vezes, o trabalhador tinha razão quando procurou a Justiça do Trabalho. Em 9,2% dos casos, o trabalhador não tinha nenhum direito a postular e, em 16,6% das ocasiões, o mérito do processo não foi julgado por algum defeito formal</u>.

Evidencia-se que o grande quantitativo de processos trabalhistas no Brasil decorre fundamentalmente de uma cultura de descumprimento generalizado da legislação trabalhista.

Cabe destacar que os dados expostos representam apenas as situações de descumprimento da legislação que vieram a ser judicializados. É plenamente legítimo conjecturar que, na realidade, a inobservância da legislação trabalhista se dá em números muito maiores, porque é sabido que muitas pessoas que têm direitos violados (em todos os campos) optam por não litigar ou sequer têm conhecimento da violação e condições de acessar o Judiciário.

Portanto, caso se venha a considerar que a litigiosidade na Justiça do Trabalho é alta ou excessiva, a conclusão inafastável é que a "culpa" não é do trabalhador! Qualquer política pública séria que queira enfrentar essa questão precisa levar esse dado em consideração. Evidentemente, também há abuso do direito de ação por trabalhadores, o que pode e deve ser combatido, mas estatisticamente falando, fica claro que a quantidade mais significativa de litigância não se deve a um suposto demandismo dos trabalhadores.

Deve-se ter cuidado, aqui, com um viés ideológico muitas vezes inconsciente e que permeia o imaginário de muitas pessoas no Brasil: a ideia de tratar o trabalho como um "favor" concedido pelo patrão ao empregado. Quantas vezes, em audiências trabalhistas Brasil afora, já se ouviu o empregador afirmar que "só contratou aquela pessoa para ajudá-la"?

Não, não se contrata ninguém para ajudar. As empresas contratam empregados porque precisam deles para exercer sua atividade empresarial. E, por trás da pessoa que trabalha, existe um ser humano que depende do trabalho para viver e que se realiza no trabalho e por meio do trabalho. O trabalho deve ser elemento de dignificação, e não de degradação da pessoa trabalhadora. A concepção do trabalho como "favor" nada mais é do que a herança maligna de um passado escravocrata que assolou o Brasil durante séculos.

4. A insegurança jurídica trazida pelo Supremo Tribunal Federal

Um argumento trazido pelo artigo acadêmico já citado, e utilizado pelo Ministro Barroso na palestra também já mencionada, é o de que a informalidade no trabalho contribui para o aumento da litigiosidade. A formalização dos vínculos, nessa perspectiva, tende a reduzir a litigiosidade.

O argumento é corretíssimo. A formalização, além de contribuir para a redução da litigiosidade, tende a trazer maior dignidade ao trabalhador, em função de sua inserção no sistema previdenciário e da aplicabilidade clara das regras trabalhistas à relação de trabalho, o que abrange normas essenciais de saúde e segurança do trabalho.

E, aqui, cabe uma crítica à postura que tem sido adotada pelo Supremo Tribunal Federal no tema da *pejotização*. A Suprema Corte tem, em milhares de reclamações constitucionais, cassado decisões da Justiça do Trabalho que reconhecem a fraude na contratação de empregado por meio pessoa jurídica interposta.

Veja-se: não se trata de negar validade aos precedentes do STF (ADPF 324 e Tema 725 da repercussão geral) que reconhecem a validade da terceirização em atividade-fim. O que o Supremo tem feito nessas reclamações é pura e simplesmente chancelar a fraude em matéria de trabalho. É como se o STF estivesse afirmando a existência de um princípio de primazia da forma sobre a realidade. Ou seja, celebrado um contrato que envolva MEI ou qualquer tipo de pessoa jurídica, automaticamente estaria pré-excluído o vínculo de emprego. Nessa ótica, o juiz do trabalho seria um "sub-juiz", pois sequer poderia reconhecer a fraude caso existente um contrato por meio de pessoa jurídica. E o trabalhador se tornaria um "subcidadão" ou um "cidadão de segunda classe", que sequer poderia discutir em juízo a fraude na sua contratação.

O tema tem sido objeto de valiosas reflexões por pesquisadores qualificados. No que tange ao objeto da presente reflexão, vale observar que essas decisões do STF têm causado imensa insegurança jurídica, o que tende a aumentar significativa e desnecessariamente a litigiosidade. Além disso, a validação da pejotização exclui a aplicabilidade de todas as regras trabalhistas, entre as quais merecem destaque aquelas que envolvem limitação de jornada, intervalo, férias, e aspectos de saúde e segurança do trabalho. O STF, portanto, tem contribuído para o crescimento da informalidade e da precarização do trabalho, e até mesmo para o aumento dos acidentes de trabalho e doenças ocupacionais, o que asfixia ainda mais o orçamento da Previdência Social e prejudica a sociedade brasileira como um todo.

5. Rebatendo algumas propostas referenciadas pelo Min. Barroso

Agora serão analisadas pontualmente algumas das proposições constantes do estudo acadêmico mencionado pelo Min. Barroso na abertura do 21º Conamat. Aqui, é necessária muita cautela, pois as propostas apresentadas não apresentam, efetivamente, aptidão para resolver o problema da litigiosidade trabalhista. Ao revés, algumas das medidas podem agravá-lo, como se passa a demonstrar.

Antes disso, uma premissa precisa ser bem estabelecida: o público da Justiça do Trabalho, especialmente no polo ativo dos processos, é composto essencialmente por pessoas pobres do ponto de vista financeiro. O rendimento médio do trabalhador brasileiro, *per* capita, em 2023, foi de R$ 1.893,00.[(5)] Além disso, mais de 90% da população brasileira vivia, em 2022, com menos de três salários mínimos *per capita*[(6)].

Assim colocadas as coisas, veja-se que propostas como o "fomento à negociação extrajudicial e regulamentação da mediação privada", bem como incentivos à arbitragem envolvendo trabalhadores "hiperssuficientes" soam como argumentos desconectados da realidade do mercado de trabalho brasileiro, e, por consequência, da própria Justiça do Trabalho.

Numa relação completamente assimétrica de poder, como é a relação de emprego, em que o trabalhador, na maioria das vezes, estará premido pela necessidade inadiável de se sustentar, é evidente que qualquer espécie de "acordo" extrajudicial (ainda que com a

(5) Disponível em: https://agenciadenoticias.ibge.gov.br/agencia-sala-de-imprensa/2013-agencia-de-noticias/releases/39262-ibge-divulga-rendimento-domiciliar-per-capita-2023-para-brasil-e-unidades-da-federacao.

(6) Disponível em: https://valorinveste.globo.com/mercados/brasil-e-politica/noticia/2023/12/06/60percent-dos-brasileiros-vivem-com-ate-1-salario-minimo-por-mes.ghtml

participação de advogados e/ou sindicato) deve ser vista com extrema cautela e desconfiança. Não há manifestação livre de vontade de alguém que perde o emprego e precisa manter sua subsistência e, por isso, assinará qualquer "acordo" que lhe permita receber suas verbas rescisórias, ainda que do instrumento conste uma cláusula mediante a qual o trabalhador conceda quitação total quanto ao extinto contrato de trabalho, renunciando a verbas relevantes e importantes, como horas extras sonegadas pelo empregador, para ficar num exemplo comum.

A injustiça da "solução" de tentar reduzir a litigiosidade trabalhista por meio de acordos extrajudiciais vinculantes e que inibam o acesso à justiça é tão flagrante e evidente que, a nosso ver, dispensa maiores comentários.

A arbitragem e a mediação extrajudicial envolvendo altos empregados, que ganhem salários mais elevados (pelo padrão do art. 507-A da CLT, valores mensais aproximadamente superiores a R$ 15 mil), podem sim ser utilizadas nesses casos pontuais, os quais representam, entretanto, volume ínfimo de litigância na Justiça do Trabalho.(7) De outro lado, absolutamente impertinente pensar em estender a utilização da arbitragem para a grande massa trabalhadora brasileira, em função dos altos custos da arbitragem, incompatíveis com a renda média do trabalhador. Ademais, não há pertinência em tentar "ressuscitar" o fantasma da Comissão de Conciliação Prévia, cujo caráter de obrigatoriedade previamente ao ajuizamento de ações foi corretamente rechaçado pelo STF na ADI 2139, por violar claramente o princípio da inafastabilidade da jurisdição, positivado no art. 5º, XXXV, da Constituição da República.

É absolutamente impertinente pensar, portanto, que a redução da litigiosidade trabalhista possa se dar mediante fomento a soluções extrajudiciais que engendrem renúncias de direitos ou que sejam aplicáveis apenas a um percentual ínfimo dos trabalhadores brasileiros.

Outro aspecto que o referido estudo apontou como "cura" para o "mal" da litigiosidade trabalhista no Brasil seria a necessidade de punição de advogados, argumentando-se que se deveriam "*regulamentar mecanismos que, de fato, penalizem as partes e, principalmente, os advogados, responsáveis pelo ajuizamento de demandas frívolas, predatórias e lides temerárias*".

A proposta também deve ser absolutamente descartada, por atentar contra a liberdade de exercício profissional da advocacia. Como se sabe, não há hierarquia entre advogados e juízes, e seria absolutamente impertinente qualquer previsão legislativa que permitisse aos magistrados, nos casos concretos, aplicar punições diretamente aos advogados. A responsabilidade de advogados deve ser apurada essencialmente pelo órgão da classe

---

(7) Não há estatística oficial a respeito da renda do trabalhador que aciona a Justiça do Trabalho, mas considerando os dados apresentados quanto à população brasileira, bem como a prática diuturna na Justiça do Trabalho, fica claro que a esmagadora maioria dos reclamantes são pessoas de baixa renda.

(OAB), e também por ação judicial autônoma em que se assegure contraditório e ampla defesa, como, aliás, já previsto no art. 32, parágrafo único, da Lei n. 8.906/94.

6. Propostas que efetivamente poderiam reduzir de forma justa a litigiosidade trabalhista no Brasil[8]

6.1. *Incremento de sanções materiais e* punitive damages

É crucial que haja o incremento de sanções materiais pelo descumprimento da legislação trabalhista. Essa medida incentivaria o cumprimento espontâneo da legislação, reduzindo, em consequência, o quantitativo de processos a serem julgados na Justiça do Trabalho. O descumprimento da legislação — com o consequente acionamento do Poder Judiciário — deve ser substancialmente mais caro do que o respectivo cumprimento espontâneo pelo empregador.

Nesse sentido, exemplificativamente, o art. 467 da CLT poderia ser modificado, de modo que passasse a prever o pagamento em dobro (como era a previsão legal, por sinal, antes da Lei n. 10.272/2001) das verbas incontroversas decorrentes da extinção do contrato de trabalho, caso não seja feito o pagamento espontâneo em determinado prazo após a citação do reclamado. Outro ponto é que o dispositivo legal deveria prever que a mesma consequência (pagamento em dobro das verbas rescisórias) seria aplicável caso a controvérsia suscitada em contestação fosse infundada.

De forma semelhante, a legislação deveria prever expressamente a possibilidade de condenação do empregador ao pagamento de indenização por danos morais punitivos, em decorrência do inadimplemento de verbas salariais e rescisórias, superando a jurisprudência majoritária do Tribunal Superior do Trabalho, que rejeita essa possibilidade. O dispositivo legal deveria prever alguma espécie de gradação, de sorte que o valor da indenização deveria ser maior caso se tratasse de empregadores reincidentes na inadimplência desse tipo de parcela (conforme verificado em outros processos na mesma ou em outra Região da Justiça do Trabalho).

6.2. Sanções processuais

No afã de reduzir a litigiosidade excessiva e desnecessária, a legislação deveria prever o estabelecimento de sanções processuais (multa) por litigância frívola, assim entendido o ajuizamento de ações, a elaboração de defesas e a interposição de recursos destituídos de fundamentos fáticos e jurídicos. Essa multa, cumulável com a multa por litigância de má-fé, deveria reverter aos cofres públicos e ser calculada, por exemplo, com base no custo médio do processo para o Estado e deveria ser exigível ainda que a parte fosse beneficiária da justiça gratuita.

---

(8) Aqui, reproduziremos de forma bastante sumária algumas das proposições constantes da nossa dissertação de mestrado, que ainda será publicada: O acesso à justiça do trabalho à luz da análise econômica do direito: uma visão crítica". RODRIGUES, Felipe Bernardes (2023). Orientador: Guilherme Guimarães Feliciano.

6.3. Ampliação dos limites subjetivos da coisa julgada

A jurisprudência dos tribunais e a própria legislação deveriam consagrar a ampliação dos limites subjetivos da coisa julgada, de modo a aproveitar decisões desfavoráveis a determinada parte e que possam ser favoráveis a terceiros, numa espécie de transporte in utilibus" da coisa julgada, semelhante ao que ocorre nos processos coletivos.

6.4. Correção monetária e juros de mora

A legislação deveria passar a prever a correção monetária dos créditos trabalhistas de acordo com índices oficiais de inflação (por exemplo, IPCA-E), em acréscimo a juros de mora que acompanhem os critérios de mercado (poderia ser utilizado, por exemplo, o valor do CDI correspondente ao período de tramitação do processo).

Assédio moral no trabalho e Justiça: da Organização Internacional do Trabalho à prática no Tribunal Regional do Trabalho da 15ª Região

Bruna Pirino(1)

Flávia de Lima Traldi(2)

Gabriela Gonçalves Manzatto(3)

Sandra Francisca Bezerra Gemma(4)

Introdução

O presente artigo consiste em analisar o assédio moral sob a perspectiva da Psicologia e associá-lo ao posicionamento da Organização Internacional do Trabalho a fim de comparar a sua aplicação nos julgados sobre esta temática pela Justiça do Trabalho do Estado de São Paulo. No primeiro capítulo são trazidos elementos conceituais e analíticos sobre o assédio moral permitindo apresentar conceitos que situam a abordagem aqui apresentada. Posteriormente, no segundo capítulo aborda-se o posicionamento da Organização Internacional do Trabalho sobre este tema, relacionando os termos

---

(1) Advogada pela Pontifícia Universidade Católica de Campinas. Pesquisadora/mestranda do Laboratório de Ergonomia, Saúde e Trabalho (ERGOLAB) da Universidade Estadual de Campinas. E-mail: brunapirino@yahoo.com.br.

(2) Psicóloga pela Pontifícia Universidade Católica de Minas Gerais. Mestre em Ciências Humanas e Sociais Aplicadas pela Unicamp. Doutora em Educação pela Unicamp. Pós-Graduação em Gestão de Pessoas pela USP. Pesquisadora do Laboratório de Ergonomia, Saúde e Trabalho (ERGOLAB/Unicamp). flaviatraldi@hotmail.com.

(3) Advogada pela Universidade Presbiteriana Mackenzie de Campinas. Pós-Graduada em Direito e Processo do Trabalho pela Universidade Presbiteriana Mackenzie de Campinas. Membro da Comissão de Direito do Trabalho da OAB Campinas. Sócia da Häckel David & Manzatto Advogadas Associadas. E-mail: gabriela@hdmadvogadas.com.br.

(4) Livre Docente em Ergonomia, Saúde e Trabalho. Professora Associada da Faculdade de Ciências Aplicadas da Unicamp. Coordenadora do Laboratório de Ergonomia, Saúde e Trabalho (ERGOLAB) da Universidade Estadual de Campinas. E-mail: gemma@unicamp.br.

Trabalho Decente (OIT, 1999), "violência e assédio" no mundo do trabalho e "violência e assédio com base no género" da Convenção sobre Violência e Assédio n. 190 da OIT (Convenção n. 190).

Por fim, no terceiro capítulo faz-se a exposição sobre o entendimento da jurisprudência no que tange o assédio moral a partir de uma breve análise histórica acerca da evolução da compreensão dessa temática pelos Tribunais Trabalhistas. Nesta perspectiva temporal apresenta-se o assédio em seu modelo tradicional até a sua evolução para o ambiente virtual de trabalho, que traz desafios adicionais para a jurisprudência em futuro próximo.

Desta forma, o objetivo geral é relacionar o conceito de assédio moral da Psicologia do Trabalho com as principais diretrizes da Convenção n. 190 da OIT e seus possíveis impactos nos julgamentos trabalhistas do Tribunal Regional do Trabalho da 15ª Região. Pretende-se ainda, em termos mais específicos, identificar a relação entre a Convenção sobre Violência e Assédio n. 190 (OIT, 2019a), Recomendação n. 206 (OIT, 2019b) e Relatório da 87ª Conferência Internacional do Trabalho (OIT, 1999).

A metodologia adotada foi da revisão bibliográfica qualitativa, por meio de autores da Psicologia, sobretudo da Psicologia do Trabalho, assim como da pesquisa documental fazendo-se valer de documentos supracitados da OIT sobre a referida temática e da jurisprudência nacional dos Tribunais Regionais do Trabalho.

Conceituação e análise do assédio moral à luz da Psicologia

Nos termos aqui colocados, o assédio moral caracteriza-se como "*uma conduta abusiva, intencional, frequente e repetida, que ocorre no meio ambiente laboral, cuja causalidade se relaciona com as formas de organizar o trabalho e a cultura organizacional, que visa humilhar e desqualificar um indivíduo ou um grupo, degradando as suas condições de trabalho, atingindo a sua dignidade e colocando em risco a sua integridade pessoal e profissional*" (Heloani; Barreto, 2018, p. 53). Dados do Tribunal Superior do Trabalho apontam que, somente em 2022, foram ajuizadas mais de 77 mil ações trabalhistas relacionadas a assédio moral (TST, 2023).

De acordo com Schwaab, Monteiro, Guerin e Gregoviski (2022), é possível observar que o assédio moral no trabalho ocorre em organizações que apresentam uma cultura e um clima organizacional permissivos à manifestação de comportamentos violentos, abusivos e humilhantes. Práticas organizacionais, como formas de avaliação de desempenho por indicadores ou avaliações individuais dessa natureza, que levam a promoção, prêmios ou medo de perder o trabalho, também têm sido estudadas como formas de estimular a individualidade, a competitividade e comportamentos abusivos no ambiente de trabalho (Dejours, 2010; Dejours, 2019).

As origens dessa lógica se devem às transformações no mundo do trabalho motivadas pelo neoliberalismo e a reestruturação produtiva da era da acumulação flexível, que resultaram em uma enorme precarização e intensificação do trabalho, desemprego estrutural, destituição de direitos do trabalho e fragilização das relações sociais (Antunes, 2001). Neste cenário, a 'nova gestão do trabalho' impõe novas posturas, condutas e valores que substituem o senso de comunidade pelo mito do trabalhador resiliente, livre e empreendedor.

Tendo como justificativa primordial a otimização de resultados e produtividade, as novas formas de gestão e organização do trabalho submetem os trabalhadores a jornadas prolongadas e ritmos intensos, nos quais se deve aceitar as condições impostas sem hesitar, trabalhar sem pausas ou descanso, ser flexível diante das demandas, tolerar pressões e ser capaz suportar tudo isso sem adoecer (Barreto e Heloani, 2021). De acordo com Linhart (2018, p. 110), tais dispositivos de coerção organizacional, conduzem à insegurança, ao isolamento, ao abandono e à incapacidade de contestação e questionamento das lógicas gerenciais, tanto no âmbito individual como no âmbito coletivo, conduzindo ao que se denomina por precariedade subjetiva, colocando os sujeitos ao risco de 'patologias do medo'. Esta conjuntura do medo, que coloca aqueles que trabalham em situações tão hostis, é ainda mais perversa com relação aos jovens trabalhadores (Praun, 2016).

Dentro desse contexto, Heloani e Barreto (2018) discutem como tais práticas organizacionais elevam o assédio moral a uma forma de "gestão por humilhação", a fim de garantir a produtividade e eficiência organizacional. Isto é, como prática institucionalizada da violência e maus tratos. Nesse sentido, os autores expõem que o assédio moral no trabalho é utilizado principalmente como mecanismo para aqueles que não conseguem mais produzir da maneira como produziam inicialmente. Assim, passa-se a criar formas recorrentes e intencionais de humilhação, no qual o indivíduo inicia um processo de sofrimento. Aqueles que podem, deixam a organização como uma forma de se livrar da grave situação de violência psicológica. Os que por diversas razões necessitam permanecer no ambiente laboral, se submetem às práticas de assédio e ao sofrimento, com possibilidade de adoecimento.

Assim sendo, o assédio moral no trabalho pode implicar em grande prejuízo para a saúde dos sujeitos, trazendo prejuízos para toda a sociedade. De acordo com a Organização Mundial de Saúde (OMS, 2004), as manifestações podem ter relação com sintomas ou síndromes de ansiedade e depressão, mudanças de humor, irritabilidade, alteração na hipertensão arterial, úlcera estomacal, enxaqueca, perda de equilíbrio, dores musculares e/ou articulares, agressividade, transtornos alimentares, aumento no consumo de álcool e/ou drogas, ideações e tentativas de suicídio.

Sabe-se ainda que, este fenômeno apresenta implicações sociais severas, sobretudo na convivência e na relação com os familiares, podendo afetar os subsistemas, como o conjugal ou parental, ou a família extensa (Schwaab, Monteiro, Guerin e Gregoviski

(2022). Também está associado a uma importante questão de gênero, já que as mulheres são as que mais sofrem com o assédio moral, nas condições de constante hostilidade, perseguição, difamação (Antunes, Carlotto, Stray, 2012). A pesquisa de De Lima, Del Bianco e Gemma (2023) demonstrou como mulheres em ambientes laborais — marcadamente masculinos — sofrem ainda mais os efeitos do assédio moral, já que se encontram isoladas de outras mulheres, dificultando as formas de enfrentamento às violações, mesmo entre profissionais de nível superior. Sem mencionar as outras formas de assédio, ligadas à violência psicológica e física, como o de natureza sexual, diante do qual as mulheres se encontram mais fragilizadas.

Cabe destacar que, o esgotamento profissional[(5)] (*burnout*), tem alta incidência em empresas e organizações onde o assédio moral tem sido bem caracterizado. Isto expressa manifestações da violência sociolaboral que podem ser evidenciadas em traumas, transtorno de estresse pós-traumático (TEPT), ou no *burnout* propriamente dito (Franco, Druck, Seligmann-Silva, 2010).

Para além dos impactos físicos, psicológicos e sociais para os trabalhadores, o assédio moral também gera implicações para as organizações. Vasconcelos et al. (2018) retrataram os danos associados a afastamentos, absenteísmo, comprometimento da qualidade do trabalho, rotatividade de pessoas, retrabalho em razão da ineficiência, processos administrativos, dentre outros. No entanto, os autores relatam algumas medidas protetivas que têm sido criadas pelas organizações para coibir a prática, como criação de denúncia, estímulo a condutas éticas e transparentes, mediante elaboração de códigos de ética, políticas voltadas para os relacionamentos no ambiente de trabalho, implantação de comissões de direitos humanos, formalização de medidas disciplinares e diálogo proativo para ensejar respeito e liberdade à comunicação.

Interdependência entre a erradicação do assédio moral e o "Trabalho Decente"

Sob a perspectiva da Organização Internacional do Trabalho (OIT), a violência e o assédio moral no ambiente laboral receberam mais atenção a partir da Convenção sobre Violência e Assédio n. 190 da OIT (C190) e a Recomendação sobre Violência e Assédio n. 206 (R206), adotadas na 108 ª sessão da Conferência Internacional do Trabalho em 21 de junho de 2019 (OIT, 2021). Todavia, a preocupação com a qualidade do trabalho pela OIT precede essas disposições a partir da criação do termo "Trabalho Decente" (OIT, 1999, p. 14). Desta forma, as disposições adotadas em 2019 pela OIT

(5) Síndrome de Burnout ou Síndrome do Esgotamento Profissional, foi descrita inicialmente por Freudenberger, em 1980, caracterizada por "um distúrbio emocional com sintomas de exaustão extrema, estresse e esgotamento físico resultante de situações de trabalho desgastante, que demandam muita competitividade ou responsabilidade. A principal causa da doença é justamente o excesso de trabalho" (Brasil, 2023).

são tratadas preliminarmente para que, posteriormente à desenvoltura da terminologia supracitada para melhor compreensão, seja possível comprovar a conexão entre ambas.

A Convenção sobre Violência e Assédio n. 190 da OIT (C190) (OIT, 2019a) trata-se de um tratado internacional, o qual está em vigor desde 25 de junho de 2021, após a ratificação do Uruguai e Fiji (OIT, 2021). A sua relevância consiste em definir normativas globais para evitar e enfrentar essas questões, sobretudo quando são relacionadas ao gênero, de forma pioneira (OIT, 2021). Destaca-se que a Recomendação sobre Violência e Assédio (R206) complementa a Convenção supra, adotada também em 21 de junho de 2019 (OIT, 2019b). Apesar de muito semelhantes em alguns dispositivos, a Recomendação também traz acréscimos importantes, os quais são explorados adiante.

Contudo, ressalta-se que, essas disposições da C190 não são vinculantes para todos os países. Assim, de acordo com o seu Art. 14º, item 1, somente os "[...] Membros da Organização Internacional do Trabalho com as ratificações registradas pelo Diretor-Geral do Secretariado Internacional do Trabalho" (OIT, 2019a, p. 7). Até março de 2023, 25 países ratificaram a C190 (Brasília, 2023a), tendo efeito vinculante somente nos países, após um ano de sua ratificação (OIT, 2019a). Simultaneamente, no Brasil, o texto já foi encaminhado para votação da Comissão de Relações Exteriores e de Defesa Nacional (MSC 86/23) em 26 de maio de 2023 (Brasília, 2023b).

Adentrando propriamente no conteúdo da C190, esta traz dois termos e suas respectivas definições: "violência e assédio" no mundo do trabalho[(6)] e "violência e assédio com base no gênero"[(7)] (Art. 1º, item 1, alíneas "a" e "b"), sendo que o primeiro compreende o segundo (OIT, 2019a, p. 2). Cabe ressaltar que, ambas as terminologias consideram o assédio sexual e que a Convenção permite que cada país adote um conceito único ou separado para estes termos (Art. 1º, item 2). Além disso, aplica-se a todos do mundo do trabalho, sendo irrelevante a situação contratual, abarcando estagiários(as), trabalho voluntário ou quem está em busca de emprego, assim como autoridades, funções e responsabilidades do empregador (Art. 2º, item 1). Da mesma forma, a aplicação desta Convenção se dá nos mais diversos setores da economia, incluindo os setores público, privado e a economia informal, tanto em áreas urbanas como rurais (Art. 2º, item 2).

Ressalta-se a irrelevância do termo "assédio no mundo do trabalho", ignorando a ideia de que essa violência é passível somente no ambiente de trabalho, determinando que essa também envolve essa proteção para situações "durante o trabalho, relacionados

---

(6) Na íntegra: "[...] 1. Para efeitos da presente Convenção: (a) o termo "violência e assédio" no mundo do trabalho refere-se a um conjunto de comportamentos e práticas inaceitáveis, ou de suas ameaças, de ocorrência única ou repetida, que visem, causem, ou sejam susceptíveis de causar dano físico, psicológico, sexual ou económico, e inclui a violência e o assédio com base no género; [...]" (OIT, 2019a, p. 2).

(7) Na íntegra: "[...] (b) o termo "violência e assédio com base no género" significa violência e assédio dirigido às pessoas em virtude do seu sexo ou género, ou afectam de forma desproporcionada as pessoas de um determinado sexo ou género, e inclui o assédio sexual" (OIT, 2019a, p. 2).

com o trabalho ou decorrentes do trabalho", conforme o Art. 3º da C190 (OIT, 2019a, p. 3). Desta feita, as alíneas se estendem para locais de trabalho, meios de comunicação, deslocamento para o domicílio/trabalho, locais de descanso e refeição, dentre outros, proporcionando uma ampla proteção.

Essa ideia se reflete nos princípios fundamentais da C190 em prol de uma "[...] abordagem inclusiva, integrada e sensível ao género [...]" por meio da proibição legal do assédio e da violência, assim como promover políticas, educar e sensibilizar, criar meios eficazes de investigação desses casos e reparação às vítimas, dentre outros (Art. 4º, item 2 e suas alíneas) (OIT, 2019a, p. 4). Ademais, a C190 estimula a igualdade material e no mundo do trabalho para incluir os grupos mais vulneráveis, determinando que cada Membro promova leis, regulamentos e políticas para tanto (Art. 6º).

Com relação às diretrizes de proteção e prevenção, destacam-se as alíneas "c" e "d" do Art. 9º da C190 (OIT, 2019a). A primeira alínea refere-se a necessidade de identificar e analisar as possíveis violência e assédio por meio da participação tanto dos trabalhadores quanto de seus representantes, transparecendo a importância da participação destes para a prevenção e o combate. Nesta toada, a segunda reforça a promoção de formações aos trabalhadores e interessados e é novamente prevista no Art. 11º, alínea "b", acompanhada do estímulo à campanhas de sensibilização (Art. 11º, alínea "c"), demonstrando a relevância deste instrumento para a Organização Internacional do Trabalho.

Paralelamente, a Recomendação n. 206 (OIT, 2019b) prevê que os programas de prevenção de violência e assédio devem conter objetivos mensuráveis (Art. 7º, alínea "b") para que os Membros se comprometam a monitorá-las (Art. 7º). Além disso, a R206 contém exemplos dos trabalhos considerados propícios para violência e assédio pela OIT em sua disposição 9 (trabalho noturno, saúde, serviços sociais, trabalho doméstico, etc.), assim como esclarece quem são os terceiros que podem praticá-los (clientes, prestadores de serviços, usuários, pacientes e membros do público) em sua disposição 8 "b". Portanto, essas disposições imprimem maior concretude quanto à política a ser implementada no local de trabalho com participação dos trabalhadores, prevista no Art. 9º da C190 (OIT, 2019a).

Para mais, os países Membros também se comprometem a oferecer "medidas de apoio jurídico, social, médico e administrativo para os queixosos e para as vítimas" (Art. 10º, alínea "b", v, C190), além de resguardar os dados dos envolvidos assegurar sua proteção (Art. 10º, alínea "c", C190) (OIT, 2019a, p. 6). Acrescenta-se o poder de sancionar quando apropriado (Art. 10º, alínea "d", C190), como "emitir ordens que exijam medidas de aplicação imediata, e ordens para interromper o trabalho em casos de perigo iminente para a vida, para a saúde ou segurança [...]" (Art. 10º, alínea "h", C 190) (OIT, 2019a, p. 6).

Para complementar essa proteção, a R206 (OIT, 2019b) determina a especificação de direitos e responsabilidades de ambas as partes (empregador e empregado), assim como os direitos à privacidade e confidencialidade para privilegiar o direito de informação aos trabalhadores e tornar os procedimentos de reclamação e investigação mais transparentes (Art. 7º, alíneas "c", "d" e "f"). Essa proteção especial para o trabalhador reforça a hipossuficiência deste em relação ao empregador, não se tratando meramente da questão econômica, mas sim de uma subordinação voluntária do empregado, ainda que diversas vezes baseada na necessidade financeira, ao poder de direção do empregador (Boucinhas Filho, 2013).

Por fim, é possível inferir que os termos "Trabalho Decente" (OIT , 1999) e a "violência e assédio", ambos da Organização Internacional do Trabalho são interdependentes, visto que "[...] violência e o assédio no mundo do trabalho [...] são inaceitáveis e incompatíveis com o trabalho decente" (OIT, 2019a, p. 1). Em 1999, o conceito de "Trabalho Decente", dado pelo Diretor-Geral da OIT, Juan Somavia, na 87ª Conferência Internacional do Trabalho, era sinônimo de trabalho produtivo, corroborando com a proteção de direitos e trabalho. Desta feita, essa terminologia possui quatro objetivos estratégicos da OIT: direitos fundamentais, emprego de qualidade, proteção social e diálogo social como meio de expressão da democracia (Beltramelli Neto; Voltani, 2019).

Todavia, a definição supra possui algumas críticas, dentre elas: trata-se de uma terminologia vaga pela falta de consenso da OIT e de senso comum, composta por objetivos com ampla margem de interpretação (Beltramelli Neto; Voltani, 2018). Logo, os quatro objetivos, por si só, não são capazes de trazer uma definição ao Trabalho Decente, porém são capazes de colocar em prática a promoção nacional e subnacional dessa ideia de trabalho (Beltramelli Neto; Voltani, 2018). Em decorrência disso, há uma ausência de referencial teórico para as políticas públicas regionais e seu monitoramento, resultando em uma escusa para que este objetivo seja alcançado e contradizendo a própria necessidade da existência da OIT em opor-se ao trabalho como mercadoria (Beltramelli Neto; Voltani, 2018).

Ante a essa problemática, o Art. 5º da C190 (OIT, 2019a) prevê a sua promoção trazendo alguns elementos que podem elucidar essa terminologia, como a liberdade de associação, direito de negociação coletiva, a eliminação do trabalho forçado ou obrigatório, inclusive o trabalho infantil, e a eliminação da discriminação relativamente ao emprego e à profissão. Portanto, o "Trabalho Decente" é possível somente a partir da erradicação da violência e o assédio no mundo do trabalho, respeitando os princípios e direitos fundamentais do trabalho, tendo a Convenção n. 190 (OIT, 2019a) e a Recomendação n. 206 (OIT, 2019b) como instrumentos para sua concretização.

Análise histórica da jurisprudência sobre o assédio moral

Conquanto o assédio moral não seja um assunto recente para a jurisprudência trabalhista brasileira, o tema vem ganhando notória relevância nos últimos anos. O próprio Tribunal Superior do Trabalho em conjunto com o Conselho Superior da Justiça do

Trabalho passou a adotar ações de conscientização e prevenção ao assédio moral, inclusive tendo lançado em 2020 uma cartilha de prevenção ao assédio intitulada "Pare e Repare — Por um Ambiente de Trabalho mais Positivo". Apesar do material se destinar principalmente ao âmbito interno laboral do próprio Tribunal, a ação indica que a própria Justiça passou refletir com maior vigor acerca do assunto.

Dados divulgados pelo Tribunal Superior do Trabalho (TST) em 2023 revelam que a Justiça do Trabalho recebe uma média de 6,4 mil ações por mês envolvendo a temática do assédio moral, e inobstante seja indesejável o aumento do número de demandas envolvendo o assédio no trabalho, a repetição de julgamentos sobre essa matéria acarretou a evolução da jurisprudência sobre o assunto.

Historicamente, as condenações por assédio moral estavam comumente relacionadas a práticas, sem qualquer discrição pelos assediadores, de condutas de fiscalização agressiva de metas, exposições vexatórias e ameaças àqueles que não as atingiam. Especialmente grandes empresas varejistas e instituições bancárias incorporaram, por muito tempo, esse tipo de conduta em sua cultura interna, incluindo a criação e exposição de *ranking* entre os funcionários, com a punição pública por meio de "prendas" ou "castigos" aos últimos colocados. Consequentemente, acabaram enfrentando vultuosas condenações, inclusive de cunho coletivo que chegaram a atingir milhões de reais.

Ainda que grande número de condenações por assédio esteja relacionado a cobrança abusiva de metas, não somente o Tribunal Regional do Trabalho da 15ª Região, mas a jurisprudência trabalhista nacional, consolidou a distinção entre o assédio moral e a natural imposição e cobrança de metas e produtividade aos seus empregados, derivadas do *jus variandi* do empregador, que lhe garante o poder de organização, direção e controle do trabalho, de modo que apenas é punido como assédio moral as situações em que se verifica algum tipo de excesso por parte da empresa:

> Alega a autora que, em síntese, será devida a indenização dos danos morais advindos da cobrança abusiva quanto ao cumprimento de metas de venda e tratamento abusivo dos superiores. Entretanto, este juízo *"ad quem"* também não vislumbra a existência dos alegados danos em razão do método de trabalho imposto, correspondente ao sistema de vendas e cobrança do reclamado. Isto porque a cobrança de cumprimento de metas e a pressão no serviço, quando acontecem, são decorrências de competitividade competitivas ao mundo contemporâneo, presentes em qualquer tipo de relação de emprego, e a própria atividade econômica do empregador implica num incremento constante de resultados para que não se perder espaço comercial para o concorrente. (...). O que não se permite é a utilização de meio vexatório ou discriminatório para alcançar o objetivo de lucro sem qualquer pudor e respeito à dignidade do empregado (...). Salienta-se não se considera ilícitas as práticas patronais relacionadas pela testemunha obreira (ranking individualizado de produtividade com núcleos diferenciados para própria conferência — sem exposição da produção dos demais trabalhadores —, conversas reservadas com o empregado ou exposição de comentários), tratando-se de comentários cobrança rotineira de produtividade, porquanto não houve a exposição

pública dos resultados do desempenho de cada funcionário. (TRT15, RO n. 0010653-06.2021.5.15.0027, 7ª Câmara, Quarta Turma, relator Desembargador André Augusto Ulpiano Rizzardo, Julgado em 03.11.2021)

Com o passar do tempo, os processos envolvendo a prática de assédio moral da maneira escrachada como ocorreu por anos, passou a se tornar incomum, e foram surgindo novas formas de praticá-lo, incluindo condutas omissivas, como ignorar a vítima, ou deixá-la em ócio forçado, dentre outras atitudes que, ainda que sutis, também geram impactos psicológicos negativos.

Além disso, assim como o mundo e o trabalho evoluíram, o assédio não mais se restringe ao ambiente físico de trabalho. A partir de 2020, com a necessidade e disseminação do teletrabalho por ocasião da pandemia da COVID-19, até poderia se esperar uma redução dessas práticas, já que as pessoas não mais estariam no mesmo ambiente físico. Entretanto, o reconhecimento de práticas de assédio também se expandiu para os ambientes virtuais. Ofensas e situações de humilhação praticadas em ambientes como grupos de trabalho em aplicativos de mensagens, mensagens eletrônicas de e-mail e em reuniões e chamadas *online*, também são passíveis de reconhecimento de assédio moral:

> Dano moral. Tratamento vexatório de trabalhadora. Estereótipo de gênero evidenciado. Desigualdades estruturais constatadas. Aplicação da Resolução/CNJ n. 492, de 17 de março de 2023. Condenação que se mantém com majoração da indenização. (...) A testemunha da ré afirmou não ter presenciado nenhum problema entre a autora e o Sr. Blanchard, mas isso não quer dizer que os fatos não tenham ocorrido. Ela não nega os fatos, mas apenas afirma não os ter presenciado. A testemunha da autora, por sua vez, confirmou a existência de "problemas" entre a autora e o supervisor, inclusive em relação às ligações em feriados e férias, confirmando a prática assediadora apontada na inicial, pelo que é de se manter o todo decidido no aspecto. Por outro lado, a fotografia da tela de computador de fl. 588, comprova que após o nome da reclamante está escrito "dor de cabeça", o que é confirmado por sua testemunha: *"que presenciou problemas entre o supervisor Blanchard e reclamante; que o supervisor em uma reunião colocou ao lado do nome da reclamante numa planilha "dor de cabeça" pois alguém informou que ela não tinha entrado por este motivo, que a mesma pressão que aconteceu com o depoente ocorria com a reclamante"*. A fotografia indica, também, que ao menos onze pessoas estavam na reunião (tela com seis pessoas e a indicação "+5"), ou seja, o Sr. Blanchard e mais dez subordinados. Houve, pois, evidente e deliberada exposição da reclamante a situação vexatória, pelo que concluo que deve se manter a condenação patronal ao pagamento de indenização por danos morais. (...) E não era só com a reclamante que o Sr. Blanchard agia de maneira assediante, como se tem do depoimento da testemunha ouvida pela autora, a qual indicou, inclusive, que teria havido auditoria quanto às práticas por parte de referido superior hierárquico: *"teve problemas de relacionamento com o supervisor Blanchard com relação a pressão e ligações em finais de semana e férias; que presenciou problemas entre o supervisor Blanchard e reclamante; que o supervisor em uma reunião colocou ao lado do nome da reclamante numa planilha 'dor de cabeça' pois alguém informou que ela não tinha entrado por este motivo, que a mesma pressão que aconteceu com o depoente ocorria com a reclamante (...) teve uma auditoria em relação ao Sr. Blanchard e ligaram para o depoente para perguntar o que tinha acontecido; que não sabe se*

> *o Sr. Blanchard teve alguma punição, mas acredita que não".* (...) Logo, observando-se os limites do pedido, devida a majoração para R$8.664,00 (oito mil seiscentos e sessenta e quatro reais). (TRT2, RO n. 1001469-69.2021.5.02.0027, 17ª Turma, Cadeira 1, relatora Desembargadora Catarina Von Zuben, Julgado em 18.05.2023)

A partir de agora, o grande desafio será também o enfrentamento dessas novas formas de assédio praticadas fora do ambiente clássico de trabalho, a citar os virtuais, seja com a exclusão de um ou alguns funcionários de determinado grupo de trabalho ou de determinadas reuniões *online*, o controle e monitoramento excessivo dos mecanismos e ferramentas de teletrabalho, dentre outras situações envolvendo o uso da tecnologia como ferramenta para o assédio moral.

Considerações finais

O assédio moral, à luz da psicologia, se torna tema de extrema preocupação, visto que afeta de maneira brutal os trabalhadores nos ambientes organizacionais, sobretudo aqueles que estão expostos às lógicas produtivas neoliberais onde a vida se torna apenas um meio para a produção de valores financeiros para aqueles que detém os meios de produção.

Com relação aos documentos da OIT que foram analisados — Convenção sobre Violência e Assédio n. 190 (OIT, 2019a), Recomendação n. 206 (OIT, 2019b) e Relatório da 87ª Conferência Internacional do Trabalho (OIT, 1999) — é possível inferir uma relação de interdependência entre eles, pois não há "Trabalho Decente" enquanto houver "violência e assédio" no mundo do trabalho. Ademais, o tratado internacional (C190) e sua respectiva Recomendação(R206) trazem elementos que viabilizam a concretude do conceito de "Trabalho Decente" (OIT, 1999), retratando que esta preocupação pela OIT não é recente, porém sua aplicabilidade está se aprimorando em busca de sua efetividade.

A análise das decisões judiciais sobre assédio moral evidencia que, apesar de duras condenações expressas por altos valores arbitrados a título de indenizações, seja no âmbito individual, seja em âmbito coletivo, a prática do assédio moral continua a se perpetuar até os dias de hoje e, não somente isso, passou a se adaptar e acompanhar as evoluções tecnológicas, inclusive se estendendo ao ambiente virtual de trabalho, sendo que o novo desafio da jurisprudência trabalhista será, justamente, identificar o assédio no ambiente digital laboral.

A construção interdisciplinar e interinstitucional da temática aqui proposta faz avançar a noção de justiça, na medida em que conecta conceitos, pensa-se o global e o local e enriquece o olhar a respeito do assédio moral e sobre as perspectivas que se impõem ao mundo do trabalho na contemporaneidade.

Referências

ANTUNES, R. *Trabalho e precarização numa ordem neoliberal.* A Cidadania Negada: Políticas de Exclusão na Educação e no Trabalho. São Paulo: Cortez, 2001. p. 35-48.

______; CARLOTTO, M.; STREY, M. Mulher e trabalho: visibilizando o tecido e a trama que engendram o assédio moral. *Psicologia em Revista*, v. 18, n. 3, p. 420-445, 2012.

______; PRAUN, L. Transformações do trabalho no mundo contemporâneo. In: BRAATZ, D.; ROCHA, R.; GEMMA, S. (Orgs.). *Engenharia do trabalho:* saúde, segurança, ergonomia e projeto. 1. ed. Santana de Parnaíba: Ex Libris Comunicação, 2021. v. 1. 552p .

BELTRAMELLI NETO, S.; VOLTANI, J. C. A Indeterminabilidade do Conceito de Trabalho Decente: Breve análise semântica desde documentos oficiais da OIT. In: COSTA, Felipe Vasconcellos Benicio *et al.* (Org.). *Anais do I Congresso Internacional de Direito do Trabalho e Direito da Seguridade Social,* Brasília: Rtm, 2018.

______; VOLTANI, J.C. Investigação histórica do conteúdo da concepção de Trabalho Decente no âmbito da OIT e uma análise de sua justiciabilidade. *Revista de Direito Internacional.* [*S. l.*], v. 16, n. 1, 20 jun. 2019. Centro de Ensino Unificado de Brasília. Disponível em: https://cutt.ly/LN1R58u. Acesso em: 15 nov. 2023.

______; VOLTANI, J.C. A Indeterminabilidade do Conceito de Trabalho Decente: Breve análise semântica desde documentos oficiais da OIT. In: COSTA, Felipe Vasconcellos Benicio *et al.* (Orgs.). *Anais do I Congresso Internacional de Direito do Trabalho e Direito da Seguridade Social.* Brasília: Rtm, 2018.

BOUCINHAS FILHO, J. C. O Alto executivo e a proteção do direito do trabalho. *Revista LTr:* Revista Legislação do Trabalho, São Paulo, LTr, 08/2013, p. 914 a 92. v.77 n.8.

BRASIL. *Ministério da Saúde.* Disponível em: https://www.gov.br/saude/pt-br/assuntos/saude-de-a-a-z/s/sindrome-de-burnout. Acesso em: 18 dez. 2023.

BRASÍLIA. Agência Câmara de Notícias. *Câmara vai analisar tratado internacional contra violência e assédio no trabalho:* Texto da OIT já foi ratificado por 25 países; para entrar em vigor no Brasil, precisa de aprovação do Poder Legislativo. 2023a. Disponível em: https://www.camara.leg.br/noticias/944523-camara-vai-analisar-tratado-internacional-contra-violencia-e-assedio-no-trabalho/. Acesso em: 15 nov. 2023.

______. Agência Câmara de Notícias. *MSC 86/2023.* 2023b. Disponível em: https://www.camara.leg.br/propostas-legislativas/2351227. Acesso em: 15 nov. 2023.

DE LIMA, F. T.; DEL BIANCO, G.S.; GEMMA, S. F. B. Vivências Intersubjetivas de Sofrimento no Trabalho de Mulheres no Setor Automobilístico: Análise à Luz da Psicodinâmica do Trabalho. *Trabalho (En) Cena*, V. 8, n. Contínuo, P. E023011-E023011, 2023.

DEJOURS, C.; BÈGUE, F.. Suicídio e Trabalho: O que Fazer. Brasília: *Paralelo*, v. 15, p. 128, 2010.

______. Trabajar hoy: Nuevas formas del sufrimiento y de acciòn colectiva. In: WLOSKO, M. & ROS, C. (Coords.). *El trabajo* — Entre el placer y el sufrimiento. Remedios de Escalada: De la UNLa, Universidad Nacional del Lanús, 2019.

FRANCO, T.; DRUCK, G.; SELIGMANN-SILVA, E. As novas relações de trabalho, o desgaste mental do trabalhador e os transtornos mentais no trabalho precarizado. *Revista Brasileira de Saúde Ocupacional*, v. 35, p. 229-248, 2010.

GLINA, D.M.R. Assédio moral no trabalho. In: SILVA, E. S. *Trabalho e desgaste mental:* O direito de ser dono de si mesmo. São Paulo: Cortez, 2011.

HELOANI, R.; BARRETO, M. *Assédio Moral:* Gestão Por Humilhação. Curitiba: Juruá, 2018.

______. Gestão ou Humilhação? Uma reflexão contemporânea sobre o assédio no trabalho. *Revista do Tribunal Regional do Trabalho da 15ª Região*, v. 59, p. 23-36, 2021.

LINHART, D. *A desmedida do capital.* São Paulo: Boitempo, 2018.

OMS. Sensibilizando sobre el acoso psicológico en el trabajo. *Serie Protección de la Salud de los Trabajadores*, n. 4. Genebra, 2004.

ORGANIZAÇÃO INTERNACIONAL DO TRABALHO. *Convenção n. 190, de 21 de junho de 2019.* Convenção sobre a eliminação da violência e do assédio no mundo do trabalho. Genebra, 22 jun. 2019. 2019a. Tradução não oficial. Disponível em: https://www.ilo.org/wcmsp5/groups/public/---europe/---ro-geneva/---ilo-lisbon/documents/genericdocument/wcms_729459.pdf. Acesso em: 15 nov. 2023.

______. *Recomendação n. 206, de 21 de junho de 2019.* Recomendação sobre a eliminação da violência e do assédio no mundo do trabalho. Genebra, 22 jun. 2019. 2019b. Disponível em: https://www.ilo.org/wcmsp5/groups/public/---europe/---ro-geneva/---ilo-lisbon/documents/genericdocument/wcms_729461.pdf. Acesso em: 15 nov. 2023.

______. (Brasília). *Primeiro tratado internacional para enfrentar a violência e o assédio entra em vigor:* A OIT estabeleceu novas normas globais com o objetivo de acabar com a violência e o assédio no mundo do trabalho. 2021. Disponível em: https://www.ilo.org/brasilia/noticias/WCMS_831984/lang--pt/index.htm#:~:text=A%20Conven%C3%A7%C3%A3o%20N%C2%BA%20190%20da,ass%C3%A9dio%20com%20base%20em%20g%C3%AAnero. Acesso em: 15 nov. 2023.

ORGANIZACIÓN INTERNACIONAL DEL TRABAJO (Genebra). Conferencia Internacional del Trabajo 87ª Reunión: Memoria del Director General: Trabajo Decente. 1999. Disponível em: https://www.ilo.org/public/spanish/standards/relm/ilc/ilc87/rep-i.htm. Acesso em: 15 nov. 2023.

PRAUN, L. *Reestruturação produtiva, saúde e degradação do trabalho.* Campinas: Papel Social, 2016.

SCHWAAB, K., MONTEIRO, J. K., GUERIN, M., & GREGOVISKI, V. R. (2022). *Assédio moral no trabalho:* consequências para o sujeito e para a família. Nova Perspectiva Sistêmica, 31(74), 101-116.

TRIBUNAL SUPERIOR DO TRABALHO. *Dia Mundial da Saúde:* ambientes profissionais devem promover atenção à saúde mental. Disponível em: https://www.tst.jus.br/noticias/-/asset_publisher/89Dk/content/id/31668109/pop_up.

______. 2019. *Pare e Repare* — Por um Ambiente de Trabalho mais Positivo. Disponível em: https://www.tst.jus.br/documents/10157/55951/Cartilha+ass%C3%A9dio+moral/573490e3-a2dd-a598-d2a7-6d492e4b2457 Acesso em: 25 nov. 2023.

______. 2023. Notícias do TST. Disponível em: https://www.tst.jus.br/-/justi%C3%A7a-do-trabalho-recebe-mensalmente-cerca-de-seis-mil-a%C3%A7%C3%B5es-por-ass%C3%A9dio-moral%C2%A0#:~:text=07%2F07%2F23%20%2D%20A,tem%C3%A1tica%20em%20todo%20o%20pa%C3%ADs Acesso em: 25 nov. 2023.

TRIBUNAL REGIONAL DO TRABALHO DA 15ª REGIÃO. *Recurso Ordinário n. 0010653-06.2021.5.15.0027*. 7ª Câmara, Quarta Turma, relator Desembargador André Augusto Ulpiano Rizzardo, Julgado em 03/11/2021.

TRIBUNAL REGIONAL DO TRABALHO DA 2ª REGIÃO. *Recurso Ordinário n. 1001469-69.2021.5.02.0027*. 17ª Turma, Cadeira 1, relatora Desembargadora Catarina Von Zuben, Julgado em 18.05.2023.

VASCONCELOS, Y. L., DE MIRANDA, E. C., LINS, B. G. V., DE SENA, M. J. Percepções do Assédio Moral Corporativo. *Revista de Ciências Jurídicas e Empresariais*, v. 19, n. 1, p. 23-34, 2018.

Justiça do Trabalho e Previdência Social: por que ainda hoje reclamantes são prejudicados no INSS?

Vinícius Pacheco Fluminhan[1]

Introdução

É estreita a relação entre o Direito do Trabalho e o Direito Previdenciário. Além de terem a mesma genealogia e compartilharem princípios jurídicos semelhantes, as áreas se cruzam com muita frequência quando o assunto é a solicitação de benefícios no INSS.

Quando reclamantes postulam na Justiça do Trabalho direitos pertinentes à relação de emprego, as decisões judiciais geram não apenas efeitos no âmbito do contrato de trabalho (anotação em CTPS e pagamento de diferenças salariais, por exemplo), como também na relação entre eles e a Previdência Social.

Embora o foco nas reclamações trabalhistas seja a cobrança de verbas oriundas do contrato, os efeitos previdenciários da sentença trabalhista são de tal modo importantes, que podem ser capazes de determinar até mesmo o direito (ou não) a eventual concessão de benefícios no INSS. Mas será que os trabalhadores e profissionais do Direito estão conscientes desta interconexão do processo trabalhista com a Previdência Social? Estão cientes de todos os aspectos relevantes desta interconexão?

Com apoio em revisão bibliográfica, legislação e jurisprudência, o artigo propõe algumas reflexões sobre a matéria. De que modo a legislação previdenciária se vincula às decisões trabalhistas? A Justiça do Trabalho e o INSS dialogam sobre o tema? Que

(1) Doutor em Direito Político e Econômico pela Universidade Presbiteriana Mackenzie. Advogado em Campinas/SP. Professor do curso de graduação em Direito da Universidade Presbiteriana Mackenzie. E-mail: vf@viniciusfluminhan.com.br.

prejuízos o trabalhador pode ter pela falta deste diálogo? Eles são evitáveis? Essas são as perguntas que tentaremos responder.

1. Vínculo de emprego e filiação ao RGPS

O Brasil possui três regimes básicos de previdência social que protegem, em caráter obrigatório, as pessoas que trabalham de forma remunerada no país.

O primeiro deles é o regime de previdência dos militares. O segundo é o regime de previdência dos servidores titulares de cargo efetivo na Administração Pública. O terceiro deles, denominado *Regime Geral de Previdência Social (RGPS)*, abrange as demais pessoas e é administrado pelo Instituto Nacional do Seguro Social (INSS).

Visando garantir o máximo de proteção previdenciária, a Constituição Federal de 1988 prevê em seu art. 201, *caput*, que a filiação ao RGPS é obrigatória para quem trabalha de forma remunerada(2). Por isso, são denominados *segurados obrigatórios.*

A diretriz constitucional é uma ferramenta necessária para evitar a imprevidência do ser humano, não necessariamente disposto a cotizar espontaneamente para um fundo previdenciário. Sem a obrigatoriedade, a proteção social poderia tornar-se uma promessa sem efetividade. Daí o caráter compulsório da filiação.

Nas palavras de Wladimir Martinez, "o nascimento da filiação dá-se com o surgimento da relação de trabalho"(3). Deste modo, o vínculo de trabalhadores com o INSS não depende da manifestação da vontade deles. Ele decorre automaticamente do exercício do labor, por força de lei.

A automaticidade da filiação foi regulamentada pela Lei n. 8.213/91. Dentro da longa lista trazida pela norma para a definição de quem são os *segurados obrigatórios*, encontram-se, entre outros, os *empregados* em seus diferentes formatos (art. 11, inciso I).

Assim, todo aquele que trabalha por contrato regido pela CLT está obrigatoriamente vinculado ao INSS, sendo tal vinculação automática pela simples existência da relação de emprego. Na legislação brasileira, portanto, a relação de emprego e a relação previdenciária são duas faces da mesma moeda.

2. O processo trabalhista e a repercussão previdenciária

A automaticidade da filiação de empregados confere às reclamações trabalhistas dupla relevância. O desfecho favorável ao trabalhador nesses processos implica não apenas o direito às vantagens típicas do contrato regido pela CLT (anotação em CTPS, recebimento de verbas salariais etc), como também o direito de *adquirir* uma relação previdenciária com o INSS ou *modificar* a relação já existente.

(2) O RGPS permite também a filiação de pessoas que não trabalham, mas desejam ter uma previdência básica. São os denominados *segurados facultativos.*

(3) MARTINEZ, Wladimir Novaes. *Princípios de Direito Previdenciário.* 4. ed. São Paulo: LTr, 2001. p. 122.

A relevância atinge um grau ainda maior quando nos deparamos com o alto índice de litigiosidade na Justiça do Trabalho. De acordo com as estatísticas do Conselho Nacional de Justiça(4), organizadas no quadro abaixo (Tabela 1), é grande o número de processos trabalhistas no país.

Tabela 1 — Número de casos da Justiça do Trabalho, por ano e situação processual.

Situação/Ano	2020	2021	2022	2023(5)
Casos novos	3.010.368	2.892.219	3.218.863	3.503.412
Casos julgados	3.110.859	3.504.082	3.882.393	3.812.039
Casos pendentes	5.770.444	5.776.083	5.729.522	5.699.031
Total	11.893.691	12.174.405	12.832.800	13.014.482

Fonte: Conselho Nacional de Justiça (organizado pelo autor).

Como são muitos os efeitos previdenciários possíveis dentro das duas categorias mencionadas (*aquisição* ou *modificação* da relação previdenciária), fizemos um recorte para retratar especificamente a importância do processo trabalhista para a concessão de *benefícios por incapacidade*, a saber: auxílio por incapacidade temporária, auxílio-acidente e aposentadoria por incapacidade permanente.

2.1. O reconhecimento de vínculo empregatício e a concessão de benefícios por incapacidade

O modo como o CNJ organiza as estatísticas permite a identificação dos casos em que o litigante busca o reconhecimento do vínculo empregatício(6). O quadro abaixo (Tabela 2) demonstra que o número de reclamações trabalhistas com este tema é bastante significativo.

Tabela 2 — Número de casos em que o objeto do processo é o reconhecimento do vínculo empregatício, por ano e situação processual.

Situação/Ano	2020	2021	2022	2023(7)
Casos novos	149.046	166.643	233.280	304.727
Casos julgados	142.544	192.629	259.164	296.248
Casos pendentes	364.620	385.561	409.841	429.257

Fonte: Conselho Nacional de Justiça (organizado pelo autor)

Para compreender a importância do processo trabalhista para a concessão dos benefícios por incapacidade, é necessário partir do pressuposto de que o deferimento de

(4) CONSELHO NACIONAL DE JUSTIÇA FEDERAL (CNJ). *Justiça em números 2023*. Brasília: CNJ, 2023.

(5) Para o ano de 2023, os dados da tabela compreendem os casos computados até 31.10.2023.

(6) CONSELHO NACIONAL DE JUSTIÇA FEDERAL (CNJ). *Idem*.

(7) Para o ano de 2023, os dados da tabela compreendem os casos computados até 31.10.2023.

tais prestações pelo INSS não depende apenas de parecer favorável da Perícia Médica. Antes disso, depende da comprovação da filiação do trabalhador com a Previdência Social.

A filiação é comprovada quando as contribuições do segurado estão em dia. Do contrário, a Lei n. 8.213/91 obsta o acesso aos benefícios por incapacidade. A norma até flexibiliza a "inadimplência" com o INSS, preservando aos segurados a cobertura previdenciária durante os denominados *períodos de graça* (art. 15), dentro dos quais a cobertura é mantida apesar das contribuições terem sido cessadas. Isso significa que mesmo não recolhendo as contribuições, o trabalhador fica protegido enquanto estiver dentro de um período de graça, que pode ser curto ou longo a depender da situação vivida por ele (desemprego, histórico contributivo, doença etc). Porém, esgotados os prazos e não retomados os recolhimentos, a filiação é rompida.

De acordo com tais premissas, uma reclamatória trabalhista exitosa quanto ao reconhecimento de vínculo empregatício, pode ser a garantia de proteção previdenciária para quem *perdeu* a filiação com o INSS, já que a automaticidade da filiação implicará o reconhecimento do vínculo previdenciário. Ao contrário, não havendo êxito na reclamatória, não se pode falar em filiação à Previdência Social.

Por outro lado, os benefícios de auxílio por incapacidade temporária (antigo auxílio-doença) e de aposentadoria por incapacidade permanente (antiga aposentadoria por invalidez) exigem, em regra, o cumprimento de carência de 12 contribuições mensais para a concessão. É o que dispõe o art. 25, inciso I, da Lei n. 8.213/91. Por isso, o acesso a ambos só ocorrerá, em regra, se o trabalhador tiver recolhido ao menos 12 contribuições mensais ao INSS[(8)].

Em consequência, uma reclamatória trabalhista exitosa quanto ao reconhecimento de vínculo empregatício pode ser a garantia de proteção previdenciária para quem *não perdeu* a filiação com o INSS, mas *não possui a carência* necessária para acessar os benefícios por incapacidade. Neste caso, o tempo de contribuição que restava para o cumprimento da carência pode advir justamente do processo trabalhista.

Eis a importância da Justiça do Trabalho para a Previdência Social. Como se vê, o efeito previdenciário de suas decisões pode garantir o acesso a benefícios por incapacidade para quem estava desfiliado. E mais: pode garantir o acesso para quem estava filiado mas não havia ainda cumprido os prazos de carência.

2.2. O reconhecimento do direito a diferenças salariais e a revisão de benefícios

Ao lado das reclamações que visam o reconhecimento da relação de emprego, a Justiça do Trabalho julga também ações em que se postula o pagamento de verbas

(8) De acordo com o art. 26, inciso II, da Lei n. 8.213/91, a carência pode ser dispensada nos casos de doença grave e incapacidade decorrente de acidente de qualquer natureza ou causa, ou ainda, de doença profissional ou do trabalho.

remuneratórias não quitadas durante o contrato. O deferimento dessas verbas pode trazer repercussões importantes na concessão de benefícios, tendo em vista as alterações provocadas nos *salários-de-contribuição* do empregado.

O salário-de-contribuição é a base de cálculo sobre a qual incidem as alíquotas das contribuições previdenciárias. Conforme previsto no art. 28 da Lei n. 8.212/91, o salário-de-contribuição é obtido a partir da soma de todas as verbas pagas ao empregado em contraprestação pelos serviços prestados. O dispositivo prevê que as verbas remuneratórias de natureza salarial devem sofrer incidência da contribuição previdenciária, integrando assim o denominado salário-de-contribuição, enquanto as de caráter indenizatório são excluídas da base de cálculo e por isso não são tributadas(9).

Assim, para o reclamante que sai vitorioso em ações trabalhistas ajuizadas para a cobrança de verbas salariais, a coisa julgada forma não apenas um título executivo que gera crédito com a reclamada, como também promove mudança nos salários-de-contribuição do trabalhador e afeta diretamente o INSS(10).

De acordo com as estatísticas do CNJ(11), o número de processos que envolvem a cobrança de verbas salariais é relevante. No quadro abaixo (Tabela 3), foram selecionados os casos que envolvem algumas delas apenas para ilustrar a dimensão dos reflexos da sentença trabalhista nos benefícios previdenciários.

Tabela 3 — Quantidade de casos julgados em função da espécie de verba salarial pleiteada, por ano.

Ano/Espécie	Horas Extras	Saldo de Salário	13º Salário Proporcional	Férias Proporcionais(12)
2020	336.488	292.594	400.925	417.152
2021	353.081	350.351	480.180	495.843
2022	456.153	361.803	512.945	541.287
2023(13)	544.822	329.775	481.979	518.988
Total	1.690.544	1.334.523	1.876.029	1.973.270

Fonte: Conselho Nacional de Justiça (organizado pelo autor).

(9) MARTINS, Sérgio Pinto. *Direito da Seguridade Social.* São Paulo: Saraiva, 2023. p. 107. *E-book.* ISBN 9786553626157. Disponível em: https://app.minhabiblioteca.com.br/#/books/9786553626157/. Acesso em: 02 fev. 2024.

(10) Tanto é assim que na fase de execução a União é intimada para, se for o caso, promover a cobrança das contribuições previdenciárias devidas pelas partes

(11) CONSELHO NACIONAL DE JUSTIÇA FEDERAL (CNJ). *Idem.*

(12) Nesses processos as férias tiveram natureza indiscutivelmente salarial, pois quando estão vencidas e passam a ter natureza indenizatória a rubrica das estatísticas do CNJ é diferente.

(13) Para o ano de 2023, os dados da tabela compreendem os casos computados até 31.10.2023.

A quase totalidade dos benefícios do RGPS é calculada a partir da apuração do denominado *salário-de-benefício*, conforme previsto no art. 26, *caput*, da Emenda Constitucional n. 103/19 (Reforma da Previdência)(14). O salário-de-benefício, por sua vez é o resultado da média aritmética simples dos *salários-de-contribuição* do trabalhador, desde julho/1994 ou desde o início das contribuições, caso as tenha iniciado após a referida data. Portanto, alterações nos salários-de-contribuição por decisão trabalhista podem alterar também o valor do salário-de-benefício e, consequentemente, gerar aumento no valor de aposentadorias, auxílios e pensões(15).

Por aí se observa o quão importante é o processo trabalhista para a Previdência Social. Se o reclamante obtém êxito no recebimento de verbas salariais, o cálculo de benefício(s) previdenciário(s) futuro(s) deve refletir a mudança de *status* na remuneração, enquanto nos benefícios em manutenção ou até mesmo extintos, os valores devem ser recalculados e as diferenças pagas pelo INSS.

2.3. O reconhecimento da natureza acidentária de doenças e/ou lesões e a concessão de benefícios no INSS

O conceito de acidente de trabalho na Lei n. 8.213/91 é amplo e compreende os acidentes típicos (art. 19), as doenças relacionadas ao trabalho (art. 20) e situações equiparadas pela lei (art. 21).

No caso das doenças ocupacionais, a sua caracterização depende do nexo de causalidade entre a doença e o trabalho, razão pela qual o caráter acidentário de uma doença nem sempre é admitido de forma espontânea e pacífica pelos empregadores.

A resistência de empregadores possui diversos motivos, dentre eles os ônus do acidente para o contrato, como é o caso do direito à estabilidade no emprego para o acidentado (por pelo menos 12 meses) e o direito do acidentado aos depósitos do FGTS. Além disso, em caso de danos à saúde do empregado, o reconhecimento espontâneo do caráter

(14) Art. 26. *Até que lei discipline o cálculo dos benefícios* do regime próprio de previdência social da União e do Regime Geral de Previdência Social, será utilizada a média aritmética simples dos salários de contribuição e das remunerações adotados como base para contribuições a regime próprio de previdência social e ao Regime Geral de Previdência Social, ou como base para contribuições decorrentes das atividades militares de que tratam os arts. 42 e 142 da Constituição Federal, atualizados monetariamente, correspondentes a 100% (cem por cento) do período contributivo desde a competência julho de 1994 ou desde o início da contribuição, se posterior àquela competência.

(15) Para reclamantes que postulam verbas salariais e que já se encontram no teto contributivo, o título executivo trabalhista não altera o quadro previdenciário. Mas o recebimento de salário no teto do INSS (ou próximo dele) não é a realidade da maioria dos trabalhadores no país. Conforme aponta o Anuário Estatístico da Previdência Social, no ano de 2022 apenas 17,38% dos segurados empregados tiveram salário-de-contribuição superior a 03 salários mínimos (vide BRASIL (Ministério da Previdência Social). *Anuário Estatístico da Previdência Social 2022*. 31. ed., Capítulo 33, item 33.6. Disponível em: https://www.gov.br/previdencia/pt-br/assuntos/previdencia-social/arquivos/copy_of_onlinte-aeps-2022-. Acesso em: 25 jan. 2024.

acidentário da doença implica a constituição de provas que podem ser utilizadas futuramente contra a empresa no âmbito da responsabilidade civil. Em consequência, muitos casos acabam sendo levados à Justiça do Trabalho.

Uma vez reconhecido o caráter acidentário do sinistro e vindo o segurado a adquirir uma incapacidade permanente ao trabalho, seja *parcial* ou *total*, a coisa julgada trabalhista pode proporcionar reflexos importantes no INSS, sendo um deles a concessão do *auxílio-acidente*. Trata-se de benefício destinado a quem sofre redução permanente na capacidade laboral em decorrência de acidente ou de doença relacionada ao trabalho.

Não há previsão legal para a concessão deste benefício nos casos de redução da capacidade laboral decorrente de doença comum[(16)]. Por isso, se a Justiça do Trabalho reconhece o caráter acidentário do sinistro, a incapacidade *parcial* e *permanente* para o trabalho, uma vez comprovada, abre ao segurado não só o direito a novas vantagens no âmbito do contrato, como também a possibilidade de acessar um benefício que até então não lhe seria devido, o *auxílio-acidente*.

Outro reflexo importante da decisão trabalhista diz respeito ao cálculo da aposentadoria por incapacidade permanente (antigamente denominada *aposentadoria por invalidez*). O cálculo do valor depende da origem da invalidez e do tempo de contribuição do segurado. Se a incapacidade decorre de *doença comum*, o benefício é calculado na forma do art. 26, § 2º, inciso III, da Emenda Constitucional 103/19, ou seja, terá valor de 60% a 100% do salário-de-benefício, observando-se (na variação) o tempo de contribuição do obreiro até a data da aposentadoria[(17)], *verbis*:

> Art. 26 [...]
>
> § 2º O valor do benefício de aposentadoria corresponderá a 60% (sessenta por cento) da média aritmética definida na forma prevista no caput e no § 1º, com acréscimo de 2 (dois) pontos percentuais para cada ano de contribuição que exceder o tempo de 20 (vinte) anos de contribuição nos casos:
>
> [...]
>
> III – de aposentadoria por incapacidade permanente aos segurados do Regime Geral de Previdência Social, ressalvado o disposto no inciso II do § 3º deste artigo; e
>
> [...]
>
> § 3º O valor do benefício de aposentadoria corresponderá a 100% (cem por cento) da média aritmética definida na forma prevista no *caput* e no § 1º:

(16) Embora haja discussão doutrinária e jurisprudencial a respeito desta lacuna, oficialmente o benefício não é devido em casos de doença comum. A esse respeito, vide LADENTHIN, Adriane Bramante de Castro. O auxílio-acidente de qualquer natureza e sua extensão às doenças não ocupacionais. In: MARTINEZ, Wladimir Novaes (Coord.). *Auxílio-acidente de qualquer natureza*. São Paulo: LTr, 2016. p. 16.

(17) Se o segurado tiver 21 anos de contribuição à Previdência Social, o benefício terá coeficiente de 62%; se tiver 22 anos de contribuição, o benefício será terá coeficiente de 64%, e assim sucessivamente.

> I – no caso do inciso II do § 2º do art. 20;
>
> II – no caso de aposentadoria por incapacidade permanente, quando decorrer de acidente de trabalho, de doença profissional e de doença do trabalho.

Porém, se a incapacidade decorre de *doença ocupacional* a forma de cálculo é diferente. Conforme prevê o art. art. 26, § 3º, inciso II da EC n. 103/19, a aposentadoria terá o valor equivalente a 100% do salário-de-benefício, independentemente do tempo de contribuição do trabalhador.

Assim, se no processo trabalhista o reclamante consegue êxito na demonstração do caráter acidentário do sinistro, o cálculo da aposentadoria **é** feito de forma mais favorável. Como se vê, é notável a importância do processo trabalhista para a Previdência Social.

3. Coisa julgada e retificação de dados no CNIS

Os dados da Previdência Social são informatizados pela DATAPREV e dão suporte às rotinas administrativas do INSS. Uma das principais bases de dados — talvez a mais importante para o reconhecimento de direitos — é o denominado *Cadastro Nacional de Informações Sociais (CNIS).*

Nas palavras de Alexandre Triches, "trata-se de um sistema que lida com inúmeros dados pessoais, e é acessível não apenas pelos servidores do INSS, mas também pela população", sendo fundamental para a concessão e revisão de benefícios na medida em que contém "informações relacionadas aos vínculos de trabalho, remunerações e recolhimentos"(18).

Pela riqueza de informações que possui, o CNIS é utilizado obrigatoriamente pelo INSS para fins de "cálculo do salário-de-benefício, comprovação de filiação ao Regime Geral de Previdência Social, tempo de contribuição e relação de emprego", conforme preceitua o art. 29-A da Lei n. 8.213/91, dispensando assim os segurados, em regra, do ônus de comprovar tais fatos.

A ferramenta digital trouxe segurança para a autarquia e melhorou a proteção dos segurados, que precisavam preservar uma série de documentos (que muitas vezes eram perdidos) para exercer direitos no INSS. Os segurados eram até prejudicados pela falta de documentos, mas hoje são beneficiados com a presunção da veracidade das informações do CNIS.

No caso de dados oriundos de processos trabalhistas, entretanto, não existe uma repercussão previdenciária automática. As informações da Justiça do Trabalho não migram

---

(18) TRICHES, Alexandre Schumacher. A proteção dos dados pessoais na Previdência Social. In: PASSOS, Felipe Luiz dos *et al* (Orgs.). *Um século de história da Previdência Social*. Curitiba: Alteridade, 2023. p. 205.

ex officio ao INSS. Em que pese a importância da coisa julgada trabalhista, seu conteúdo é desconhecido pelo CNIS. Por isso, não se tem um efeito previdenciário imediato dos processos finalizados na JT.

Dada a íntima conexão entre a relação trabalhista e a relação previdenciária, a migração *ex officio* já deveria ser uma realidade. Como não é, a fruição das vantagens previdenciárias depende de comunicação específica ao INSS para a transmissão dos dados oriundos da JT. A comunicação pode ocorrer de duas formas.

O primeiro caminho é a utilização de processo administrativo no INSS para que haja a *retificação de dados* do CNIS. Para tanto, o trabalhador deve esclarecer quais dados merecem alteração no sistema (data de admissão, data de demissão, valor de remuneração, atividade insalubre etc), e apresentar toda a documentação referente ao processo trabalhista. O pedido de retificação é indicado para quem ainda não recebe benefício, para que a correção permita a concessão futura de benefícios sem qualquer prejuízo.

Caso o segurado já tenha recebido ou esteja recebendo um benefício, a medida mais indicada é a utilização de processo administrativo visando a *revisão* da concessão. O pleito abrange a retificação do CNIS e as alterações desejadas no benefício, especialmente a mudança do valor mensal e o direito às diferenças nas prestações pretéritas.

O segundo caminho é a utilização do próprio processo trabalhista para que, após o trânsito em julgado, as informações sejam encaminhadas pela reclamada à Receita Federal do Brasil, nos moldes tradicionais(19), para que o CNIS seja "alimentado". Neste caso, é fundamental que a petição inicial da reclamatória contenha pedido específico de retificação do CNIS, a título de obrigação de fazer, para que na fase de execução a reclamada tome as providências cabíveis para garantir os reflexos previdenciários.

Enquanto a Justiça do Trabalho e o INSS não criam um mecanismo capaz de promover o diálogo automático, é prudente que a advocacia e a magistratura trabalhista tomem medidas voltadas à retificação de CNIS. É um cuidado que deveria tornar-se padrão em todas as reclamatórias em que se postula o reconhecimento de vínculo empregatício e/ou cobrança de verbas salariais, já que nestes casos é praticamente certa e relevante a repercussão previdenciária.

Não se pode esquecer da significativa vantagem econômica advinda de tais cuidados. Nos casos de revisão de benefícios envolvendo fatos novos oriundos de processo trabalhista, os efeitos financeiros podem retroagir até a data de início do benefício, conforme jurisprudência da Turma Nacional de Uniformização dos JEF´s (Tema 102), tornando a ação revisional atraente para o trabalhador e para a advocacia.

---

(19) A transmissão ocorre pelo sistema de escrituração digital de folha de pagamento (ESocial).

Por outro lado, na revisão com base em processo trabalhista, o prazo decadencial para o pedido[20] é sensatamente flexibilizado pela jurisprudência do Superior Tribunal de Justiça (Tema 1.117), abrindo a possibilidade de cobrança de diferenças junto ao INSS mesmo após longo tempo da concessão errônea do benefício.

É igualmente importante lembrar que o segurado não pode ser prejudicado pela prescrição quinquenal na revisão (que é a regra, conforme preceitua o art. 103, parágrafo único, Lei n. 8.213/91), enquanto pendente o trânsito em julgado trabalhista, conforme entendimento também consolidado na TNU (Tema 200).

Por fim, é fundamental que a advocacia trabalhista tenha no horizonte o disposto no art. 55, § 3 da Lei n. 8.213/91, que não admite prova exclusivamente testemunhal para averbação de tempo de serviço. A respeito da validade das decisões da JT sem lastro em prova material, Wladimir Martinez esclarece que "uma corrente entende que ela é indiscutível, dada a competência constitucional do judiciário trabalhista; a corrente contrária, abraçada pelo INSS, diz que ela somente tem eficácia se o magistrado dispôs de um início razoável de prova material"[21].

Assim, embora a prova possa ser exclusivamente oral para fins trabalhistas, os reflexos da coisa julgada no âmbito previdenciário dependem de início de prova material e contemporânea dos fatos a comprovar[22]. Portanto, a reclamação manejada sem esse cuidado pode enfrentar resistência futura do INSS, inviabilizando a concessão ou revisão de benefícios. Quanto a este ponto, a jurisprudência é bem rigorosa, a exemplo da Súmula n. 149 do STJ[23] e da recente revogação da Súmula n. 31 da TNU[24].

4. Conclusão

A proposta do artigo era enfatizar a importância da Justiça do Trabalho e do processo trabalhista para a Previdência Social, lançando perguntas e apresentando respostas que podem interessar a quem postula direitos trabalhistas em juízo e, mais cedo ou mais tarde, solicita benefícios no INSS.

Tendo em vista a estreita conexão entre a relação de emprego e a relação previdenciária com o RGPS, é de fundamental importância que reclamantes tenham consciência dos prováveis reflexos previdenciários das decisões de mérito proferidas em seu favor.

---

(20) Segundo o art. 103 da Lei n. 8.213/91, o prazo é de 10 (dez) anos.

(21) MARTINEZ, Wladimir Novaes. *Comentários às súmulas previdenciárias*. São Paulo: LTr, 2011. p. 49.

(22) MARTINEZ, Wladimir Novaes; SANTOS, Thais Rodrigues dos. *Revisão dos benefícios previdenciários*. 3. ed. São Paulo: LTr, 2018. 101.

(23) Súmula n. 149 do STJ: "A prova exclusivamente testemunhal não basta à comprovação da atividade rurícola, para efeito da obtenção de benefício previdenciário".

(24) Súmula n. 31 da TNU: A anotação na CTPS decorrente de sentença trabalhista homologatória constitui início de prova material para fins previdenciários.

Em se tratando de postulação com objetivo de reconhecimento da relação de emprego ou de quitação de verbas de natureza salarial, os reflexos podem ser determinantes para a concessão de benefícios pelo INSS. Alguns deles só podem ser concedidos quando o trabalhador se encontra vinculado à Previdência Social e, mesmo assim, em muitos casos apenas com o cumprimento de prazos de carência. Os reflexos podem ser determinantes também para aumentar o valor dos benefícios.

Poder-se-ia citar casos igualmente relevantes, como a concessão de aposentadoria especial após a Justiça do Trabalho reconhecer a prestação de serviço insalubre ou perigoso; a estabilidade no emprego pré-aposentadoria (prevista em tantas convenções e acordos coletivos), após a averbação de vínculos novos no CNIS; ou ainda, a concessão de salário-maternidade após o reconhecimento do vínculo de emprego em juízo, entre muitos outros. Mas em todas as situações uma coisa é certa. Apesar da enorme importância da Justiça do Trabalho, até hoje não existe uma automaticidade na transmissão de informações do resultado de seus processos ao INSS. A lacuna, por óbvio, pode trazer prejuízos aos trabalhadores na medida em que a autarquia previdenciária vale-se das informações do CNIS para analisar pedidos de benefício.

Deste modo, é recomendável que se postule na petição inicial da reclamatória a condenação da reclamada a retificar os dados do trabalhador no *sistema ESocial*, a título de obrigação de fazer, ou que se oriente o trabalhador a promover a retificação de dados junto ao INSS após a formação da coisa julgada. São medidas que podem colaborar para o bem-estar social da classe trabalhadora no país.

Referências

BRASIL. Ministério da Previdência Social. *Anuário Estatístico da Previdência Social 2022*. 31. ed. Disponível em: https://www.gov.br/previdencia/pt-br/assuntos/previdencia-social/arquivos/copy_of_onlinte-aeps-2022. Acesso em: 25 jan. 2024.

______. Conselho Nacional de Justiça. *Base Nacional de Dados do Poder Judiciário (Data Jud)*. Disponível em: https://justica-em-numeros.cnj.jus.br. Acesso em: 15 jan. 2024.

____________. *Justiça em números 2023*. Brasília: CNJ, 2023.

LADENTHIN, Adriane Bramante de Castro. O auxílio-acidente de qualquer natureza e sua extensão às doenças não ocupacionais. In: MARTINEZ, Wladimir Novaes (Coord.). *Auxílio-acidente de qualquer natureza*. São Paulo: LTr, 2016. p. 09-18.

MARTINEZ, Wladimir Novaes. *Comentários às súmulas previdenciárias*. São Paulo: LTr, 2011.

______. *Princípios de Direito Previdenciário*. 4. ed. São Paulo: LTr, 2001.

MARTINS, Sérgio Pinto. *Direito da Seguridade Social*. São Paulo Saraiva, 2023, p. 107. *E-book*. ISBN 9786553626157. Disponível em: https://app.minhabiblioteca.com.br/#/books/9786553626157/. Acesso em: 02 fev. 2024.

SANTOS, Thais Rodrigues dos; MARTINEZ, Wladimir Novaes. *Revisão dos benefícios previdenciários*. 3. ed. São Paulo: LTr, 2018.

TRICHES, Alexandre Schumacher. A proteção dos dados pessoais na Previdência Social. In: PASSOS, Felipe Luiz dos *et al* (Org.). *Um século de história da Previdência Social.* Curitiba: Alteridade, 2023. p. 203-214.

A tese da ADC 58, que fixou os índices de juros de mora e correção monetária no processo trabalhista, e sua aplicação prática pelo TST em casos gerais e em exceções

Mozart Victor Russomano Neto[1]

Não é incomum nos depararmos com processos na Justiça do Trabalho que possuem, por sua natureza peculiar e individual, alguma discussão jurídica inédita e de relevante curiosidade. Também não é difícil encontrarmos casos nos quais a decisão alastrará seus efeitos a um número extenso de autos, como vimos recentemente com a decisão do STF na ADPF 324, a disciplinar a licitude da terceirização como forma de contratação.

Contudo, optei, neste artigo, por abordar uma tese, definida pelo STF recentemente, que gera efeitos em praticamente todos os processos em trâmite na Justiça do Trabalho brasileira, exatamente porque trata de aspecto inerente a toda e qualquer condenação judicial: a forma de cômputo dos juros de mora e da correção monetária.

Acredito que você, leitor, já esteja familiarizado com o julgamento das Ações Declaratórias de Constitucionalidade ns. 58 e 59 pelo STF e a tese vinculante dali oriunda. Não obstante, como trataremos de exceções e situações específicas na forma como o TST vem interpretando e aplicando o conteúdo daquela tese, acredito ser interessante iniciarmos com uma breve revisão da regra geral.

A ADC n. 58, requerida pela Confederação Nacional do Sistema Financeiro (CONSIF), questionou o uso da Taxa Referencial (TR) como índice de correção monetária dos créditos trabalhistas.

---

(1) Advogado. Sócio proprietário da Russomano Advocacia. E-mail: Mozart.russomano@russomano.adv.br.

Julgada em conjunto com a ADC n. 59 e a as Ações Diretas de Inconstitucionalidade ns. 6.021 e 5.867, decidiu-se pela inconstitucionalidade do uso da TR para fins de atualização de débitos judiciais trabalhistas e depósitos recursais, restando definidos, até que o Poder Legislativo delibere sobre a questão, os índices aplicados à correção monetária e aos juros de mora.

A parte dispositiva do acórdão do STF ora em comento é inequívoca em sua abrangência.

> *"O Tribunal, por maioria, julgou parcialmente procedente a ação, para conferir interpretação conforme à Constituição ao art. 879, § 7º, e ao art. 899, § 4º, da CLT, na redação dada pela Lei n. 13.467 de 2017, no sentido de considerar que à atualização dos créditos decorrentes de condenação judicial e à correção dos depósitos recursais em contas judiciais na Justiça do Trabalho deverão ser aplicados, até que sobrevenha solução legislativa, os mesmos índices de correção monetária e de juros que vigentes para as condenações cíveis em geral, quais sejam a incidência do IPCA-E na fase pré-judicial e, a partir da citação, a incidência da taxa SELIC (art. 406 do Código Civil), nos termos do voto do Relator, vencidos os Ministros Edson Fachin, Rosa Weber, Ricardo Lewandowski e Marco Aurélio. Por fim, por maioria, modulou os efeitos da decisão, ao entendimento de que (i) são reputados válidos e não ensejarão qualquer rediscussão (na ação em curso ou em nova demanda, incluindo ação rescisória) todos os pagamentos realizados utilizando a TR (IPCA-E ou qualquer outro índice), no tempo e modo oportunos (de forma extrajudicial ou judicial, inclusive depósitos judiciais) e os juros de mora de 1% ao mês, assim como devem ser mantidas e executadas as sentenças transitadas em julgado que expressamente adotaram, na sua fundamentação ou no dispositivo, a TR (ou o IPCA-E) e os juros de mora de 1% ao mês; (ii) os processos em curso que estejam sobrestados na fase de conhecimento (independentemente de estarem com ou sem sentença, inclusive na fase recursal) devem ter aplicação, de forma retroativa, da taxa Selic (juros e correção monetária), sob pena de alegação futura de inexigibilidade de título judicial fundado em interpretação contrária ao posicionamento do STF (art. 525, §§ 12 e 14, ou art. 535, §§ 5º e 7º, do CPC) e (iii) igualmente, ao acórdão formalizado pelo Supremo sobre a questão dever-se-á aplicar eficácia erga omnes e efeito vinculante, no sentido de atingir aqueles feitos já transitados em julgado desde que sem qualquer manifestação expressa quanto aos índices de correção monetária e taxa de juros (omissão expressa ou simples consideração de seguir os critérios legais), vencidos os Ministros Alexandre de Moraes e Marco Aurélio, que não modulavam os efeitos da decisão. Impedido o Ministro Luiz Fux (Presidente).* Presidiu o julgamento a Ministra Rosa Weber (Vice-Presidente). Plenário, 18.12.2020 (Sessão realizada por videoconferência – Resolução 672/2020/STF).

A regra geral definida é simples e não demanda interpretações complexas para sua compreensão, mas, já nela, percebemos a necessidade de abordar um detalhe que passou despercebido da parte dispositiva do acórdão.

Em que pese o STF ter fixado o IPCA-E na fase pré-judicial como índice da correção monetária e a SELIC como substituto de ambos (correção monetária e juros de mora) na fase judicial, já no início de 2021 vimos a Justiça Trabalhista — e mais notoriamente o Tribunal Superior do Trabalho — se debruçando sobre a incidência ou não de juros de mora na fase pré-judicial, que restou omissa na tese vinculante fixada.

Isto porque, em que pese a parte dispositiva, acima citada, não ter feito referência aos juros de mora na fase pré-judicial, a fundamentação e a própria ementa incluíram os juros legais, disciplinados pelo art. 39, *caput*, da Lei n. 8.177/91, na aludida etapa.

> *"(...) 6. Em relação à fase extrajudicial, ou seja, a que antecede o ajuizamento das ações trabalhistas, deverá ser utilizado como indexador o IPCA-E acumulado no período de janeiro a dezembro de 2000. A partir de janeiro de 2001, deverá ser utilizado o IPCA-E mensal (IPCA-15/IBGE), em razão da extinção da UFIR como indexador, nos termos do art. 29, § 3º, da MP 1.973-67/2000. Além da indexação, serão aplicados os juros legais (art. 39, caput , da Lei n. 8.177, de 1991) (...)."* (ADC 58, rel. Min. Gilmar Mendes, Tribunal Pleno, *DJe* 07.4.2021)

Algumas Turmas do TST entendiam que o precedente firmado em nível nacional — por força dos arts. 926 e 927 do CPC/15 — deveria ser respeitado em seus exatos limites, sob pena de dar margem a descumprimento da eficácia *erga omnes* e do efeito vinculante dele irradiados, e tal configuraria violações aos arts. 2º, 5º, II (princípio da legalidade), XXXVI (princípio da coisa julgada e da segurança jurídica), LV (devido processo legal), e 97, todos da Constituição Federal; bem como conflito com a Súmula Vinculante n. 10 do STF.

A maioria daquela Corte, entretanto, mantinha a aplicação da TR na fase pré-judicial, concluindo que a omissão na parte dispositiva não afastaria a necessidade de observância ao 'conjunto da obra". A 4ª Turma do TST, inclusive, fazia oralmente referência em sessões de julgamento a conversas com Ministros do STF para corroborar a assertiva de que, sim, a inclusão de juros de mora na fase pré-judicial foi definida no julgamento da ADC n. 58.

Já no STF, as Reclamações ajuizadas para discutir tal questão foram decididas quase que unanimemente em tal sentido, como se exemplifica abaixo.

> *"**7.** Da leitura dos atos transcritos, proferidos posteriormente ao julgamento do paradigma suscitado, observo que além de determinada a atualização do débito na fase extrajudicial pelo IPCA-e, o Juízo reclamado entendeu incidente também os juros de mora definidos no art. 39, caput, da Lei n. 8.177/1991.*
>
> ***8.** Ocorre que, a rigor, este Supremo Tribunal Federal, ao julgamento da ADC 58, em nenhum momento assinalou aplicável apenas o IPCA-e para atualização da condenação trabalhista na fase pré-processual. A esse respeito, colaciono o item 6 da ementa do aludido parâmetro, por elucidativo da questão (grifei):*
>
> *'6. Em relação à fase extrajudicial, ou seja, a que antecede o ajuizamento das ações trabalhistas, deverá ser utilizado como indexador o IPCA-E acumulado no período de janeiro a dezembro de 2000. A partir de janeiro de 2001, deverá ser utilizado o IPCA-E mensal (IPCA-15/IBGE), em razão da extinção da UFIR como indexador, nos termos do art. 29, § 3º, da MP n. 1.973-67/2000. **Além da indexação, serão aplicados os juros legais (art. 39, caput, da Lei n. 8.177, de 1991)**'.*

> ***9.** Nestes termos, o ato reclamado, ao determinar a aplicação de juros moratórios de forma acumulada com o IPCA-e na fase pré-judicial, está harmônico com o que decidido por este Supremo Tribunal Federal ao julgamento da ADC 58. No mesmo sentido: Rcl 49508, rel. Min. Luís Roberto Barroso, DJe 1º.10.2021; Rcl 47.929, Rel. Min. Dias Toffoli, DJe 1º.7.2021."* (Rcl 49740/SP, relator(a): Minª. ROSA WEBER, *DJE* 07.10.2021)

Atualmente, tal discussão já restou suplantada no âmbito do TST e do STF, tendo as duas Cortes consolidado o entendimento de que, além do IPCA-E como índice de correção monetária a ser aplicado na fase pré-judicial, há, também, a TR a ser aplicada como índice de juros de mora.

Seria de se pensar que, com a definição pelas mais altas Cortes pátrias, o assunto estaria consolidado de forma a evitar mais dúvidas; contudo, há situações peculiares que estão gerando cenários e exceções importantes para o conhecimento do operador do direito do trabalho.

Talvez a "exceção" mais relevante seja a atuação do STF em Reclamações e Recursos Extraordinários a tratar do assunto quando há algum óbice de natureza processual a impedir a análise meritória. Explico: se há recurso de revista buscando a reforma do julgado regional para aplicação dos parâmetros definidos na ADC n. 58, mas este apelo não é conhecido pelo TST por algum obstáculo processual como deserção, intempestividade ou descumprimento do art. 896, § 1º-A, I, da CLT, ainda assim o STF tem ignorado tal óbice, adentrado no mérito e dado provimento à pretensão do recorrente.

Em outras palavras, conforme a jurisprudência atual da Suprema Corte, a existência de óbices processuais "sanáveis" não permite ignorar teses vinculantes, por aplicação direta do princípio da primazia da solução de mérito.

O precedente abaixo bem exemplifica tal questão:

> *"No caso em tela, o Tribunal Superior do Trabalho, ao negar seguimento ao agravo de instrumento no recurso de revista, sob a alegação de existência de óbice processual, qual seja, a ausência da transcrição exigida pelo art. 896, § 1º-A, da CLT, deixou de analisar o mérito da reclamação trabalhista na qual, nas instâncias antecedentes, ficou definido juros de mora e correção monetária na forma da lei.*
>
> *Com esse proceder, impede-se o reclamante de questionar a decisão em seu mérito junto a esta Corte Suprema. Sabidamente, a repercussão geral desta matéria já foi amplamente reconhecida pelo Supremo Tribunal Federal na ADC n. 58/DF (julgamento conjunto com a ADC n. 59/DF, a ADI n. 5.867/DF e a ADI n. 6.021/DF). *. Dessa forma, a decisão que acaba por prevalecer no âmbito da Justiça trabalhista se distancia, por absoluto, do entendimento sufragado pelo Supremo Tribunal Federal acerca da atualização de créditos trabalhistas.*
>
> *A motivação judicial de existir óbice formal a inviabilizar o processamento do recurso, no qual se busca debater a configuração, ou não, no caso concreto, da matéria objeto dos paradigmas apontados, em tese, impediria inclusive este Supremo Tribunal Federal de apreciar, em sede de eventual recurso extraordinário, a higidez interpretativa do quanto fixado. *. Nesse cenário, registro aqui o amadurecimento de minha apreciação quanto ao tema dos óbices*

> *formais de inadmissão de recursos, consubstanciados na ausência de transcendência e na ausência de transcrição prevista no art. 896, § 1º-A, inc. I, da CLT, a fim de superá-los, com vistas a permitir a análise, nesta reclamação, dos temas de mérito da reclamação trabalhista de origem, levada a cabo pela Justiça especializada. Nesse sentido, já me manifestei, não obstante ter ficado vencido, na Rcl n. 55.833-AgR/ES, j. 22.02.2023, p. 24.04.2023, e, também, na Rcl n. 54.207-AgR/SP, j. 27.03.2023, p. 24.04.2023.*
>
> *(...)*
>
> *No caso em tela, a alegação é de que o Juízo reclamado deixou de observar decisão vinculante do Supremo Tribunal Federal na ADC n. 58/DF, julgada em conjunto com a ADC n. 59/DF e as ADIs n. 5.867/DF e n. 6.021/DF, ao manter a determinação de correção monetária pela TR e a incidência de juros de mora de 1% (um por cento) ao mês, a partir do ajuizamento da ação.*
>
> *(...)*
>
> *Repiso, para fins de síntese do que decidido nesta via reclamatória, que este Supremo Tribunal Federal no julgamento das ADCs n. 58/DF e n. 59/DF entendeu aplicável a atualização monetária do crédito trabalhista nas fases extrajudicial e judicial, tanto por índices de correção monetária como de juros de mora. Em âmbito extrajudicial, portanto, incidirá IPCA-E (índice de correção monetária) e TR (índice de juros de mora), e, na fase judicial, incidirá exclusivamente o índice Selic, que remunera o crédito trabalhista em ambas as esferas. *. Ante o exposto, julgo procedente o pedido formulado na reclamação, com base no art. 161, parágrafo único, do RISTF, para cassar o acórdão reclamado e determinar que, superado o óbice formal, outro seja proferido com observância dos critérios estabelecidos na ação Declaratória de Constitucionalidade n. 58/DF. Sem honorários, de acordo com o entendimento prevalente na Segunda Turma do Supremo Tribunal Federal".* (Rcl 57.182, Rel. Min. André Mendonça, Pub. *DJE* 2.10.2023)

Esta situação causa até certo espanto, já que a aplicação do princípio da primazia da solução de mérito para afastar todo e qualquer óbice processual nunca foi aplicada de forma tão intensa e generalizada na Justiça do Trabalho quanto nos dias de hoje. Atualmente, o STF vem decidindo desta forma em inúmeras reclamações ajuizadas diretamente na Suprema Corte, tratando não apenas dos índices de juros de mora e correção monetária, mas, também, outros tópicos trabalhistas como terceirização e formas alternativas de vínculos empregatícios.

Prosseguindo, é possível verificar que também o TST flexibilizou os estritos limites processuais para a aplicação da tese vinculante em destaque, ainda que não de forma tão intensa quanto o STF. Quando há registro de que a incidência dos parâmetros da ADC n. 58, caso aplicados, ensejaria situação pior para a parte recorrente, ainda assim há jurisprudência consolidada no Tribunal Superior do Trabalho de que a reforma do julgado recorrido deve ocorrer, inexistindo *reformatio in pejus*.

> *"ENTE PRIVADO. CORREÇÃO MONETÁRIA. ÍNDICE APLICÁVEL. TESE VINCULANTE DO STF (...) 5 – Conforme decidido pelo STF na Rcl 48135 AgR, quando não for o caso de trânsito em julgado, a decisão do STF deve ser aplicada em sua integralidade, não havendo reforma para pior ou preclusão, uma vez que se trata de tese vinculante firmada em matéria que possui*

natureza de ordem pública. 6 – No caso concreto o índice de correção monetária está sendo decidido na fase de conhecimento. O TRT definiu que deve ser aplicada, como índice de correção monetária, a TR até 24.03.2015 e, após, o IPCA-E. 7 – O Ministro Gilmar Mendes destacou que a aplicação do posicionamento firmado pelo TST na ArgInc-479-60.2011.5.04.0231, acerca dos índices de correção monetária, "equivaleria a determinar a aplicação do IPCA-E como índice de correção monetária nas demandas trabalhistas, cumulado com juros de mora de 1% ao mês, sem previsão legal para tanto". Há julgados das 1ª, 3ª, 4ª, 5ª e 8ª Turmas do TST admitindo o recurso de revista por afronta do art. 5º, II, da Constituição Federal. 8 – Recurso de revista a que se dá provimento". (RRAg – 11603-62.2017.5.03.0003 , relatora Ministra: Kátia Magalhães Arruda, Data de Julgamento: 08.11.2023, 6ª Turma, Data de Publicação: *DEJT* 10.11.2023)

Como se pode perceber dos dois cenários acima descritos, há uma tendência de flexibilizar as amarras procedimentais na tentativa de intensificar o efeito do princípio da primazia da realidade. Resta no mínimo curiosa a situação, principalmente porque há uma real chance de tais flexibilizações ocorrerem também em outros tópicos a serem pacificados pelo STF, ou até pelo TST em sede de Incidentes de Recursos Repetitivos, que possuem, igualmente, efeitos vinculantes.

Continuando com o tema do artigo, seria impossível nos restringirmos apenas nas exceções acima retratadas; ainda há muitas outras que já restaram enfrentadas e até pacificadas pelo TST. Apesar de tratar de casos excepcionais, há uma recorrência significativa que justifica tanto a consolidação jurisprudencial quanto a atenção dada neste artigo a eles.

Quando o STF decidiu incluir os juros de mora e a correção monetária em um único índice – a SELIC – não se pensou de imediato o que deveria ocorrer caso houvesse trânsito em julgado de apenas um dos índices, mas não do outro. Até vimos alguns Tribunais (e inicialmente algumas Turmas do TST) entendendo que o índice transitado em julgado deveria ser respeitado, sendo o outro, ainda em discussão, substituído pela SELIC cheia.

O resultado prático deste tipo de entendimento era de uma correção exagerada, pois, na maioria das vezes, os juros de mora de 1% ao mês transitaram em julgado e a discussão era apenas da correção monetária. Estas condenações totalizavam, quando da "adequação" aos parâmetros da ADC n. 58, na aplicação conjunta de 1% ao mês e SELIC, montas de mais de 25% ao ano nos tempos atuais.

Entretanto, já resta consolidado perante ambas as Cortes o entendimento de que, havendo trânsito em julgado de apenas um dos índices, ainda assim torna-se necessária a substituição de ambos pela SELIC.

Entendeu-se que a única forma de respeito à coisa julgada é se ambos os índices transitarem em julgado de forma expressa no comando condenatório. Quando houver apenas um destes, há a necessidade de adequação aos parâmetros gerais definidos na ADC n. 58.

O julgamento abaixo bem exemplifica a situação.

> *"Na oportunidade, restou assentado que a incidência de juros moratórios com base na variação da taxa SELIC não pode ser cumulada com a aplicação de outros índices de atualização monetária, cumulação que representaria bis in idem.*
>
> *Ainda, destaquei que, para evitarem-se incertezas, o que ocasionaria grave insegurança jurídica, deveriam ser fixados alguns marcos jurídicos de modulação dos efeitos da decisão, dentre eles a aplicação de eficácia erga omnes e efeito vinculante para aqueles feitos já transitados em julgado desde que sem qualquer manifestação expressa quanto aos índices de correção monetária e taxa de juros (omissão expressa ou simples consideração de seguir os critérios legais).*
>
> *No caso dos autos, consta da sentença proferida nos autos da Reclamação Trabalhista 0010854-79.2014.5.01.0076, a seguinte disposição:*
>
> *'Juros simples de 1% ao mês sobre o valor atualizado (art. 39, § 1º da Lei n. 8.177/91), incidindo até o efetivo pagamento do débito — disponibilidade da quantia ao credor, sobre a importância da condenação, corrigida monetariamente (Súmula n. 200, TST) e são devidos a partir da data em que for ajuizada a reclamação inicial (CLT, 883), com natureza indenizatória (OJ n. 400, SDBI-1, c. TST); e correção monetária, apurada a partir do mês subsequente (art. 459, § único da CLT c/c Súmula n. 381, C. TST)'. (eDOC 16, p. 59-60)*
>
> *Adentrado o feito à fase de execução, o Juízo reclamado manifestou-se nos seguintes termos:*
>
> *'(...) Devem os cálculos ser ajustados, aplicando-se a modulação fixada pelo STF — IPCA-e para a fase pré-judicial e Selic após o ajuizamento — e quanto aos juros, por já transitada em julgado a decisão id. 57ff2a4, mantido o percentual de 1% ao mês pro rata die'. (eDOC 20, p. 66)*
>
> *(...)*
>
> *Como se infere das decisões transcritas, houve especificação do índice de correção monetária segundo o que foi decidido pelo STF, porém, não foi observado o precedente no que tange à fixação dos juros de mora.*
>
> *Dessarte, a decisão reclamada ao utilizar a taxa SELIC como índice de correção monetária do débito trabalhista cumulada com juros de 1% ao mês, ofendeu ao decidido no julgamento conjunto das ADC 58, ADC 59, ADI 5.867 e ADI 6.021.*
>
> *(...)*
>
> *Ante o exposto, julgo parcialmente procedente a presente reclamação para cassar o ato reclamado (proferido no Processo 0010854-79.2014.5.01.0076), no que diz respeito à incidência de juros de mora de 1% ao mês, a partir da data do ajuizamento da ação, determinando que outro seja proferido com observância à tese jurídica fixada pelo Supremo Tribunal Federal por ocasião do julgamento das Ações Declaratórias de Constitucionalidade 58/DF e 59/DF e das Ações Declaratórias de Inconstitucionalidade 5.867/DF e 6.021/DF (art. 21, § 1º, do RISTF).* (Rcl 48.065/RJ, rel. Min. Gilmar Mendes, Pub. *DJE* 10.9.2021)

Recomenda-se que o advogado que se deparar com tal situação inclua por cautela, em seu recurso, a violação ao art. 5º, XXXVI, da Constituição Federal caso deseje impugnar a observância equivocada à coisa julgada de um dos índices ora tratados.

Outra recomendação válida para advogados é se atentar às próprias palavras das decisões que, em tese, dão provimento a recursos para adequar a condenação aos parâmetros da ADC n. 58.

Isto porque tanto a TR — a ser aplicada como índice dos juros de mora da fase pré-judicial — quanto os juros de 1% ao mês se encontram no mesmo dispositivo legal: o art. 39 da Lei n. 8.177/91.

> *"Art. 39. Os débitos trabalhistas de qualquer natureza, quando não satisfeitos pelo empregador nas épocas próprias assim definidas em lei, acordo ou convenção coletiva, sentença normativa ou cláusula contratual sofrerão juros de mora equivalentes à TRD acumulada no período compreendido entre a data de vencimento da obrigação e o seu efetivo pagamento.*
>
> *§ 1º Aos débitos trabalhistas constantes de condenação pela Justiça do Trabalho ou decorrentes dos acordos feitos em reclamatória trabalhista, quando não cumpridos nas condições homologadas ou constantes do termo de conciliação, serão acrescidos, nos juros de mora previstos no caput, juros de um por cento ao mês, contados do ajuizamento da reclamatória e aplicados* pro rata die, *ainda que não explicitados na sentença ou no termo de conciliação".*

Não é incomum vermos na parte dispositiva o TST determinar a incidência do art. 39, § 1º, da Lei n. 8.177/91, em vez do *caput*, seja na referência à lei, seja na referência ao índice ali contido.

> *""Ante o exposto, com fundamento no art. 118, X, do Regimento Interno do TST, CONHEÇO do recurso de revista, por violação do art. 5º, II, da Constituição Federal, e, no mérito, DOU-LHE PROVIMENTO para, adequando o acórdão recorrido à tese vinculante do STF, determinar, em relação à fase pré-judicial, a incidência do IPCA-E e dos juros de 1% ao mês, nos termos do art. 39, caput, da Lei n. 8.177/91, e, a partir do ajuizamento da ação, a incidência da taxa SELIC (já contemplados os juros e correção monetária), para fins de atualização monetária, observando-se que são válidos e não ensejarão nenhuma rediscussão todos os pagamentos eventualmente já realizados, independente do índice de atualização monetária aplicado. Inalterado o valor da condenação."* (Processo TST-Ag-RR-83700-32.2005.5.04.0301, rel. Min. Amaury Pinto Junior, 1ª Turma, Pub. *DJE* 4.7.2022)

A diferença é sutil, mas a consequência de ignorar tal equívoco pode gerar valores significativos a mais na execução trabalhista. Recomenda-se, assim, a oposição de embargos de declaração para análise mais detida do supracitado aspecto.

Frisa-se, contudo, que a situação chega a ser curiosa: os embargos de declaração opostos para tal finalidade costumam ser rejeitados pelas Turmas do TST, mas, ao mesmo tempo, há determinação de ofício para consertar o equívoco em destaque. O processo acima transcrito bem retrata tal situação em seu acórdão em sede de embargos declaratórios.

> *"O embargante alega contradição, mas a decisão embargada é coerente e harmônica, inclusive no que se refere ao conteúdo da decisão vinculante proferida pelo Supremo*

> *Tribunal Federal no julgamento da ADC 58, que determinou a atualização monetária pelo IPCA-E acrescido dos juros previstos no caput do art. 39 da Lei n. 8.177/91 na fase pré-judicial e SELIC na fase judicial.*
>
> *O que o embargante aponta é, na verdade, erro material ocorrido na decisão monocrática, que consignou juros de 1%, quando a decisão vinculante que se fez referência determina a adoção dos juros previstos no caput do art. 39 da Lei n. 8.177/91.*
>
> *O erro material é corrigível a qualquer tempo, motivo pelo qual se aproveitam os declaratórios para fazê-lo.*
>
> *NEGO PROVIMENTO aos embargos declaratórios, mas corrijo erro material ocorrido na decisão monocrática no sentido de que os juros devidos na fase pré-judicial são aqueles previstos no art. 39,* caput*, da Lei n. 8.177/91."* (Processo TST-ED-Ag-RR-83700-32.2005.5.04.0301, rel. Min. Amaury Pinto Junior, 1ª Turma, Pub. *DJE* 15.12.2022)

O mesmo ocorre com o momento de incidência da taxa SELIC. Opostos embargos de declaração em face dos acórdãos proferidos na ADC n. 58, o Supremo Tribunal Federal acolheu parcialmente os declaratórios "*tão somente para sanar o erro material constante da decisão de julgamento e do resumo do acórdão, de modo a estabelecer a incidência do IPCA-E na fase pré-judicial e, a partir do ajuizamento da ação, a incidência da taxa SELIC (art. 406 do Código Civil), sem conferir efeitos infringentes*". Assim, a incidência da taxa SELIC passou a se dar a partir do ajuizamento da ação, e não mais da citação, marco temporal que deve ser observado de ofício pelos magistrados, por decorrer de erro material na decisão do STF.

Nestes casos, ainda assim há sugestão de oposição de embargos de declaração para que a decisão seja precisa e conste a data do ajuizamento da ação, não obstante a decisão virá muito provavelmente com rejeição do recurso horizontal, mas adequação de ofício pelo Órgão julgador.

Por fim, o TST ainda não consolidou seu entendimento quanto a efeitos da tese fixada na ADC n. 58 em determinados casos, havendo jurisprudências em ambos os sentidos. Uma destas é o termo inicial para cômputo dos juros de mora nos processos que envolvem indenização por danos morais. Enquanto a 6ª Turma do TST compreende que a decisão do STF possui efeito vinculante de forma absoluta, determinando-se o cômputo da SELIC desde o ajuizamento da ação, a 5ª Turma decidiu de forma diversa, concluindo que a decisão da Corte Suprema deve ser adequada ao previsto no art. 407 do Código Civil.

> "A questão relativa ao termo inicial dos juros de mora dos danos morais trabalhistas, após a fixação do precedente da ADC n. 58, que estabeleceu parâmetros para a correção monetária e os juros de mora das condenações trabalhistas, ainda foi suficientemente enfrentada no âmbito desta Corte, pelo que resta configurada a transcendência jurídica da matéria.
>
> Na questão de fundo, percebe-se que esta Corte superior havia fixado o entendimento de que os juros de mora das condenações em danos morais trabalhistas deveriam ser contados da data do ajuizamento da ação, nos termos da Súmula n. 439 do TST.

> *Contudo, com a fixação do precedente vinculante exarado pelo Supremo Tribunal Federal nos autos da ADC n. 58, que afastou o critério previsto no art. 883 da CLT como base jurídica para o cômputo de juros de mora na Justiça do Trabalho, tem-se que a previsão de incidência da taxa SELIC, desde a data do ajuizamento da ação nesta Justiça Especializada, deve ser compatibilizada com o que dispõe o art. 407 do Código Civil, segundo o qual: "Ainda que se não alegue prejuízo, é obrigado o devedor aos juros da mora que se contarão assim às dívidas em dinheiro, como às prestações de outra natureza, uma vez que lhes esteja fixado o valor pecuniário por sentença judicial, arbitramento, ou acordo entre as partes."*
>
> *Desse modo, resta superado o critério estabelecido pela citada súmula de jurisprudência uniforme desta Corte no tocante ao momento de incidência dos juros de mora, pelo que o cômputo da taxa SELIC nesses casos de condenação em danos morais deve se dar a partir da data de fixação da indenização pelo juízo (ou sua posterior alteração), e não mais pelo critério cindido a que fazia alusão a referida súmula desta Corte."* (Processo TST-R-RAg-12177-11.2017.5.15.0049, 5ª Turma, rel. Min. Breno Medeiros, Pub. *DJJE* 16.12.2022)

A SBDI-1 do TST ainda não se debruçou sobre o tema e não há precedentes de um número suficiente das Turmas do TST para arriscar um palpite sobre como se definirá esta questão, mas, assim como nos casos acima, resta a sugestão ao advogado que se depare com processos envolvendo indenizações a título de danos morais que apresente a devida impugnação quanto ao termo inicial da SELIC.

Finalizados os exemplos que este artigo se propôs a apresentar, resta ao leitor se atentar ao fato de que a definição dos parâmetros de correção monetária e juros de mora nos processos trabalhistas não colocou um ponto final às discussões destas naturezas; pelo contrário, gerou outros questionamentos que, como os retratados acima, podem gerar distinções e/ou consequências significativas, devendo o operador do direito estar atento às minúcias constantes destas decisões.

Considerações práticas da transação extrajudicial no processo do trabalho

Homero Batista Mateus da Silva[1]

Gustavo Tank Bergström[2]

Introdução

Ideias nunca faltaram ao legislador para o aprimoramento da solução consensual dos conflitos trabalhistas em ambiente extrajudicial. Houve experiências de mesas de entendimento no Poder Executivo, tentativas de envolvimento das entidades sindicais, modelos de comissões paritárias e submissão dos acordos à chancela da autoridade judicial. Ocorre que em todos esses cenários sempre pairou a sombra do vício de consentimento e da manifestação de vontade inautêntica do empregado, haja vista sua inserção numa relação marcadamente assimétrica, envolta em graus de subordinação jurídica e econômica capazes de dificultar a afirmação de que o assentimento ao acordo foi genuíno.

Há várias linhas de pensamento de que o Direito do Trabalho deveria abandonar, de uma vez por todas, a presunção de vício de consentimento e passar a admitir que os empregados atingiram patamares superiores em termos de acesso à informação, proteção sindical, órgãos de fiscalização da ordem trabalhista e aconselhamento advocatício. No entanto, nada obstante os avanços técnicos e tecnológicos vivenciados pela sociedade em geral e pelo mercado de trabalho em particular, não há base científica alguma para se assegurar que as vulnerabilidades dos empregados tenham sofrido alteração significativa.

---

(1) Doutor e mestre em Direito do Trabalho pela Faculdade de Direito do Largo de São Francisco da USP. Desembargador e Vice-Diretor da Escola Judicial do TRT2 (São Paulo). Professor do Departamento de Direito do Trabalho e Seguridade Social da Faculdade de Direito do Largo de São Francisco, USP. Contato: homero.silva@usp.br.

(2) Mestre pelo programa ICHSA/UNICAMP e pós-graduado em Economia do Trabalho e Sindicalismo pelo IE/UNICAMP. Professor e Advogado. Contato: tankgustavo@gmail.com.

Seguem acesas as mesmas questões do temor de revide, da empregabilidade, da dificuldade de recolocação e, enfim, das premências sociais e econômicas que induzem à aceitação de qualquer cláusula ou pré-condição de acesso, de promoção ou de permanência no emprego. Muita energia é empreendida para o avanço científico da tese de separação entre empregados de baixa capacidade de resistência e empregados com maior possibilidade de negociação com o empregador, havendo inclusive a proposta teórica de serem denominados, respectivamente, hipossuficientes e hipersuficientes.

A prevalecer o ideal da reforma trabalhista de 2017, o marco divisor seria a percepção de renda acima de 2 tetos previdenciários para se passar ao rol dos hipersuficientes, contanto que a pessoa tenha ensino superior completo. Apenas para fins didáticos, diz-se que os 2 tetos previdenciários equivalem, historicamente, a 12 salários-mínimos. A afirmação de que os atos praticados pelos trabalhadores em situação de hipersuficiência desfrutem presunção absoluta de higidez e de validade ainda depende de maior amadurecimento doutrinário e jurisprudencial.

Cuida-se de articulação argumentativa relativamente nova para o esforço histórico trabalhista. A rápida obsolescência do conhecimento e das aptidões humanas, a corrosão do poder de compra e a pulverização de cursos de ensino superior de baixa densidade, embaralhando os conceitos de escolaridade e de educação, são elementos que depõem contra a presunção de que os empregados ditos hipersuficientes possam aderir a formas alternativas de solução de conflito ou dar quitação ao contrato de trabalho por meio de simples acordo extrajudicial, como aqueles feitos em departamento pessoal ou jurídico da organização.

A necessidade de soluções mais ágeis para o Direito do Trabalho, o grau de formalismo imposto por numerosas normativas trabalhistas, que incluem todo tipo de hierarquia normativa e diversos centros de positivação da norma, entre estatais e não estatais, estimulam os defensores da ampliação do espectro e do alcance do conceito de hipersuficiência, inclusive com acesso à arbitragem privada, a ajustes em contrato individual e a derrogação da convenção e do acordo coletivo, se houver. Aliás, são esses mesmos dilemas, decorrentes da assimetria da relação trabalhista e dos vários ângulos de vulnerabilidade jurídica e econômica dos trabalhadores, que obstam a aplicação da arbitragem ao Direito do Trabalho.

Na Lei Maior de 1988, foi prevista apenas arbitragem trabalhista no campo coletivo e não no âmbito individual. Na reforma trabalhista de 2017, foi inserida a arbitragem para o hipersuficiente, ressalvando a necessidade de que essa previsão conste no contrato individual de trabalho, sob a forma da cláusula compromissória.(3)

---

(3) Não está claro por qual razão a reforma trabalhista não admitiu o acesso à solução arbitral por meio do compromisso arbitral, assim entendido aquele firmado pelas partes após a deflagração do conflito, mas, de toda sorte, a advocacia de consultoria e a doutrina têm sido bastante cautelosas para não aderirem a um modelo alternativo de solução de conflito desprovido de expresso amparo legal.

Em última análise, se porventura empregado e empregador firmarem avenças individuais, sob a forma de acordo extrajudicial ou louvando-se de sentença arbitral individual, pode ocorrer de, em eventual questionamento jurídico ou pelos órgãos de fiscalização vinculados ao Poder Executivo, ser afastada a eficácia liberatória geral, que, normalmente, é o principal escopo dos acordos. Nesse caso, a quantia paga pelo empregador ao empregado continua a produzir efeitos, para que se evite o enriquecimento sem causa, mas apenas a título de compensação ou de dedução quanto aos valores pendentes.

Dito isso e feitas todas as ressalvas acima, subjacentes à condição especial do contrato de trabalho como um ajuste bilateral assimétrico, propomos o estudo de uma das técnicas de acordo extrajudicial que encontra assento na CLT por conta reforma de 2017 e que permite ao empregador a obtenção da eficácia liberatória geral, ou seja, acordos que, conquanto possam ser desenvolvidos dentro das empresas, terão a mesma dignidade dos efeitos da coisa julgada. Trata-se do acordo extrajudicial levado à apreciação do Juiz do Trabalho para fins de homologação.

1. Formalidades, requisitos e homologação

Os arts. 855-B a 855-E da CLT foram bastante ambiciosos em sua proposta e representam uma das principais quebras de paradigma da Reforma Trabalhista de 2017, relativamente ao Processo do Trabalho. Como se sabe, até então o acordo extrajudicial individual não possuía cabimento jurídico na esfera trabalhista brasileira, contrapondo o Direito Civil. Não por acaso, com a finalidade de discutir sua relevância, o Conselho Superior da Justiça do Trabalho (CSJT) tratou de inseri-lo como tema da primeira audiência pública referente a reforma, ocorrida em 25.10.2017.

Dada a escassez de espaços de diálogo social, de canais eficazes de comunicação e de fóruns de entendimento intersindicais ou estatais, a Justiça do Trabalho assumiu historicamente o protagonismo da agenda trabalhista, tanto no plano do Direito Coletivo, por meio dos grandes debates travados em sede de dissídios coletivos, quanto no plano individual, por meio da formação da jurisprudência em Direito Individual do Trabalho e das milhares de audiências trabalhistas realizadas diariamente nas Varas do Trabalho nacionalmente estabelecidas.

Pode-se discutir se cabia ao Poder Judiciário esse mister, é verdade, mas esse processo de amadurecimento, longo e sinuosos, está diretamente ligado aos erros e acertos da legislação social e tributária albergada pelo país. Há um dado em particular que sempre chama atenção e que custa a compreender: o país possui mais juízes do trabalho do que Auditores-Fiscais do Trabalho, priorizando o modelo repressivo em detrimento do modelo preventivo ou orientativo, para ficarmos apenas na comparação singela entre os quantitativos dessas duas carreiras de Estado.

Foi assim que se assistiu ao crescimento alarmante de lides simuladas, assim entendidas aquelas que, em vez de veicular pretensões autênticas de trabalhadores privados de alguns direitos ou benefícios, eram materialmente elaboradas pelo empregador, ou advogado a suas expensas, e formalmente assinadas pelo empregado, ou advogado mediante procuração por ele firmada, por exemplo, no departamento pessoal da empresa.

Em um dado momento histórico, essas lides, desenvolvidas unicamente para a formação da coisa julgada material inerente à homologação do acordo, capaz de tornar a decisão irrecorrível segundo o art. 831 da CLT, já não causavam mais espanto. Havia entendimentos tendentes a sua extinção, sem resolução de mérito, por lhe faltar o elemento do conflito de interesses, e outros entendimentos alusivos à homologação apenas para a quitação do objeto do processo (geralmente, verbas rescisórias), sem adentrar ao mérito do contrato de trabalho integralmente.

Outra possibilidade que foi percebido em uma parcela das Reclamações Trabalhistas se diz respeito ao empregador que bradava "vá procurar os seus direitos" aos empregados com contratos recém rescindidos. Para alguns, é preferível pagar as verbas perante o juiz do trabalho, de forma parcelada e com a inclusão de cláusula de quitação geral, garantindo que aquele trabalhador não mais procurará a justiça referentes ao contrato que ficará para trás.

Fato é que o legislador de 2017 houve por bem oficializar, nos arts. 855-B e seguintes da CLT, a possibilidade de acordo extrajudicial, firmado por ambas as partes, para ser levado à homologação judicial. O alto poder de persuasão do empregador e a baixa capacidade de resistência do empregado são dados esperados na elaboração do acordo e justificam cautelas de praxe pelo juízo trabalhista para saber se os valores são, pelo menos, compatíveis com a lista dos itens envolvidos ou com o alcance da quitação irrestrita para todos os anos trabalhados.

A normativa do acordo extrajudicial, no entanto, traz a obrigatoriedade da presença de advogado para ambas as partes, como forma de se reforçar a idoneidade dessa tratativa. Aparentemente, para o acordo extrajudicial não se aplica, portanto, a capacidade postulatória das partes. A homologação do acordo extrajudicial pode e deve ser feita em paralelo ao pagamento das verbas rescisórias, não afastando a responsabilidade do empregador pelo respeito ao prazo máximo de 10 dias para depósito do acerto rescisório.

Há previsão de suspensão de prazo prescricional durante a tramitação dessa modalidade de jurisdição voluntária (art. 855-E). A ideia é correta e racional, mas de pequena consequência prática. Poderia ter algum sentido se o acordo fosse encaminhado 1 ano e 11 meses depois da rescisão, de modo a proteger o empregado contra a fluência do biênio prescricional, mas, a rigor, esse acordo será sacado logo nos primeiros dias após a rescisão. Alguns advogados mais habilidosos vão se lembrar de pedir a suspensão também do quinquênio prescricional, ou seja, se e quando for ajuizada a ação trabalhista típica, o prazo de 5 anos deverá ser computado com a exclusão do período da tramitação do pedido de acordo extrajudicial.

Em sua incumbência de analisar os termos do acordo extrajudicial, o juiz poderá designar audiência para tirar dúvidas e, após, proferirá sentença, o que envolve juízo de valor, apreciação dos elementos dos autos e, sobretudo, exposição da livre convicção motivada do magistrado. Os Tribunais Regionais do Trabalho (TRTs), inclusive, possuem suas próprias diretrizes na designação no âmbito dos Centros Judiciários de Solução de Conflitos e Cidadania (CEJUSCs). O TRT da 15ª Região, a título exemplificativo, recomenda o procedimento de designar audiência para a oitiva dos requerentes, como forma de auferir a inexistência de vícios de vontade e esclarecer os efeitos do negócio jurídico trazido à homologação (art. 1º da GP-CR N. 001/2018), o que foi amplamente difundido na prática interiorana de São Paulo.

O TRT da 2ª Região, por sua vez, dispensava a necessidade de audiência e cautelosamente afastava as homologações dos acordos extrajudicialmente transacionados quando ausente algum dos requisitos previstos, ou no aparente desvirtuamento do instituto(4), dificultando a homologação de cláusulas com quitação geral. Recentemente, atendendo a requisição da OAB paulistana, o Tribunal alterou sua diretriz nos CEJUSCs, salientando que o Magistrado, ao analisar o acordo e antes de decidir, deve designar audiência para ouvir os requerentes.

Entendemos, nessa esteira, que o juiz deve evitar a homologação parcial de cláusulas: idealmente, o juiz deve apenas dizer se homologa a avença ou, fundamentadamente, por quais motivos deixa de a homologar. Tentativas de magistrados, de retificar a redação de algumas cláusulas ou de obstar alguns ajustes, acabam criando um documento que não era nem o acordo firmado entre as partes nem a sentença que o juiz gostaria de proferir(5).

Manifestou-se, nesse sentido, o ministro Alberto Balazeiro, durante sessão de julgamento da Terceira Turma (RR-1001542-04.2018.5.02.0720 e AIRR-10608-30.2020.5.03.0040), salientando que o Judiciário não pode "pinçar" cláusulas mais favoráveis para a homologação parcial: "diante de cláusula ilegal, o magistrado tem o dever de rejeitar a chancela judicial e não buscar carimba-la com recortes estranhos à vontade das partes".

---

(4) A antiga Diretriz 11 – "Extensão da Quitação", do Núcleo Permanente de Métodos Consensuais de Solução de Conflitos (NUPEMEC), frustrava a homologação de boa parcela dos acordos extrajudiciais que possuíam a cláusula de quitação geral.

(5) Ressalta-se que há entendimento contrário de possibilidade de homologação parcial do acordo extrajudicial, excluindo-se aquelas que forem consideradas ilegais, abusivas ou fraudulentas, a exemplo de excerto da decisão proferida pela Exma. Desembargadora deste Regional, Dra. Jane Granzoto Torres: "[...] o juiz referenda o quanto negociado pelas partes, reconhecendo a compatibilidade do ato com o direito, ou seja, trata-se de atividade jurisprudencial, respaldada no livre convencimento e não de imposição ou mera formalidade. Nesse contexto, em se tratando de modalidade de autocomposição extrajudicial (515, II e III, § 2º, do CPC), não se concebe a outorga, pelo ex-empregado, da ampla e irrestrita quitação geral de todos os títulos inerentes à extinta relação de emprego, merecendo ser mantida a tônica emanada do entendimento jurisprudencial cristalizado na Súmula n. 330, do C. TST, aplicável analogicamente, no sentido de que a eficácia liberatória restringe-se às parcelas expressamente delimitadas na avença". (TRT 2ª Região – 6ª Turma – RO 1001542-04.2018.5.02.0720 – Relatora Jane Granzoto Torres da Silva – 04.6.2019)

Junta-se ao exposto que os termos acordados pelos requerentes constituem os rigorosos limites objetivos do requerimento, a cuja análise objetiva está vinculada o Julgador (CPC, art. 141), mormente diante do procedimento de jurisdição voluntária, não cabendo ao juízo modificar o conteúdo da avença, mas apenas analisar a viabilidade do acordo, tal qual proposto pelos requerentes (Código Civil, art. 843, c/c CLT, art. 8º, § 1º). Assim, não cabe dilação quanto a questões acordadas, devendo o requerimento ser resolvido pela homologação ou não, observando o conteúdo já apresentado pelos requerentes.

Ainda relativo à homologação do acordo pelo juízo, mesmo que se diga que o juiz deve se ater à análise dos requisitos formais do acordo, como a capacidade das partes, o objeto lícito e a forma não vedada pela lei, o juiz pode não se sentir à vontade para quitar 10 ou 20 anos de contrato de trabalho diante de um acordo de R$ 2.000,00, em bases parecidas com o valor das verbas rescisórias.

A ideia de que o juiz do trabalho não pode ser transformado em um mero "carimbador" e aceitar automaticamente qualquer transação que lhe seja submetida já foi externada pela Terceira Turma do Tribunal Superior do Trabalho(6). Portanto, é do juízo a competência de verificar se o trabalhador não está renunciando a direitos que não poderiam ser negociados, ou se o ajuste cumpre com a legislação, sob a pena de ser frustrada a pretensão, nos termos da Súmula n. 418 do TST.

Nessas hipóteses admite-se a recusa à homologação pela ofensa à ordem pública, pela imoralidade do objeto, pela conduta antiética de se camuflar a verba rescisória sob a natureza de uma transação ou pelo desvirtuamento da legislação social, ratificando que "somente será passível de transação lícita parcela juridicamente não imantada por indisponibilidade absoluta" (DELGADO, 2019, p. 255).

2. Dos recursos cabíveis e das despesas processuais

2.1. *Recurso Ordinário*

Da sentença, cabe Recurso Ordinário, na forma da lei. Discute-se se a peça recursal será assinada a quatro mãos e a dispensa do recolhimento, pois o procedimento de jurisdição voluntária não possui partes, não envolve autor e réu e, como já dito, não possui conflito de interesses. Seria, por assim dizer, um recurso dos interessados contra o magistrado, que obstou a formação da coisa julgada e da eficácia liberatória geral.

Caso tenha havido negativa total ao acordo, é possível que o recurso seja mesmo conjunto do empregado e do empregador. Caso se trate apenas de homologação com efeitos abaixo do esperado, como no caso da quitação apenas do objeto do processo ou apenas das verbas rescisórias, o recurso é preferencialmente do empregador, a quem interessava essa extensão ou envergadura, não havendo sentido em se esperar que alguém recorra em seu

(6) RR-1001542-04.2018.5.02.0720 e AIRR-10608-30.2020.5.03.0040

próprio desfavor, como seria o caso de o reclamante pedir condição mais grave do que aquela ditada pela sentença de homologação parcial.

A exemplo, o TRT15 fixou a seguinte tese jurídica no Incidente de Resolução de Demandas Repetitivas (IRDR):

> "INCIDENTE DE RESOLUÇÃO DE DEMANDAS REPETITIVAS. PROCEDIMENTO DE JURISDIÇÃO VOLUNTÁRIA (ARTS. 885-B E 955-E DA CLT). DECISÃO QUE HOMOLOGA PARCIALMENTE ACORDO EXTRAJUDICIAL. A sentença que homologa parcialmente o acordo extrajudicial firmado pelas partes é passível de recurso ordinário, visando justamente o reconhecimento judicial com a homologação da parte excepcionada, na forma dos arts. 855-D e 895, I, da CLT e do art. 724 do Código de Processo Civil, aplicável subsidiariamente ao processo do trabalho; não incidindo, no caso, o óbice do art. 831, parágrafo único, da CLT. (Relatora: Desembargadora Yara Ribeiro Dias Trindade; Órgão Julgador: Tribunal Pleno/TRT5; Data de publicação do acórdão:17.03.2022)

2.2. Recurso de Revista

O TST tem admitido a transcendência jurídica quanto a matéria, destacando a inovação do debate em conta da reforma de 2017 e as divergências jurisprudenciais acerca do tema.

Muito do que atinge o Tribunal e, portanto, digno desta nota, está calcado em prestigiar o princípio da autonomia da vontade humana(7). As decisões que afastam a homologação ainda quando preenchidos os requisitos previstos no art. 855-B ao 855-E da CLT têm encontrado mais chances de serem debatidas pela corte e, assim, de serem revistas.

Ganha destaque recente decisão de Relatoria do Ministro Douglas Alencar Rodrigues, ao salientar que "inexistindo qualquer ressalva, observados os requisitos legais (CC, art. 104) e não havendo vício capaz de anular o negócio jurídico (CC, arts. 138 a 166), (...) inclusive com a designação de audiência específica (CLT, art. 855-D), a transação há de ser homologada nos exatos termos em que celebrada, não competindo à Justiça do Trabalho inserir, de ofício, condição não desejada pelos próprios interessados e que se situa no âmbito exclusivo da autonomia da vontade — expressão do valor dignidade humana no campo da teoria geral dos contratos (CF, art. 1º, III c/c os arts. 840 a 850 do CC)".(8)

Por fim, o TST igualmente tem ratificado seu entendimento de ou se homologar o acordo proposto, ou afastá-lo em sua completude, conforme verificado no AIRR-10738-75.2018.5.15.0098, da 4ª Turma e de Relatoria do Ministro Alexandre Luiz Ramos:

---

(7) Para Ana Prata (2016, p. 15) "a autonomia privada ou liberdade negocial traduz-se pois no poder reconhecido pela ordem jurídica ao homem, prévia e necessariamente qualificado como sujeito jurídico, de juridicizar a sua atividade (designadamente, a sua atividade económica), realizando livremente negócios jurídicos e determinando os respectivos efeitos".

(8) RR – 1000343-39.2022.5.02.0062, relatoria do Ministro Douglas Alencar Rodrigues.

(...) nesse sentido, fixa-se o entendimento no sentido de que, em se tratando de processo de jurisdição voluntária para homologação de acordo extrajudicial, sob a vigência da Lei n. 13.467/2017, cabe ao magistrado o exame de todos os requisitos de validade do negócio jurídico, o que inclui a verificação da ocorrência de vícios de vontade e fraude, bem como do atendimento aos termos dos arts. 855-B a 855-E da CLT. Ausentes de vícios, inexiste óbice à homologação total do acordo firmado entre as partes, inclusive da cláusula de quitação geral e irrestrita do contrato de trabalho. (AIRR-10738-75.2018.5.15.0098, 4ª Turma, relator Ministro Alexandre Luiz Ramos, *DEJT* 03.06.2022)

2.3. Cabimento de Ação Rescisória ou Ação Anulatória

Outro ponto que ganhou os estudos diz respeito ao instrumento adequado para a desconstituição de eventual manifestação de vontade viciada em transação extrajudicial homologada na justiça. Antes da Reforma Trabalhista, o TST estabeleceu no Enunciado n. 259 que "só por ação rescisória é atacável o termo de conciliação previsto no parágrafo único do art. 831 da Consolidação das Leis do Trabalho", o que seria aplicável às hipóteses de acordo homologado na fase de conhecimento ou mesmo de execução.

A expressão "decisão irrecorrível", utilizada pelo parágrafo único do art. 831 da CLT para qualificar o acordo homologado, foi determinante para que o processo do trabalho firmasse posição sólida em torno da extinção do feito com resolução de mérito: o acordo envolve apreciação do mérito integral. A principal consequência desse postulado inflexível do processo do trabalho é que não é cabível recurso contra o acordo homologado, restando à parte, apenas, a possibilidade de ação rescisória.

Certo que a discussão foi retomada e não por acaso. A reformulação trazida com o Código de Processo Civil de 2015 ao dispor, em seu art. 966, § 4º, que "os atos de disposição de direitos, praticados pelas partes ou por outros participantes do processo e homologados pelo juízo, bem como os atos homologatórios praticados no curso da execução, estão sujeitos à anulação, nos termos da lei". Percebe-se que o CPC atual procurou, de fato, dissipar a controvérsia, não reproduzindo o teor do art. 485, VIII, do CPC/73 (ALVIM & CONCEIÇÃO, 2018).

A partir de então, parte da doutrina e da jurisprudência passaram a reforçar tal entendimento para a seara trabalhista. Segundo Walter Vegas Junior (2022), o próprio TST, por meio de sua Comissão de Jurisprudência e Precedentes Normativos, chegou a analisar administrativamente a necessidade de revisão das súmulas e orientações jurisprudenciais por força do advento do CPC/2015, sendo que na segunda reunião ordinária ocorrida em 24.03.2017 foi aprovada, por unanimidade, a proposta de cancelamento da Súmula n. 259 do TST, justamente por força do fenômeno da superação do entendimento em razão do disposto no § 4º do art. 966 supracitado. Nesse sentido:

AÇÃO RESCISÓRIA. SENTENÇA HOMOLOGATÓRIA DE TRANSAÇÃO EXTRAJUDICIAL. VÍCIO DE CONSENTIMENTO. INADEQUAÇÃO DA VIA ELEITA. No sistema adotado pelo novel código

> de processo civil, eventual vício imputado à transação extrajudicial judicialmente homologada deve ser arguido e discutido em sede de ação anulatória (art. 966, § 4º, do CPC) e não mais por meio de ação rescisória como previsto no regramento anterior (art. 485, VIII, CPC/73). Ação rescisória extinta sem resolução do mérito, por impropriedade da via eleita. (TRT-23 – AR: 00000133720205230000 MT, relator: ELINEY BEZERRA VELOSO, Gab. Des. Eliney Bezerra Veloso, Data de Publicação: 23.07.2021)

As recentes decisões das Cortes Trabalhistas apontam para a prevalência de aplicação do entendimento histórico e, portanto, anterior ao do CPC/2015. Walter Vegas Junior (2022, p. 150) cita que a Seção Especializada em Dissídios Individuais – 1 – SBDI-II do TST vem reiteradamente decidindo que “não há propriamente carência de ação nas ações rescisórias interpostas em face de sentença homologatória de acordo ainda sob a égide do CPC/1973 e, inclusive, chegou a apontar em ementa de julgamento de recurso ordinário em mandado de segurança que”:

> [...] a sentença homologatória de acordo é irrecorrível, fazendo coisa julgada material, de maneira que toda discussão sobre seu conteúdo, ou mesmo sobre eventual vício na manifestação da vontade das partes acordantes, deve ser canalizada por meio dos instrumentos processuais específicos, quais sejam: ação rescisória — inteligência da Súmula n. 259 deste Tribunal Superior — e ação anulatória (art. 966, § 4º, do CPC de 2015). (TST-ROT-9122-34.2019.5.15.0000 – Relatoria do Ministro Luiz José Dezena da Silva)

O mesmo pode ser verificado “em recente decisão da Seção Especializada em Dissídios Individuais – 1 do TRT da 2ª Região nos autos do processo n. 1003478-85.2021.5.02.0000, quando se fixou no voto vencedor que” (*ibidem*, p. 150-151):

> Sem embargo da controvérsia instalada com o advento do CPC/2015, envolvendo a pertinência da ação anulatória para desconstituir decisão homologatória de transação judicial (art. 966, § 4º), o fato é que o art. 831, parágrafo único, da CLT, e as diretrizes das Súmulas n. 100, V, e 259 e OJs ns. 94 e 154, da SDI-2, do C. TST, indicam a ação rescisória como a via processual adequada ao propósito do autor.

Portanto, resta-nos claro que os tribunais continuam a aplicar — ao menos em boa medida — o entendimento histórico, baseado especialmente na literalidade do parágrafo único do art. 831 da CLT, sem enfrentar os limites taxativos do atual art. 966 do CPC.

2.4. Despesas processuais e depósito recursal

Com relação às despesas processuais, tendo em vista a omissão do processo do trabalho quanto aos feitos não contenciosos, os Tribunais têm sido absolutos em aplicar o art. 88 do CPC: “nos procedimentos de jurisdição voluntária, as despesas serão adiantadas pelo requerente e rateados entre os interessados”. Deve-se somente observar a gratuidade de justiça que, uma vez concedida ao requerente, ficará isento de sua quota.

Por fim, nos termos da Instrução Normativa n. 27/2005 do TST, que trata das normas procedimentais aplicáveis ao processo do trabalho em decorrência da ampliação da competência da Justiça do Trabalho pela EC n. 45/2004, o depósito recursal de que trata o art. 899, § 1º, da CLT é exigível como requisito extrínseco de todos os recursos, desde que haja condenação em pecúnia, o que não ocorre nos casos de acordo extrajudicial homologado.

3. Outras considerações práticas

Importante salientar que a legislação trabalhista deve ser analisada de maneira holística, integrada e harmônica. A homologação de acordo extrajudicial igualmente necessita ser analisada para além dos requisitos presentes no art. 855-B e seguintes da CLT, cuidando de estabelecer a apresentação de documentos, recolhimentos e demais consectários previstos em lei.

A prática, por outro lado, tem demonstrado que muitas das vezes os requerentes comentem falhas que incorrem na impossibilidade de homologação requerida. A ideia aqui estabelecida, portanto, é de relembrar os proponentes de outros requisitos indispensáveis para a plena apreciação do juízo.

3.1. Verbas rescisórias

Neste cenário, o procedimento de jurisdição voluntária exige a prévia quitação integral das parcelas rescisórias (art. 855-C da CLT), incluída a multa capitulada pelo art. 477, § 8º da CLT (nos casos em que houver atraso), bem como, a indenização rescisória (caso aplicável, a depender da espécie de termino do contrato de trabalho), de forma que é obrigatória a apresentação de documentos rescisórios (TRCT com respectivo comprovante de pagamento, guias de Comunicado de Demissão e de Seguro Desemprego), extrato analítico da conta vinculada do FGTS, sob pena de inviabilizar a avença. Nesses termos:

> AGRAVO DE INSTRUMENTO EM RECURSO DE REVISTA REGIDO PELA LEI N. 13.467/2017. TRANSCENDÊNCIA RECONHECIDA. TRANSAÇÃO. RECUSA DO MAGISTRADO À HOMOLOGAÇÃO JUDICIAL. Demonstrada possível divergência jurisprudencial válida e específica, impõe-se o provimento do agravo de instrumento para se determinar o processamento do recurso de revista. Agravo de instrumento provido. II – RECURSO DE REVISTA REGIDO PELA LEI N. 13.467/2017. TRANSAÇÃO. RECUSA DO MAGISTRADO À HOMOLOGAÇÃO JUDICIAL. PRERROGATIVA ASSEGURADA AO JUÍZO MEDIANTE DECISÃO FUNDAMENTADA. Segundo a inteligência da Súmula n. 418 do TST, não há obrigação legal do magistrado em homologar o acordo judicial, possuindo a prerrogativa de rejeitá-lo, desde que o faça mediante decisão fundamentada, uma vez que o juiz tem o poder-dever de prevenir simulação, colusão, fraude a terceiros e excessivo desequilíbrio entre as partes. Por sua vez, é vedado a este Corte substituir-se ao Magistrado de Primeiro Grau e ao Tribunal

> Regional para, com base nos fatos e provas da causa, verificar a existência ou não de efetiva possibilidade de fraude à legislação trabalhista, fiscal e previdenciária, mediante burla ao direito do fisco e eventual desproporcionalidade no acordo em desfavor do autor . Sobretudo porque são contundentes os fundamentos adotados pela Corte local, de que , no acordo , pretendia-se pôr termo a contrato de trabalho havido por mais de vinte anos, sendo que as parcelas ficaram circunscritas a diferenças de FGTS e multa de 40%, não tendo sido trazido aos autos sequer o TRCT do autor, para se aferir o escorreito pagamento ao menos das verbas rescisórias . Recurso de revista conhecido e não provido. (RR-10550-47.2018.5.15.0045, relatora: Delaide Miranda Arantes, Brasília, 26 jun. 2020)

Assim, parcelas que constituem autênticas obrigações unilaterais da parte empregadora, que decorrem, de pleno direito, da modalidade de término contratual exercida, de forma que o gozo dos créditos em questão independe de qualquer procedimento judicial, mas exclusivamente da lei e, portanto, não são aconselháveis como conteúdo exclusivo de um requerimento de procedimento voluntário.

Nesses moldes, presume-se vício na manifestação de vontade da parte trabalhadora diante do condicionamento da percepção de tais valores à quitação do contrato de trabalho, embora já pudesse dispor livremente de tais valores no prazo previsto pelo art. 477, § 6º, da CLT, e sem qualquer procedimento adicional, o que poderia denotar a ilegalidade do acordo extrajudicial (Código Civil, art. 166, c/c CLT, art. 8º, §1º, e art. 9º).

Nesse sentido, inclusive, é expresso o art. 855-C da CLT: "O disposto neste Capítulo não prejudica o prazo estabelecido no § 6º do art. 477 desta Consolidação". A rigor, as condutas patronais de condicionar o pagamento de valores rescisórios incontroversos, retendo-os até a assinatura ou a homologação de um acordo com quitação contratual por parte dos empregados, são assinaladas como possíveis agressoras de valores constitucionais, que beiram as condutas penalmente relevantes (Código Penal, art. 203-A).

3.2. FGTS

Não menos importante pretendendo os requerentes manter valores de FGTS e/ou respectivos acréscimos como objeto da avença, mostra-se compulsória a previsão expressa da obrigação de fazer correspondente, quanto ao depósito em conta vinculada do montante respectivo.

Sob esse prisma, necessário observar a exigência legal disposta no art. 15, no art. 18, ano art. 26, parágrafo único e no art. 26-A da Lei n. 8.036/1990, indistintos quanto a depósitos principais e/ou reflexos, sob pena de ilegalidade da transação pretendida. Frisa-se que não se trata de uma inovação legislativa, já que, há muito tempo, a Lei n. 8.036/1990 já trazia em seu bojo a obrigatoriedade de recolhimento em conta vinculada, conforme redação original do art. 15º.

Desse modo, os valores relativos ao FGTS e à multa de 40% sobre eles incidentes devem ser depositados na conta vinculada do empregado e não diretamente a ele, sob pena de não homologação pelo juízo apreciador.[(9)]

A matéria também já foi analisada no âmbito da Subseção I Especializada em Dissídios Individuais do Colendo Tribunal Superior do Trabalho, denotando uniformização do tema e reafirmando a impossibilidade de parcelamento dos valores de FGTS aos trabalhadores, acolhido à unanimidade a voto da relatora Ministra Maria de Assis Calsing, quando do julgamento do E-ED-RR-102741-38.1999.5.04.0028.

3.3. Convenções Coletivas e Acordos Coletivos do Trabalho

Em casos vertentes, não estranho se deparar com requerimentos que desejam quitar direitos/verbas frutos de negociações coletivas, a exemplo da Participação nos Lucros e Resultados, e multas convencionais. A rigor, é preciso apresentar não somente o fato gerador correspondente, mas igualmente instrumento coletivo como substrato dos valores citados.

Afinal, o Juízo precisa aferir a proporcionalidade entre o que está sendo pago e o que seria efetivamente devido, para fins da pretendida quitação da parcela, sob a ótica da vedação de mera renúncia de direitos pelos empregados no âmbito do direito trabalhista. A ausência de regular exposição fática, com absoluta transparência, pode inviabilizar o exame de legalidade da avença pretendida.

Considerações finais

Não há dúvidas que a homologação de transação extrajudicial rompeu, ainda que no campo individual, com os paradigmas estabelecidos na legislação trabalhista, consignando uma nova dimensão o que inevitavelmente trouxe desconfiança a seu respeito. Quase sete anos após a promulgação da reforma trabalhista de 2017, é fato que a sua possibilidade tem tido boa aceitação, inclusive nos tribunais, com pequenas ressalvas.

É preciso, por outro lado, ter cautela para alcançar a homologação pretendida. A inclusão dos artigos 855-B e seguintes na CLT trouxeram as dimensões dos parâmetros a serem seguidos, mas, é com o amadurecimento da jurisprudência e da doutrina que o manejo se torna mais certeiro por todos os seus atores. Não demais ressaltar que a legislação deve ser analisada a partir de uma completude, cabendo aos interessados conhecer as regras que norteiam a jurisdição voluntária, inclusive aquelas em que o processo do trabalho é omisso, evitando surpresas ou nulidades.

---

(9) Observa-se que muitos Tribunais país afora adotam institucionalmente o Ofício n. 1876/2015/PGFN/PG, alertando que a inobservância por parte de alguns juízes trabalhistas, com o pagamento das parcelas relativas ao FGTS diretamente aos trabalhadores, inclusive em acordos celebrados no curso das Reclamações Trabalhistas, acarreta graves prejuízos aos próprios trabalhadores, ao sistema do Fundo de Garantia e à sociedade.

Referências

ALVIM, Teresa Arruda; CONCEIÇÃO, Maria Lúcia Lins. Transação homologada: anulatória ou rescisória? *Migalhas de peso*, 2018. Disponível em: https://www.migalhas.com.br/depeso/287442/transacao-homologada--anulatoria-ou-rescisoria. Acesso em: 10 fev. 2024

DELGADO. Mauricio Godinho. *Curso de direito do trabalho*. 18. ed. São Paulo: LTr, 2019.

PRATA, Ana. *A tutela constitucional da autonomia privada*. Coimbra: Almedina, 2016.

SILVA, Homero Batista Mateus da. *Comentários à reforma trabalhista*. 2. ed. São Paulo: Revista dos Tribunais, 2017.

______. *Direito do Trabalho Aplicado*. Processo do Trabalho (Volume 04). 1. ed. São Paulo: Revista dos Tribunais, 2021.

Tribunal Regional do Trabalho da 2ª Região. *PROAD n. 30702/2023:* Revogação ou alteração do item 11 das diretrizes emanadas pelo NUPEMEC-JT2 aos CEJUSC deste Regional, 2023.

VEGAS JUNIOR, Walter Rosati. A necessidade de superação da Súmula n. 259 do Tribunal Superior do Trabalho em razão do art. 966, § 4º, do atual Código de Processo Civil. *Rev. Trib. Trab. 2ª Reg.*, São Paulo, v. 14, n. 28, p. 141-155, jul./dez. 2022.

As repercussões da falência e da recuperação judicial na execução trabalhista

Vinícius de Miranda Taveira[1]

1. Introdução

A partir dos anos 2000, em especial a partir 2008, a economia globalizada e a economia interna brasileira, têm vivenciado profundas crises cíclicas, que afetaram sensivelmente a atividade empresarial em nosso país.

Em 2008, o mundo deparou-se com gravíssima crise financeira global, decorrente da crise de créditos imobiliários *subprime* nos Estados Unidos, acarretado forte abalo na confiança sobre os mercados financeiros, espalhando-se por todo o planeta.

De 2010 a 2012, o mundo mal havia superado a conjuntura anterior e deparou-se com a severa r da dívida pública da Zona do Euro, repercutindo também em todo o mundo capitalista.

Além dos impactos oriundos das crises mundiais anteriormente referidas, o Brasil enfrentou forte crise econômica e política em 2015 e 2016, com impactos significativos na redução do PIB, deficit das contas públicas, drástico aumento da taxa de juros, além do crescimento dos índices de desemprego.

Em 2020 e 2021, com a pandemia da Covid-19, o mundo enfrentou mais uma profunda recessão, ocasionando estagnação e retração em diversos setores econômicos em todo o planeta. No contexto pandêmico, os países não tiveram outra saída que não fosse restringir a circulação de pessoas para combater a disseminação do vírus, acarretando, com isso, a quase paralisação econômica global. Neste trilho, a economia brasileira também foi sensivelmente afetada, com forte contração do PIB e crescimento de desemprego.

(1) Mestre em Função Social do Direito pela FADISP. Professor. Juiz do Trabalho no TRT da 15ª Região. E-mail: viniciustaveira@hotmail.com.

Dezenas de milhares de empresas encerraram suas atividades e milhões de trabalhadores viram-se desempregados[(2)(3)].

No período pós-pandêmico, a economia global tem encontrado duras dificuldades para retomada do crescimento esperado, principalmente em razão das guerras entre Rússia e Ucrânia e entre Israel e Hamas.

É preciso lembrar, ainda, que nos últimos anos o setor do agronegócio brasileiro sofreu algumas severas oscilações devido a variados eventos climáticos e flutuações do mercado internacional, em especial no setor da agroindústria canavieira[(4)].

Tais contextos, somados a outros fatores internos e externos, contribuíram para que a atividade empresarial brasileira tenha encontrado enormes entraves para se crescer.

Assim, considerando o papel socioeconômico central que as empresas ocupam — ao lado do trabalho e dos investimentos públicos — a recuperação judicial e da falência ganharam papel de destaque no cenário nacional.

De acordo com dados do Serasa Experian[(5)], no interregno entre janeiro de 2015 e agosto de 2023 foram requeridas 11.098 (onze mil e noventa e oito) recuperações judiciais no Brasil. No mesmo período, foram decretadas 6.786 (seis mil, setecentos e oitenta e seis) falências no país. Os dados revelam, ainda, que existe uma tendência de alta nos pedidos de recuperação judicial e de decretação de falências.

Considerando que todo pedido de recuperação judicial e toda falência decretada repercutem em inúmeros processos que tramitam na Justiça do Trabalho, afirmamos, sem medo de errar, que centenas de milhares execuções trabalhistas foram afetadas de 2015 a 2023. Por tal motivo, é imprescindível que os operadores do Direito da área trabalhista conheçam os institutos da recuperação judicial e da falência, em especial os impactos no Processo do trabalho.

No presente trabalho, abordaremos especificamente as repercussões da falência e da recuperação judicial sobre a execução trabalhista.

---

(2) Disponível em: https://www.infomoney.com.br/economia/pandemia-gerou-recorde-de-demissoes-e-fechamento-de-empresas-comerciais-aponta-ibge/. Acesso em: 21 jan. 2024.

(3) Disponível em: https://repositorio.ipea.gov.br/bitstream/11058/12149/1/TD_2894_web.pdf. Acesso em: 21 jan. 2024.

(4) CLEIN, Claudelir; SHIKIDA, Pery Francisco Assis; RODRIGUES, Luciano. Notas e Discussões sobre a crise setorial na agroindústria canavieira no Paraná. *Revista Práticas de Administração Pública*, vol. 5, n. 1, jan./abr. 2021. Disponível em: https://periodicos.ufsm.br/pap/article/view/65436. Acesso em: 22 jan. 2024.

(5) Disponível em: https://www.serasaexperian.com.br/images-cms/wp-content/uploads/2021/01/Falencias-e-Recuperacoes-17.xlsx. Acesso em: 26 nov. 2023.

2. Falência

A falência, regulada pela Lei n. 11.101/05, consiste num processo de concursal (Salomão, 2021, p. 81), que tramita perante o juízo universal, por meio do qual se promove o afastamento do devedor insolvente de suas atividades, bem como a liquidação dos ativos e o pagamento do máximo de credores, observando-se a ordem legal de preferência e o princípio *par conditio creditorium*.

Os créditos trabalhistas submetem-se ao concurso falimentar, conforme expressamente previsto nos arts. 83, I, 84, I, D, e 151 da Lei n. 11.101/05.

As repercussões mais relevantes da decretação da falência sobre os processos que tramitam na Justiça do Trabalho são:

(i) Sucessão processual: pois a massa falida passa a figurar como, no lugar do falido;

(ii) Representação processual da massa pelo administrador judicial: a partir da decretação da falência, o empresário é afastado da condução da atividade empresária, passando o administrador judicial a gerir a massa. Com isso, todas as notificações, intimações e citações devem ser destinadas ao administrador judicial, sob pena de nulidade.

(iii) Suspensão dos processos de execução contra a massa falida.

2.1. Suspensão das execuções em decorrência da decretação da falência

Com a decretação da falência[(6)], as execuções não mais podem prosseguir sobre o patrimônio que integra a massa falida, competindo ao juízo universal promover a execução concursal no processo falimentar. Com isso, possibilita-se que o maior número possível de credores consigam receber seus créditos, observando-se a ordem de preferência estabelecida nos arts. 83 e 84 da Lei n. 11.101/05.

Neste sentido, o art. 6º, II, e §§ 1º e 2º, da Lei n. 11.101/05, estabelecem que, a partir da decretação da falência, outros juízos, inclusive da Justiça do Trabalho, ficam impedidos de executar bens da massa falida, visto que a execução passa a ser concursal perante o juízo falimentar:

> Art. 6º A decretação da falência ou o deferimento do processamento da recuperação judicial implica:
>
> (...)

(6) A suspensão das execuções somente dá-se com a decretação da falência, de modo que a mera existência do processo falimentar não impõe a sustação antes da sentença que decreta a quebra.

> II – suspensão das execuções ajuizadas contra o devedor, inclusive daquelas dos credores particulares do sócio solidário, relativas a créditos ou obrigações sujeitos à recuperação judicial ou à falência;
>
> (...)
>
> § 1º Terá prosseguimento no juízo no qual estiver se processando a ação que demandar quantia ilíquida.
>
> § 2º É permitido pleitear, perante o administrador judicial, habilitação, exclusão ou modificação de créditos derivados da relação de trabalho, mas as ações de natureza trabalhista, inclusive as impugnações a que se refere o art. 8º desta Lei, serão processadas perante a justiça especializada até a apuração do respectivo crédito, que será inscrito no quadro-geral de credores pelo valor determinado em sentença.

Portanto, em relação à massa falida, os processos que tramitam na Justiça do Trabalho prosseguem normalmente na fase de conhecimento e na fase de liquidação, após o que deve ser expedida a certidão de crédito para habilitação na falência.

No mesmo sentido é o art. 112 da Consolidação dos Provimentos da Corregedoria-Geral da Justiça do Trabalho.

Caso, na data da decretação da falência, existam valores depositados ou bens constritos em processos que tramitam na Justiça do Trabalho, todos estes bens e valores devem ser destinados ao juízo falimentar com o fim de possibilitar o pagamento do conjunto de credores seguindo a ordem concursal. Portanto, a totalidade dos bens constritos em execuções trabalhistas, inclusive aqueles valores referentes a depósitos recursais anteriormente efetuados, devem ser destinados à falência, nos termos dos arts. 6º, III, 22, III, "*f*" e "*s*", 108, III, da Lei n. 11.101/05:

> Art. 6º: (...).
>
> III – proibição de qualquer forma de retenção, arresto, penhora, sequestro, busca e apreensão e constrição judicial ou extrajudicial sobre os bens do devedor, oriunda de demandas judiciais ou extrajudiciais cujos créditos ou obrigações sujeitem-se à recuperação judicial ou à falência. (...)
>
> Art. 22. Ao administrador judicial compete, sob a fiscalização do juiz e do Comitê, além de outros deveres que esta Lei lhe impõe:
>
> III – na falência:
>
> *f)* arrecadar os bens e documentos do devedor e elaborar o auto de arrecadação, nos termos dos arts. 108 e 110 desta Lei;
>
> (...)
>
> *s)* arrecadar os valores dos depósitos realizados em processos administrativos ou judiciais nos quais o falido figure como parte, oriundos de penhoras, de bloqueios, de apreensões, de leilões, de alienação judicial e de outras hipóteses de constrição judicial, ressalvado o disposto nas Leis nos 9.703, de 17 de novembro de 1998, e 12.099, de 27 de novembro de 2009, e na Lei Complementar n. 151, de 5 de agosto de 2015. (...)

> Art. 108. (...)
>
> § 3º O produto dos bens penhorados ou por outra forma apreendidos entrará para a massa, cumprindo ao juiz deprecar, a requerimento do administrador judicial, às autoridades competentes, determinando sua entrega. (...)

Cabe salientar que, em respeito ao contraditório e à ampa defesa, a certidão de crédito somente deverá ser expedida pela Justiça do Trabalho após a massa falida ter oportunidade de discutir os cálculos homologados por meio dos embargos à execução e eventuais recursos contra a decisão dos embargos.

Considerando que não se pode prosseguir a execução contra a massa falida, com a publicação da sentença de liquidação, a massa deve ser intimada para, caso queira apresentar embargos à execução.

A massa falida é isenta de garantia do juízo para oposição de embargos à execução, visto que todos os créditos contra a massa devem ser pagos no concurso falimentar, consoante inteligência analógica da Súmula n. 86 do TST:

> Súmula n. 86 do TST:
>
> DESERÇÃO. MASSA FALIDA. EMPRESA EM LIQUIDAÇÃO EXTRAJUDICIAL.
>
> Não ocorre deserção de recurso da massa falida por falta de pagamento de custas ou de depósito do valor da condenação. Esse privilégio, todavia, não se aplica à empresa em liquidação extrajudicial.

Após o julgamento de eventuais embargos à execução e recursos deles decorrentes, expede-se a certidão de crédito para habilitação na falência, destacando-se que a atualização dos créditos contra a massa falida deve observar o disposto nos arts. 9º, II, e 124 da Lei n. 11.101/05:

> Art. 9º A habilitação de crédito realizada pelo credor nos termos do art. 7º, § 1º, desta Lei deverá conter:
>
> I – o nome, o endereço do credor e o endereço em que receberá comunicação de qualquer ato do processo;
>
> II – o valor do crédito, atualizado até a data da decretação da falência ou do pedido de recuperação judicial, sua origem e classificação;
>
> Art. 124. Contra a massa falida não são exigíveis juros vencidos após a decretação da falência, previstos em lei ou em contrato, se o ativo apurado não bastar para o pagamento dos credores subordinados.

De acordo com os referidos dispositivos, a atualização dos créditos contra a massa a serem habilitados deve ser atualizado (juros e correção monetária) até a data da decretação da falência. Os juros posteriores à data da quebra somente serão pagos se o ativo da massa for suficiente para pagamento dos demais credores, inclusive os credores subordinados.

2.2. Pagamento dos credores trabalhistas na falência

Conforme disposto nos arts. 7º, 16 e 22, I, "*e*" e "*f*", da Lei n. 11.101/05, compete ao administrador judicial elaborar a relação de credores visando à consolidação do quadro geral de credores a ser homologado pelo juiz da falência.

Após a consolidação do quadro geral de credores, o administrador judicial procederá ao pagamento dos credores seguindo a ordem dos arts. 83 e 84 da Lei n. 11.101/05, consoante art. 149 da mesma Lei.

Entre as regras sobre a ordem de pagamento na falência estabelecidas na Lei n. 11.101/05, abordaremos as mais relevantes envolvendo os créditos trabalhistas.

Tanto os créditos concursais quanto os extraconcursais (cujos fatos geradores são posteriores à decretação da falência) sujeitam-se ao concurso falimentar.

Os créditos extraconcursais são pagos antes dos concursais, nos termos do art. 84, de acordo com a seguinte ordem:

> 1º) Os créditos dispostos nos arts. 150 e 151 da Lei n. 11.101/05, entre eles: salários de contratos de empregados ativos para subsistência de eventual atividade empresarial da massa após a decretação da falência, assim como os créditos trabalhistas de natureza estritamente salarial vencidos nos 3 (três) meses anteriores à decretação da falência, até o limite de 5 (cinco) salários-mínimos por trabalhador. Cumpre ressaltar que os créditos referidos nos arts. 150 e 151 devem ser pagos tão logo haja dinheiro em caixa, antes mesmo da consolidação do quadro geral de credores.
>
> 2º) Pagamentos de financiamentos obtidos na modalidade *DIP financing* (arts. 69-A a 69-F e 84, I-B);
>
> 3º) Restituições de créditos em dinheiro, nos termos do art. 86 da Lei n. 11.101/05;
>
> 4º) Créditos derivados da legislação trabalhista ou decorrentes de acidentes de trabalho relativos a serviços prestados após a decretação da falência, bem como a remunerações devidas ao administrador judicial e aos seus auxiliares, aos reembolsos devidos a membros do Comitê de Credores;
>
> 5º) Custas judiciais;
>
> 6º) Tributos com fatos geradores posteriores à decretação da falência.

Somente após o pagamento de todos os créditos extraconcursais é que os créditos concursais são pagos, na seguinte ordem disposta no art. 83 (Carnio, 2022, 328):

1º) Créditos trabalhistas, limitados a cento e cinquenta salários por credor, e acidente do trabalho (sem limite de valor);

2º) Credores com garantia real (até o limite da garantia)

3º) Tributos com fatos geradores anteriores à decretação da falência;

4º) Créditos quirografários, inclusive os créditos trabalhistas naquilo que supera o limite de cento e cinquenta salários por credor;

5º) Créditos subquirografários (multas contratuais e administrativas);

6º) Créditos Subordinados

7º) Juros vencidos após a decretação da falência, nos termos do art. 124.

Vale lembrar que os honorários advocatícios sucumbenciais e contratuais, inclusive de sociedades de advogados, equiparam-se aos créditos trabalhistas para fins de habilitação na falência. Logo, os créditos correspondentes a honorários advocatícios sucumbenciais e contratuais contra a massa falida seguem as mesmas regras aplicáveis aos créditos trabalhistas, conforme tese firmada pelo STJ no Tema 637 de Recurso Especial Repetitivo:

> Tema 637:
>
> I – os créditos resultantes de honorários advocatícios têm natureza alimentar e equiparam-se aos trabalhistas para efeito de habilitação em falência, seja pela regência do Decreto-lei n. 7.661/1945, seja pela forma prevista na Lei n. 11.101/2005, observado o limite de valor previsto no art. 83, inciso I, do referido Diploma legal.
>
> II – são créditos extraconcursais os honorários de advogado resultantes de trabalhos prestados à massa falida, depois do decreto de falência, nos termos dos arts. 84 e 149 da Lei n. 11.101/2005. (*Leading case* REsp 1.152.218 – RS. Corte Especial do STJ. Relator Min. Ministro Luis Felipe Salomão. Publicação em 09.10.2014)

2.3. *Execução de corresponsáveis*

Conforme já referido, a falência do devedor acarreta a suspensão da execução contra este, impedindo o prosseguimento de atos constritivos sobre o patrimônio que integra a massa falida. Entretanto, a decretação da falência de um dos devedores não impede o prosseguimento da execução pela Justiça do Trabalho contra os demais corresponsáveis.

Portanto, quando um dos reclamados tem sua falência decretada, a execução trabalhista pode ser redirecionada contra empresas do grupo eventualmente não abrangidas pela falência e, especialmente, contra responsáveis subsidiários.

Em relação aos devedores solidários, vale lembrar, ainda, que, não há benefício de ordem entre eles, conforme art. 275 do Código Civil c/c art. 2º da CLT.

Não se pode deixar de salientar que o art. 16 da Lei n. 6.019/74 expressamente prevê responsabilidade do tomador de serviços no caso de trabalho temporário, quando o empregador teve sua falência decretada, norma esta que se aplica também aos casos de terceirização de serviços, por força dos art. 5º-A da Lei n. 6.019/74, além do decidido no Tema 725 de Repercussão Geral e da ADI 324 pelo STF. Vejamos o teor do art. 16 da Lei n. 6.019/74:

> Art. 16. No caso de falência da empresa de trabalho temporário, a empresa tomadora ou cliente é solidariamente responsável pelo recolhimento das contribuições previdenciárias, no tocante ao tempo em que o trabalhador esteve sob suas ordens, assim como em referência ao mesmo período, pela remuneração e indenização previstas nesta Lei.

Este também é o entendimento que prevalece na jurisprudência dos Tribunais Trabalhistas, como se vê nos enunciados a seguir transcritos:

> TRT9 – OJ EX n. 28:
>
> FALÊNCIA E RECUPERAÇÃO JUDICIAL:
>
> (...)
>
> II – Falência e Recuperação Judicial. Competência. Responsável subsidiário. É competente a Justiça do Trabalho para a execução do crédito trabalhista em face do responsável subsidiário, ainda que decretada a falência ou deferido o processamento da recuperação judicial do devedor principal.
>
> (...)
>
> VII – Falência. Recuperação Judicial. Sócios responsabilizáveis e responsáveis subsidiários. Execução imediata na Justiça do Trabalho. Decretada a falência ou iniciado o processo de recuperação judicial, e havendo sócios responsabilizáveis ou responsáveis subsidiários, a execução pode ser imediatamente direcionada a estes, independente do desfecho do processo falimentar. Eventual direito de regresso ou ressarcimento destes responsabilizados deve ser discutido no Juízo Falimentar ou da Recuperação Judicial.
>
> TRT4 – OJ 85:
>
> FALÊNCIA. RECUPERAÇÃO JUDICIAL. REDIRECIONAMENTO DA EXECUÇÃO. Possível o redirecionamento da execução contra os devedores solidários reconhecidos no título executivo ou grupo econômico reconhecido na fase de liquidação.
>
> Tese 24 (grupo 3) do 20º CONAMAT – Congresso Nacional dos Magistrados da Justiça do Trabalho (2022):
>
> RECUPERAÇÃO JUDICIAL OU FALÊNCIA DA DEVEDORA PRINCIPAL. Competência da Justiça do Trabalho, mesmo após a Lei n. 14.112/20, para executar corresponsáveis: solidários, subsidiários ou sócios (estes por meio da desconsideração da personalidade jurídica.

Enunciado 20 da Jornada Nacional sobre Execução na Justiça do Trabalho – ANAMATRA:

FALÊNCIA E RECUPERAÇÃO JUDICIAL. PROSSEGUIMENTO DA EXECUÇÃO TRABALHISTA CONTRA COOBRIGADOS, FIADORES, REGRESSIVAMENTE OBRIGADOS E SÓCIOS. POSSIBILIDADE. A falência e a recuperação judicial, sem prejuízo do direito de habilitação de crédito no juízo universal, não impedem o prosseguimento da execução contra os coobrigados, os fiadores e os obrigados de regresso, bem como os sócios, por força da desconsideração da personalidade jurídica.

Enunciado n. 43 da 1ª Jornada de Direito Comercial – CJF:

A suspensão das ações e execuções previstas no art. 6º da Lei n. 11.101/2005 não se estende aos coobrigados do devedor.

2.4. Desconsideração da personalidade jurídica da falida

Nos casos em que a reclamada teve sua falência decretada, é possível a desconsideração da personalidade jurídica para responsabilização dos sócios, nos termos dos arts. 855-A da CLT e 133 a 137 do CPC.

Também sobre o tema, o *caput* art. 28 do CDC, aplicável por força dos arts. 8º e 769 da CLT, reconhece literalmente que a falência como motivo para desconsideração da personalidade jurídica:

> Art. 28. O juiz poderá desconsiderar a personalidade jurídica da sociedade quando, em detrimento do consumidor, houver abuso de direito, excesso de poder, infração da lei, fato ou ato ilícito ou violação dos estatutos ou contrato social. A desconsideração também será efetivada quando houver falência, estado de insolvência, encerramento ou inatividade da pessoa jurídica provocados por má administração.

No mesmo trilho, a jurisprudência majoritária do TST admite a desconsideração da personalidade jurídica visando a responsabilização dos sócios:

> RECURSO DE REVISTA DA EXECUTADA INTERPOSTO NA VIGÊNCIA DA LEI N. 13.015/2014. EMPRESA EM RECUPERAÇÃO JUDICIAL. DESCONSIDERAÇÃO DA PERSONALIDADE JURÍDICA. REDIRECIONAMENTO DA EXECUÇÃO CONTRA O SÓCIO. O redirecionamento da execução contra os sócios ou integrantes do mesmo grupo econômico da empresa falida ou em recuperação judicial não afasta a competência da Justiça do Trabalho e o prosseguimento dos atos executórios . Precedentes. Óbice da Súmula n. 333 do TST. Recurso de revista não conhecido. (TST-RR-129-74.2012.5.15.0120, 2ª Turma, relª. Ministra Maria Helena Mallmann, *DEJT* 30.08.2019)

Mesmo após a inclusão do art. 82-A na Lei n. 11.101/05 pela pela Lei n. 14.112/20, o STJ manteve seu posicionamento, reconhecendo a competência da Justiça do Trabalho para desconsiderar a personalidade jurídica de falido, como se vê no trecho destacado da ementa da 2ª Seção da Corte:

> AGRAVO REGIMENTAL NO CONFLITO DE COMPETÊNCIA. RECUPERAÇÃO JUDICIAL. DESCONSIDERAÇÃO DA PERSONALIDADE JURÍDICA DA EMPRESA. AUSÊNCIA DE CONSTRUÇÃO DO PATRIMÔNIO DA MASSA FALIDA. INCIDENTES EM JUSTIÇA ESPECIALIZADA. POSSIBILIDADE. PRINCÍPIO DA COOPERAÇÃO. LEI DE FALÊNCIAS. CONFLITO NÃO CONHECIDO. DECISÃO MANTIDA POR SEUS PRÓPRIOS FUNDAMENTOS. AGRAVO INTERNO DESPROVIDO. (...)
>
> 2. A mera decisão de desconstituição da personalidade jurídica pela Justiça trabalhista, por si só, não enseja o reconhecimento de usurpação da competência do juízo falimentar, porque não atinge direta e concretamente os bens da massa falida. Ao contrário, é medida secundária que se limita a estender a responsabilidade trabalhista aos sócios e/ou outras empresas do grupo.
>
> 3. A Lei de Falências não retira de outros juízos a possibilidade de instauração de incidentes de desconsideração da personalidade jurídica ou de reconhecimento da existência de grupo econômico. (...)
>
> (STJ – AgInt no CC n. 190.942/GO, rel. Min. João Otávio de Noronha, 2ª Seção, 5.6.2023)

2.5. Sucessão de empresas

Na falência, após a arrecadação dos bens, o administrador judicial tem o dever de liquidar o patrimônio da massa. Nos termos do art. 140 da Lei n. 11.101/05, admite-se a alienação de estabelecimentos em bloco, a venda de suas filiais ou unidades produtivas isoladamente ou a alienação em bloco dos bens que integram cada um dos estabelecimentos do devedor.

Logo, após a alienação dos ativos da massa, é possível que o arrematante assuma, total ou parcialmente, a atividade empresarial anteriormente exercida pelo falido.

Contudo, com o fim de incentivar a efetividade da alienação de bens da massa visando alcançar os fins da falência — especialmente o pagamento do maior número de redores —, o legislador excluiu expressamente a caracterização da sucessão empresarial nos casos do art. 140, inclusive para fins trabalhistas, de sorte que o arrematante dos bens da massa não responde pelos débitos trabalhistas do período anterior à aquisição. Além disso, caso os empregados sejam mantidos pelo arrematante, devem ser celebrados novos contratos de trabalho. Tudo em conforme explicitamente disposto no art. 141 da Lei n. 11.101/05:

> Art. 141. Na alienação conjunta ou separada de ativos, inclusive da empresa ou de suas filiais, promovida sob qualquer das modalidades de que trata o art. 142:
>
> I – todos os credores, observada a ordem de preferência definida no art. 83 desta Lei, sub-rogam-se no produto da realização do ativo;

> II – o objeto da alienação estará livre de qualquer ônus e não haverá sucessão do arrematante nas obrigações do devedor, inclusive as de natureza tributária, as derivadas da legislação do trabalho e as decorrentes de acidentes de trabalho.
>
> § 1º O disposto no inciso II do *caput* deste artigo não se aplica quando o arrematante for:
>
> I – sócio da sociedade falida, ou sociedade controlada pelo falido;
>
> II – parente, em linha reta ou colateral até o 4º (quarto) grau, consangüíneo ou afim, do falido ou de sócio da sociedade falida; ou
>
> III – identificado como agente do falido com o objetivo de fraudar a sucessão.
>
> § 2º Empregados do devedor contratados pelo arrematante serão admitidos mediante novos contratos de trabalho e o arrematante não responde por obrigações decorrentes do contrato anterior.
>
> § 3º A alienação nas modalidades de que trata o art. 142 desta Lei poderá ser realizada com compartilhamento de custos operacionais por 2 (duas) ou mais empresas em situação falimentar.

A propósito, o STF enfrentou a matéria em 2009 na ADI 3.934, declarando constitucional a norma do art. 141 da Lei n. 11.101/05:

> AÇÃO DIRETA DE INCONSTITUCIONALIDADE. ARTS. 60, PARÁGRAFO ÚNICO, 83, I E IV, C, E 141, II, DA LEI N. 11.101/2005. FALÊNCIA E RECUPERAÇÃO JUDICIAL. INEXISTÊNCIA DE OFENSA AOS ARTS. 1º, III E IV, 6º, 7º, I, E 170, DA CONSTITUIÇÃO FEDERAL de 1988. ADI JULGADA IMPROCEDENTE. I – Inexiste reserva constitucional de lei complementar para a execução dos créditos trabalhistas decorrente de falência ou recuperação judicial. II – Não há, também, inconstitucionalidade quanto à ausência de sucessão de créditos trabalhistas. III – Igualmente não existe ofensa à Constituição no tocante ao limite de conversão de créditos trabalhistas em quirografários. IV – Diploma legal que objetiva prestigiar a função social da empresa e assegurar, tanto quanto possível, a preservação dos postos de trabalho. V – Ação direta julgada improcedente. (STF – ADI 3934, relator: Ricardo Lewandowski, Tribunal Pleno, julgado em 27.05.2009, *DJe* 05.11.2009)

3. Recuperação judicial

A recuperação judicial pode ser conceituada como processo judicial pelo qual:

> (...) a devedora torna pública sua crise econômico-financeira, expõe sua realidade contábil-financeira (art. 51 da Lei n. 11.101/05) e convoca os credores para apresentar-lhes um plano de restabelecimento pelos meios previstos no art. 50 da Lei. Caberá aos credores deliberar sobre tal plano, podendo aprová-lo tacitamente (quando não há oposição) ou, de modo expresso, na assembleia geral de credores ou com anuência prévia (arts. 39, § 4º, I, e 45-A e 56-A da Lei n. 11.101/05). (...) Tudo com o propósito

> de garantir a preservação da empresa e, consequentemente, dos postos de trabalho, da produção e circulação de riquezas, assim como da arrecadação de tributos. (Taveira; Taveira, 2023, p. 25-26)

Consiste num instrumento jurídico à disposição dos agentes econômicos com o fim de evitar a falência e garantir a preservação da empresa, proporcionando, assim que esta permaneça exercendo sua função social como fonte produtora, de emprego e de circulação de riquezas.

Neste sentido, o art. 47 da Lei n. 11.101/05 dispõe:

> Art. 47. A recuperação judicial tem por objetivo viabilizar a superação da situação de crise econômico-financeira do devedor, a fim de permitir a manutenção da fonte produtora, do emprego dos trabalhadores e dos interesses dos credores, promovendo, assim, a preservação da empresa, sua função social e o estímulo à atividade econômica.

É de extrema relevância destacar que a recuperação judicial não se confunde com a falência.

Enquanto a recuperação judicial é processo de reorganização da empresa visando à preservação da atividade empresarial pela própria recuperanda, a falência é processo de execução concursal, que tem como principais finalidades afastar o falido da gestão e liquidar o patrimônio para pagamento dos credores.

Na recuperação judicial, somente os créditos concursais a ela se sujeitam e são passíveis de habilitação. Diversamente, na falência, todos os créditos trabalhistas — concursais e extraconcursais — devem ser habilitados.

Assim, os chamados créditos extraconcursais (aqueles cujos fatos geradores são posteriores à data do pedido de recuperação) não se submetem à recuperação judicial, consoante disposto no art. 49 da Lei n. 11.101/05 e consagrado na tese firmada no Tema 1.051 de Recurso Especial Repetitivo, a seguir transcritos:

> Art. 49. Estão sujeitos à recuperação judicial todos os créditos existentes na data do pedido, ainda que não vencidos.

Tese do Tema 1.051 de Recurso Especial Repetitivo:

> Para o fim de submissão aos efeitos da recuperação judicial, considera-se que a existência do crédito é determinada pela data em que ocorreu o seu fato gerador.

De acordo com expressa previsão legal, os créditos oriundos da relação de emprego sujeitam-se à recuperação judicial, nos termos dos arts. 6º, § 2º, 10, § 1º, 41, I, c/c 45, § 2º, e 54, todos da Lei n. 11.101/05.

Seguindo a lógica do Tema 1.051 de Recurso Especial Repetitivo, somente os créditos trabalhistas concursais se submetem à recuperação judicial, ou seja, apenas os créditos cujo fato gerador ocorre após a data do pedido de recuperação judicial sujeitam-se aos efeitos desta.

3.1. Suspensão das Execuções envolvendo empresas em recuperação judicial

A repercussão mais relevante da recuperação judicial sobre os processos que tramitam na Justiça do Trabalho certamente é a suspensão das execuções, também denominada pela doutrina de *stay period.*

Nos termos do art. 6º da Lei n. 11.10/05, a partir do deferimento do processamento da recuperação judicial, as execuções relativas aos créditos sujeitos à recuperação devem ser suspensas. Assim, no que tange os créditos concursais, até a liquidação do débito, o processo prossegue normalmente na esfera trabalhista, após o que deve ser expedida a certidão para habilitação.

Sobre o tema, vale transcrever o art. 6º, II e III, e §§ 1º, 2º e 4º, da Lei n. 11.101/05:

> Art. 6º A decretação da falência ou o deferimento do processamento da recuperação judicial implica:
>
> (...)
>
> II – suspensão das execuções ajuizadas contra o devedor, inclusive daquelas dos credores particulares do sócio solidário, relativas a créditos ou obrigações sujeitos à recuperação judicial ou à falência;
>
> III – proibição de qualquer forma de retenção, arresto, penhora, sequestro, busca e apreensão e constrição judicial ou extrajudicial sobre os bens do devedor, oriunda de demandas judiciais ou extrajudiciais cujos créditos ou obrigações sujeitem-se à recuperação judicial ou à falência.
>
> § 1º Terá prosseguimento no juízo no qual estiver se processando a ação que demandar quantia ilíquida.
>
> § 2º É permitido pleitear, perante o administrador judicial, habilitação, exclusão ou modificação de créditos derivados da relação de trabalho, mas as ações de natureza trabalhista, inclusive as impugnações a que se refere o art. 8º desta Lei, serão processadas perante a justiça especializada até a apuração do respectivo crédito, que será inscrito no quadro-geral de credores pelo valor determinado em sentença.
>
> (...)
>
> § 4º Na recuperação judicial, as suspensões e a proibição de que tratam os incisos I, II e III do *caput* deste artigo perdurarão pelo prazo de 180 (cento e oitenta) dias, contado do deferimento do processamento da recuperação, prorrogável por igual período, uma única vez, em caráter excepcional, desde que o devedor não haja concorrido com a superação do lapso temporal.

Nos termos do § 4º acima transcrito, o prazo de suspensão das execuções é de cento e oitenta dias a contar do deferimento do processamento da recuperação judicial. Embora a Lei estabeleça literalmente que o prazo suspensivo somente pode ser prorrogado, excepcionalmente, uma única vez, a jurisprudência do STJ admite a renovação mais de uma vez pelo juiz da recuperação, desde que a recuperanda não tenha dado causa à morosidade.

> AGRAVO INTERNO NO RECURSO ESPECIAL. EXECUÇÃO. RECUPERAÇÃO JUDICIAL. SUSPENSÃO. PRAZO. PRORROGAÇÃO. POSSIBILIDADE. 1. Recurso especial interposto contra acórdão publicado na vigência do Código de Processo Civil de 2015 (Enunciados Administrativos ns. 2 e 3/STJ). 2. A jurisprudência desta Corte entende que a suspensão das ações individuais movidas contra empresa em recuperação judicial pode extrapolar o prazo de 180 (cento e oitenta) dias caso as instâncias ordinárias considerem que tal prorrogação é necessária para não frustrar o plano de recuperação. 3. A suspensão da execução pode ocorrer no caso de falência (art. 6º da Lei n. 11.101/05). 4. Agravo interno não provido. (STJ – AgInt no REsp: 1717939 DF 2018/0003135-6, relator: Ministro RICARDO VILLAS BÔAS CUEVA, Data de Julgamento: 28.08.2018, T3 – TERCEIRA TURMA, Data de Publicação: *DJe* 06.09.2018)

O que se vê frequentemente nos processos de recuperação judicial é a prorrogação reiterada do *stay period* até que ocorra a deliberação do plano pela assembleia geral de credores.

Portanto, enquanto o juiz da recuperação mantiver a suspensão, as execuções contra a recuperanda na Justiça do Trabalho devem permanecer suspensas.

Contudo, caso o prazo de suspensão das execuções não seja renovado pelo juiz da recuperação judicial ou autorizado pela assembleia geral de credores, a Justiça do Trabalho pode prosseguir com a execução contra a recuperanda. Neste sentido:

> CONFLITO DE COMPETÊNCIA. ATO CONSTRITIVO DETERMINADO PELO JUÍZO PERANTE O QUAL SE PROCESSA A EXECUÇÃO DE CRÉDITO TRABALHISTA EM DESFAVOR DE EMPRESA EM RECUPERAÇÃO JUDICIAL. EXAURIMENTO DO STAY PERIOD (DEFERIMENTO DO PROCESSAMENTO DA RECUPERAÇÃO JUDICIAL EM 2013, SEM, ATÉ HOJE, DELIBERAÇÃO DA ASSEMBLEIA DE CREDORES SOBRE O PLANO DE RECUPERAÇÃO JUDICIAL). O juízo da recuperação judicial não detém competência para interferir, após o decurso do *stay period*, nas constrições efetivadas no bojo de execução individual de crédito (ainda que alegadamente concursal). Liminar indeferida. (STJ – CC 199496 – CE (2023/0309954-6), Ministro Marco Aurélio Bellizze, DJe de 12.09.2023)

A suspensão das execuções tem como termo inicial o deferimento do processamento da recuperação judicial. Assim, entre o ajuizamento da recuperação judicial e o deferimento de seu processamento, as execuções trabalhistas continuam normalmente, inclusive atos constritivos e expropriatórios. O *stay period* apenas se inicia antes da decisão que defere o processamento caso seja deferida a tutela provisória de urgência assim determinando, conforme disposto no art. 6º, § 12, da Lei n. 11.101/05:

Com a aprovação do plano de recuperação pela assembleia geral de credores e homologação judicial, ocorre a novação *sui generis* das obrigações correlatas aos créditos concursais, nos termos do art. 59 da Lei n. 11.101/05. A partir de então, as execuções devem permanecer suspensas, cabendo ao credor habilitar seu crédito para receber nos termos e condições estabelecidos no plano de recuperação.

Caso a habilitação não ocorra até a extinção do processo de recuperação judicial, a execução poderá prosseguir na Justiça do Trabalho, porém, em razão da novação, a obrigação correspondente aos créditos concursais deverão ser cumpridas observando-se os termos do plano, inclusive no que tange eventuais atualização, deságios e parcelamentos.

Em que pese a norma aponte para a suspensão das execuções apenas em relação aos créditos concursais, de acordo com o entendimento do STJ, também as execuções relativas aos créditos trabalhistas extraconcursais ficam impedidas de prosseguir livremente sobre o patrimônio recuperanda. Neste sentido:

> AGRAVO INTERNO NO RECURSO ESPECIAL. EXECUÇÃO. RECUPERAÇÃO JUDICIAL. SUSPENSÃO. PRAZO. PRORROGAÇÃO. POSSIBILIDADE. 1. Recurso especial interposto contra acórdão publicado na vigência do Código de Processo Civil de 2015 (Enunciados Administrativos ns. 2 e 3/STJ). 2. A jurisprudência desta Corte entende que a suspensão das ações individuais movidas contra empresa em recuperação judicial pode extrapolar o prazo de 180 (cento e oitenta) dias caso as instâncias ordinárias considerem que tal prorrogação é necessária para não frustrar o plano de recuperação. 3. A suspensão da execução pode ocorrer no caso de falência (art. 6º da Lei n. 11.101/05). 4. Agravo interno não provido. (STJ – AgInt no REsp: 1717939 DF 2018/0003135-6, relator: Ministro Ricardo Villas Bôas Cueva. Data de julgamento: 28.08.2018, T3 – 3ª Turma, Data de publicação: *DJe* 06.09.2018)

Durante o período de suspensão das execuções, o art. 6º, III, da Lei n. 11.101/05 veda atos constritivos sobre o patrimônio da recuperanda em processos que envolvam créditos concursais. Assim, caso haja algum valor depositado ou bem constrito nos processos que tramitam na Justiça Especializada que envolvam créditos sujeitos à recuperação, as penhoras devem ser revogadas e os valores devem ser restituídos à recuperanda.

Mesmo que a hasta pública esteja designada ou já tenha sido realizada em processos contra a recuperanda, a alienação de bens da não pode prosseguir a partir o deferimento do processamento, sob pena de nulidade.

Entretanto, caso, antes do deferimento do processamento da recuperação judicial, a alienação judicial já tenha se aperfeiçoado com a assinatura da carta de arrematação ou de adjudicação pelo juiz do trabalho ou, ainda, caso já tenha se efetivamente se aperfeiçoado o pagamento da execução, tais bens e valores não mais compõem o patrimônio da recuperanda, de modo que eles ficam isentos dos efeitos do *stay period*.

A suspensão da execução ocorre após a liquidação do crédito e do julgamento de eventuais embargos à execução e recursos contra a decisão dos embargos.

É de extrema relevância lembrar que a suspensão da execução apenas se aplica às executadas em recuperação judicial, não beneficiando os corresponsáveis solidários ou subsidiários. Portanto, se houver devedor solidário ou subsidiário, estes podem ser executados normalmente, exceto se também estiverem em recuperação judicial.

Caso não haja corresponsáveis, após o trânsito em julgado dos eventuais embargos à execução, expede-se a certidão de crédito para que o credor requeira a habilitação na recuperação judicial.

3.2. A destinação dos depósitos recursais já realizados

De acordo com o art. 899, § 10, da CLT, as empresas em recuperação judicial são isentas do depósito recursal.

Entretanto, no momento do ajuizamento da recuperação judicial, é possível que existam valores em processos da Justiça do Trabalho referentes a depósitos recursais efetuados anteriormente pela recuperanda.

Em tais situações, existe cizânia sobre qual deve ser a destinação de tais depósitos recursais.

Em que pese a divergência na jurisprudência trabalhista, o TST e do STJ têm entendimento convergente no sentido de que tais depósitos recursais não podem ser liberados aos exequentes, cabendo ao juiz da recuperação deliberar sobre a destinação dos valores, como se vê nas ementas colacionadas abaixo:

> RECURSO ORDINÁRIO EM MANDADO DE SEGURANÇA. DEPÓSITOS DE VALORES. RECUPERAÇÃO JUDICIAL DECLARADA POSTERIORMENTE. EXECUÇÃO PROCESSADA NO JUÍZO DA RECUPERAÇÃO JUDICIAL. IMPOSSIBILIDADE DE LIBERAÇÃO DE VALORES DEPOSITADOS ANTERIORMENTE NO ÂMBITO DA JUSTIÇA DO TRABALHO. Declarada a recuperação judicial da reclamada, a competência da Justiça do Trabalho fica adstrita à formação do título executivo até o momento da liquidação. Nos termos da jurisprudência da SBDI-2 desta Corte, à Consolidação dos Provimentos da CGJT, e aos precedentes do STJ e STF, firmou-se o entendimento de que todos os atos de execução referentes às reclamações trabalhistas cuja executada tenha a recuperação judicial declarada somente podem ser executados perante o Juízo Universal, ainda que o depósito/ constrição tenha ocorrido em momento anterior à mencionada declaração, sendo do Juízo Universal a competência para a prática de quaisquer atos de execução referentes às reclamações trabalhistas movidas contra a Empresa Recuperanda. Contudo , no caso dos autos há uma particularidade que o diferencia dos precedentes desta SBDI-2, pois a decisão impugnada encontra-se amparada em acórdão proferido pela Oitava Câmara Cível do Tribunal de Justiça do Estado do Rio de Janeiro, que, nos autos da Ação Cível, permitiu o levantamento de valores no âmbito desta Justiça Especializada ao deixar expresso que "a suspensão não atinge os valores espontaneamente depositados antes de 21.06.2016,

com a finalidade de pagamento, bem como os valores objeto de constrição judicial cuja discussão da matéria tenha se esgotado, seja pelo trânsito em julgado dos embargos à execução, seja pela preclusão da decisão da impugnação, antes de 21.06.2016, independentemente, de certidão cartorária". Recurso ordinário conhecido e desprovido. (TST – RO: 5806320175090000, relator: Renato de Lacerda Paiva, Data de Julgamento: 24.11.2020, SBDI-2, Data de Publicação: 27.11.2020)

CONFLITO DE COMPETÊNCIA. RECUPERAÇÃO JUDICIAL. JUSTIÇA LABORAL. ATOS EXECUTÓRIOS. COMPETÊNCIA DO JUÍZO DA RECUPERAÇÃO. ART. 76 DA LEI n. 11.101/2005.

1. Os atos de execução dos créditos individuais e fiscais promovidos contra empresas falidas ou em recuperação judicial, tanto sob a égide do Decreto-lei n. 7.661/45 quanto da Lei n. 11.101/2005, devem ser realizados pelo Juízo universal. Inteligência do art. 76 da Lei n. 11.101/2005.

2. Tal entendimento estende-se às hipóteses em que a penhora seja anterior à decretação da falência ou ao deferimento da recuperação judicial.

3. Ainda que o crédito exequendo tenha sido constituído depois do deferimento do pedido de recuperação judicial (crédito extraconcursal), a jurisprudência desta Corte é pacífica no sentido de que, também nesse caso, o controle dos atos de constrição patrimonial deve prosseguir no Juízo da recuperação. Precedentes.

4. Conflito de competência conhecido para declarar competente o Juízo de Direito da 4ª Vara Cível de Rondonópolis/MT.

(STJ – CC: 174333 SP 2020/0212338-1, relator: Ministro LUIS FELIPE SALOMÃO, Data de Publicação: *DJ* 1º.09.2020)

De fato, os depósitos recursais, enquanto não convertidos em pagamento ao exequente, permanecem integrando o patrimônio da executada. Logo, se o devedor esse encontra em recuperação judicial e o crédito for concursal, o depósito recursal deve ser liberado à executada ou encaminhado ao juízo da recuperação judicial. Contudo, se antes da recuperação judicial, o depósito recursal já foi convertido em pagamento, o valor não mais faz parte do patrimônio da recuperanda, podendo, nesta hipótese, ser liberado ao exequente.

Outra possibilidade, que nos parece ser a solução mais adequada, é a deliberação sobre a destinação dos depósitos recursais por meio da cooperação judiciária entre o juiz do trabalho e o juiz da recuperação judicial (Taveira; Taveira, 2023, p. 131-132), evitando, com isso, alegação de conflito de competência.

3.3. Penhoras anteriores ao deferimento do processamento da recuperação judicial

Conforme já referido neste trabalho, o art. 6º, II, da Lei n. 11.101/05 determina a suspensão das execuções relativas aos créditos concursais a partir do deferimento do processamento da recuperação judicial e enquanto perdurar o *stay period*. Ao lado disso, o inciso III do mesmo artigo proíbe expressamente a realização de novos atos constritivos sobre o patrimônio da recuperanda, vedando, ainda, a retenção de bens do patrimônio da recuperanda e processos.

Logo, caso haja algum valor depositado ou bem constrito nos processos que tramitam na Justiça do Trabalho que envolvam créditos sujeitos à recuperação, as penhoras devem ser revogadas e os valores devem ser restituídos à recuperanda.

Mesmo que a hasta pública esteja designada ou já tenha sido realizada em processos contra a recuperanda, a alienação de bens da não pode prosseguir a partir o deferimento do processamento, sob pena de nulidade.

Entretanto, caso, antes do deferimento do processamento da recuperação judicial, a alienação judicial já tenha se aperfeiçoado com a assinatura da carta de arrematação ou de adjudicação pelo juiz do trabalho ou, ainda, caso já tenha se configurado o pagamento da execução, tais bens e valores não mais compõem o patrimônio da recuperanda, de modo que eles ficam isentos dos efeitos do *stay period*. Em tais hipóteses, os bens ou valores não devem ser restituídos à recuperanda.

Por exemplo, se a hasta pública de bem imóvel da recuperanda se aperfeiçoou com a expedição da carta de arrematação antes do deferimento do processamento da recuperação, o valor resultante da alienação não pertence à recuperanda. Assim, o preço pago deve ser direcionado ao pagamento do exequente no processo que tramita na Justiça do Trabalho.

3.4. Garantia do juízo para embargos à execução

Tema que gera acirrada divergência na jurisprudência é se as recuperandas estão ou não isentas de garantir a execução para oposição de embargos à execução.

A cizânia decorre do disposto no art. 899, § 10, da CLT, que libera as empresas em recuperação judicial de efetuar os depósitos recursais:

> Art. 899 (...)
>
> § 10. São isentos do depósito recursal os beneficiários da justiça gratuita, as entidades filantrópicas e as empresas em recuperação judicial.

Vale lembrar que o art. 884, § 6º, da CLT prescreve as hipóteses em que não há necessidade de garantia da execução, porém não inclui as empresas em recuperação:

> Art. 884. Garantida a execução ou penhorados os bens, terá o executado 5 (cinco) dias para apresentar embargos, cabendo igual prazo ao exeqüente para impugnação.
>
> (...)
>
> § 6º A exigência da garantia ou penhora não se aplica às entidades filantrópicas e/ou àqueles que compõem ou compuseram a diretoria dessas instituições.

Existe divergência na jurisprudência do TST. De um lado, há decisões isentando as empresas em recuperação judicial sob o fundamento de que não se pode exigir garantia da execução em razão da suspensão. De outro lado, há julgados sentido de que, embora o art. 899, § 10, da CLT isente as recuperandas dos depósitos recursais, tal vantagem não se estende à garantia da execução para oposição de embargos à execução, visto que o art. 884, § 6º, da CLT mão faz referência às empresas em recuperação judicial.

> AGRAVO DE INSTRUMENTO. RECURSO DE REVISTA – DESCABIMENTO. EXECUÇÃO. NÃO CONHECIMENTO DO RECURSO DE REVISTA. AUSÊNCIA DE GARANTIA DO JUÍZO. EMPRESA EM RECUPERAÇÃO JUDICIAL. 1. O art. 899, § 10, da CLT só se aplica aos processos em fase de conhecimento. Em execução, incide o disposto no art. 884, § 6º, da CLT, também instituído pela Lei n. 13.467/2017, em que se limitou a isenção de garantia do juízo às entidades filantrópicas. 2. A não repetição das empresas em recuperação judicial na Seção referente aos embargos à execução implica silêncio eloquente do legislador, não cabendo interpretação extensiva para limitar garantia de crédito trabalhista. Assim, não garantida a execução por empresa em recuperação judicial, é deserto o apelo. Agravo de instrumento conhecido e desprovido. (TST – AIRR: 4338000620085090322, relator: Alberto Luiz Bresciani de Fontan Pereira, Data de Julgamento: 23.09.2020, 3ª Turma, Data de Publicação: 25.09.2020)

> RECURSO DE REVISTA. LEI N. 13.467/2017. EMBARGOS À EXECUÇÃO. GARANTIA DO JUÍZO. EMPRESA EM RECUPERAÇÃO JUDICIAL. A exigência de garantia do juízo para processamento dos Embargos à Execução na vigência da Lei n. 13.467/2017, estando a Embargante em recuperação judicial, afronta os princípios do contraditório e da ampla defesa. Recurso de Revista de que se conhece e a que se dá provimento. (TST – RR: 25828820135020081, relator: João Batista Brito Pereira, Data de Julgamento: 18.11.2020, 8ª Turma, Data de Publicação: 27.11.2020)

Defendemos que a necessidade ou não de garantia da execução por empresas em recuperação judicial depende da classificação dos créditos. Quando a execução versar sobre créditos concursais, considerando que a execução não pode prosseguir contra a recuperanda por força do art. 6º, II e III, e §§ 1º, 2º e 4º, da Lei n. 11.101/05, parece-nos ilícito exigir a garantia do juízo para oposição de embargos à execução. De outra sorte, se os créditos executados forem extraconcursais — e, portanto, não se sujeitarem à recuperação — as empresas em recuperação judicial devem garantir a execução para que tenham seus embargos à execução conhecidos, uma vez que não existe norma que as isente de tal ônus processual (Taveira; Taveira, 2023, p. 143-147).

3.7. Execução contra corresponsáveis

Situação bastante comum nos processos que tramitam na Justiça do Trabalho é a existência de mais de uma executada, como devedora subsidiária ou solidária.

A homologação do plano de recuperação judicial acarreta novação da obrigação em relação à devedora em recuperação judicial, porém não beneficia ou prejudica os corresponsáveis, com consonância com os arts. 49 e 59 da Lei n. 11.101/05:

> Art. 49, § 1º Os credores do devedor em recuperação judicial conservam seus direitos e privilégios contra os coobrigados, fiadores e obrigados de regresso.

> Art. 59. O plano de recuperação judicial implica novação dos créditos anteriores ao pedido, e obriga o devedor e todos os credores a ele sujeitos, sem prejuízo das garantias, observado o disposto no § 1º do art. 50 desta Lei.

Assim, a recuperação judicial de uma das executadas não obsta o direcionamento da execução contra as demais, exceto se a corresponsável também estiver em recuperação judicial.

Neste trilho, se, eventualmente, uma responsável solidária não estiver abrangida pela recuperação judicial, pode ela ser executada normalmente.

Do mesmo modo, nos casos envolvendo terceirização e trabalho temporário, caso haja devedora subsidiária no título executivo, contra esta a execução deve ser direcionada. A recuperação judicial da devedora principal é bastante para justificar a execução da devedora subsidiária, tendo em vista que a recuperação judicial impede que o crédito do credor trabalhista seja completamente satisfeito.

A jurisprudência do STJ é tranquila ao afastar a configuração do conflito de competência nos casos em que a Justiça do Trabalho direciona a execução contra devedores solidários ou subsidiários, como se vê nas Súmulas ns. 480 e 581, bem como no Tema de Recurso Especial Repetitivo n. 885 do STJ.

> Súmula n. 480 do STJ:
>
> O juízo da recuperação judicial não é competente para decidir sobre a constrição de bens não abrangidos pelo plano de recuperação da empresa
>
> Súmula n. 581 do STJ:
>
> A recuperação judicial do devedor principal não impede o prosseguimento das ações e execuções ajuizadas contra terceiros devedores solidários ou coobrigados em geral, por garantia cambial, real ou fidejussória.
>
> Tema Repetitivo 885 STJ:
>
> A recuperação judicial do devedor principal não impede o prosseguimento das execuções nem induz suspensão ou extinção de ações ajuizadas contra terceiros devedores solidários ou coobrigados em geral, por garantia cambial, real ou fidejussória, pois não se lhes aplicam a suspensão prevista nos arts. 6º, *caput*, e 52, inciso III, ou a novação a que se refere o art. 59, *caput*, por força do que dispõe o art. 49, § 1º, todos da Lei n. 11.101/2005.

Ao lado disso, a jurisprudência do TST admite a execução de corresponsáveis quando a devedora principal se encontra em recuperação judicial:

> (...) "EXECUÇÃO. RECUPERAÇÃO JUDICIAL. REDIRECIONAMENTO DA EXECUÇÃO PARA SÓCIO. DESCONSIDERAÇÃO DA PERSONALIDADE JURÍDICA. COMPETÊNCIA DA JUSTIÇA

DO TRABALHO. OFENSA DIRETA E LITERAL A DISPOSITIVOS DA CONSTITUIÇÃO FEDERAL NÃO CONFIGURADA. Nos termos da jurisprudência desta Corte Superior, o redirecionamento da execução contra os sócios ou integrantes do mesmo grupo econômico da empresa falida, ou em recuperação judicial, não afasta a competência da Justiça do Trabalho, eis que a execução está voltada contra o patrimônio dos próprios responsáveis solidários reconhecidos pelo Juízo da execução."(...) (Ag-AIRR-159-14.2010.5.02.0065, 5ª Turma., rel. Min. Douglas Alencar Rodrigues, *DEJT* 20.09.2019)

Igualmente, destacamos a tese aprovada no 20ª CONAMAT (Congresso Nacional dos Magistrados da Justiça do Trabalho) sobre o tema:

Tese 24 (grupo 3) do 20º CONAMAT (2022):

Recuperação judicial ou falência da devedora principal. Competência da Justiça do Trabalho, mesmo após a Lei n. 14.112/20, para executar corresponsáveis: solidários, subsidiários ou sócios (estes por meio da desconsideração da personalidade jurídica).

3.8. Desconsideração da personalidade jurídica de empresas em recuperação judicial

A recuperação judicial da executada, em regra, obsta que o pagamento do débito ocorra imediatamente e nas condições reconhecidas pelo título executivo judicial, visto que o pagamento pelas recuperandas ocorrem nos prazos e condições estabelecidos nos referidos planos de recuperação homologados.

Assim, em consonância com o art. 28, § 5º, do Código de Defesa do Consumidor, aplicável subsidiariamente ao Direito do Trabalho, entendemos que a recuperação judicial da executada autoriza a desconsideração da personalidade jurídica pela Justiça do Trabalho.

A jurisprudência trabalhista majoritária vai na mesma direção:

TRT9 – OJ EX n. 28:

FALÊNCIA E RECUPERAÇÃO JUDICIAL:

(...)

II – Falência e Recuperação Judicial. Competência. Responsável subsidiário. É competente a Justiça do Trabalho para a execução do crédito trabalhista em face do responsável subsidiário, ainda que decretada a falência ou deferido o processamento da recuperação judicial do devedor principal.

(...)

VII – Falência. Recuperação Judicial. Sócios responsabilizáveis e responsáveis subsidiários. Execução imediata na Justiça do Trabalho. Decretada a falência ou iniciado o processo de recuperação judicial, e havendo sócios responsabilizáveis ou responsáveis subsidiários, a execução pode ser imediatamente direcionada a estes, independente do desfecho do processo falimentar. Eventual direito de regresso ou ressarcimento destes responsabilizados deve ser discutido no Juízo Falimentar ou da Recuperação Judicial.

TRT4 – OJ 85:

FALÊNCIA. RECUPERAÇÃO JUDICIAL. REDIRECIONAMENTO DA EXECUÇÃO. Possível o redirecionamento da execução contra os devedores solidários reconhecidos no título executivo ou grupo econômico reconhecido na fase de liquidação.

TRT6 – IRDR:

Tese Firmada: É possível a instauração de Incidente de Desconsideração da Personalidade Jurídica de Empresa em Recuperação Judicial, em face de seus sócios, para prosseguimento da execução.

Destacamos, ainda, a Tese n. 24 do 20º CONAMAT, o enunciado n. 20 da Jornada Nacional sobre Execução na Justiça do Trabalho (ANAMATRA) e o Enunciado n. 43 da 1ª Jornada de Direito Comercial do Conselho da Justiça Federal, os quais corroboram nosso posicionamento.

Tese 24 (grupo 3) do 20º CONAMAT — Congresso Nacional dos Magistrados da Justiça do Trabalho (2022):

RECUPERAÇÃO JUDICIAL OU FALÊNCIA DA DEVEDORA PRINCIPAL. Competência da Justiça do Trabalho, mesmo após a Lei n. 14.112/20, para executar corresponsáveis: solidários, subsidiários ou sócios (estes por meio da desconsideração da personalidade jurídica

Enunciado 20 da Jornada Nacional sobre Execução na Justiça do Trabalho — ANAMATRA:

FALÊNCIA E RECUPERAÇÃO JUDICIAL. PROSSEGUIMENTO DA EXECUÇÃO TRABALHISTA CONTRA COOBRIGADOS, FIADORES, REGRESSIVAMENTE OBRIGADOS E SÓCIOS. POSSIBILIDADE. A falência e a recuperação judicial, sem prejuízo do direito de habilitação de crédito no juízo universal, não impedem o prosseguimento da execução contra os coobrigados, os fiadores e os obrigados de regresso, bem como os sócios, por força da desconsideração da personalidade jurídica.

Enunciado n. 43 da 1ª Jornada de Direito Comercial — CJF:

A suspensão das ações e execuções previstas no art. 6º da Lei n. 11.101/2005 não se estende aos coobrigados do devedor.

Importante ressaltar que, mesmo após as alterações pela Lei n. 14.112/2020, O STJ manteve seu posicionamento no sentido de que a desconsideração da personalidade jurídica de empresas em recuperação judicial pela Justiça do Trabalho não caracteriza usurpação da competência dos juízos de recuperação judicial.;

AGRAVO REGIMENTAL NO CONFLITO DE COMPETÊNCIA.

RECUPERAÇÃO JUDICIAL. DESCONSIDERAÇÃO DA PERSONALIDADE JURÍDICA DA EMPRESA. AUSÊNCIA DE CONSTRUÇÃO DO PATRIMÔNIO DA MASSA FALIDA. INCIDENTES

> EM JUSTIÇA ESPECIALIZADA. POSSIBILIDADE. PRINCÍPIO DA COOPERAÇÃO. LEI DE FALÊNCIAS. CONFLITO NÃO CONHECIDO. DECISÃO MANTIDA POR SEUS PRÓPRIOS FUNDAMENTOS. AGRAVO INTERNO DESPROVIDO.(...)
>
> 2. A mera decisão de desconstituição da personalidade jurídica pela Justiça trabalhista, por si só, não enseja o reconhecimento de usurpação da competência do juízo falimentar, porque não atinge direta e concretamente os bens da massa falida. Ao contrário, é medida secundária que se limita a estender a responsabilidade trabalhista aos sócios e/ou outras empresas do grupo.
>
> 3. A Lei de Falências não retira de outros juízos a possibilidade de instauração de incidentes de desconsideração da personalidade jurídica ou de reconhecimento da existência de grupo econômico.(...)
>
> (STJ – AgInt no CC n. 190.942/GO, Rrel. Min. João Otávio de Noronha, Segunda Seção, *DJe* de 5.6.2023)

Também sobre o tema, o art. 127 da Consolidação dos Provimentos da Corregedoria Geral da Justiça do Trabalho esclarece que não há necessidade de expedição de certidão crédito para habilitação, quando a execução se direciona contra sócios, ex-sócios ou empresas do grupo econômico:

> Art.127: As disposições desta Seção não se aplicam nos casos em que o magistrado determinar o direcionamento da execução contra sócios ou ex-sócios da executada ou empresa que integre grupo econômico do qual ela faça parte.

3.9. Habilitação dos créditos trabalhistas

Quando expedidas as certidões de créditos, compete aos titulares dos respectivos créditos promover sua habilitação na recuperação judicial, devendo se atentar às formalidades procedimentais exigidas para que a habilitação sejam deferidas.

Assim dispõe o art. 9º da Lei n. 11.101/05:

> Art. 9º A habilitação de crédito realizada pelo credor nos termos do art. 7º , § 1º, desta Lei deverá conter:
>
> I – o nome, o endereço do credor e o endereço em que receberá comunicação de qualquer ato do processo;
>
> II – o valor do crédito, atualizado até a data da decretação da falência ou do pedido de recuperação judicial, sua origem e classificação;
>
> III – os documentos comprobatórios do crédito e a indicação das demais provas a serem produzidas;
>
> IV – a indicação da garantia prestada pelo devedor, se houver, e o respectivo instrumento;
>
> V – a especificação do objeto da garantia que estiver na posse do credor.
>
> Parágrafo único. Os títulos e documentos que legitimam os créditos deverão ser exibidos no original ou por cópias autenticadas se estiverem juntados em outro processo.

Observe-se que, de acordo com o inciso II do art. 9º, os créditos habilitados devem ser corrigidos até a data do pedido de recuperação judicial. A partir de tal marco temporal, os valores passam a ser atualizados pelos parâmetros estabelecidos no plano de recuperação judicial (Taveira; Taveira, 2023, p. 160-163).

O pedido de habilitação pode se dar de três formas, a depender da fase em que a recuperação judicial se encontra. Contudo, independentemente da fase, um ponto comum deve ser observado: o requerimento nunca deve ser apresentado diretamente no processo de recuperação judicial.

Quando se pretende a habilitação ainda na fase administrativa da recuperação judicial (que vai até quinze dias após da publicação da primeira relação de credores), deve o credor apresentar seu requerimento diretamente ao administrador judicial por meio eletrônico (art. 22, I, *"l"*, da Lei n. 11.101/05). Neste momento processual, o pedido é de natureza extrajudicial, dispensando a representação por advogado (arts. 6º, § 2º, e 7º, § 1º, da Lei n. 11.101/05) e maiores formalidades.

Caso a recuperação judicial já se encontre na fase judicial de verificação dos créditos (que se estende até a consolidação do quadro geral de credores), os credores devem ajuizar ação incidental de impugnação à segunda relação de credores (arts. 8º, parágrafo único, 10, § 5º, e 13 da Lei n. 11.101/05).

Diversamente, se a habilitação for formulada após a consolidação do quadro geral de credores, deve-se propor ação de retificação do quadro geral de credores (art. 10, § 6º, da Lei n. 11.101/05).

Há quem defenda a possibilidade de a Justiça do Trabalho encaminhar diretamente a certidão para habilitação por meio de ofício, com base no art. 6º, § 2º, da Lei n. 11.101/05. Entretanto, entendemos que tal procedimento pode prejudicar o credor invés de beneficiá-lo.

Primeiro, porque existe divergência na Justiça Comum sobre a possibilidade de habilitação dos créditos trabalhistas por meio de ofício, especialmente na fase judicial e, mais ainda, após a consolidação do quadro geral de credores, em razão da necessidade de ajuizamento de ação em tais momentos processuais da recuperação judicial.

Alia-se a isso que, em muitos casos, o plano de recuperação ou o juiz da recuperação exigem que os credores informem, na habilitação, dados específicos, tais como e-mails ou dados bancários para depósito, sem os quais os pagamentos não são realizados.

Por fim, vale lembrar que a cooperação judiciária pode ser um importante instrumento para desburocratizar a habilitação, facilitar e acelerar o pagamento aos credores trabalhistas e, ao mesmo tempo, evitar incidentes na recuperação judicial e nas execuções trabalhistas.

3.10. Regras de pagamento dos créditos trabalhistas na recuperação judicial

Após habilitados na recuperação judicial, os créditos trabalhistas concursais, são pagos em conformidade com as condições e os prazos estabelecidos no plano de recuperação aprovado pela assembleia geral de credores e homologado pelo juiz da recuperação.

Tendo em vista o caráter privilegiado dos créditos trabalhistas, o legislador estabeleceu, no art. 54 da Lei n. 11.101/05, alguns parâmetros de legalidade quanto ao pagamento dos credores trabalhistas, parâmetros os quais devem ser observados pelos planos de recuperação judicial:

> Art. 54. O plano de recuperação judicial não poderá prever prazo superior a 1 (um) ano para pagamento dos créditos derivados da legislação do trabalho ou decorrentes de acidentes de trabalho vencidos até a data do pedido de recuperação judicial.
>
> Parágrafo único. O plano não poderá, ainda, prever prazo superior a 30 (trinta) dias para o pagamento, até o limite de 5 (cinco) salários-mínimos por trabalhador, dos créditos de natureza estritamente salarial vencidos nos 3 (três) meses anteriores ao pedido de recuperação judicial.
>
> § 1º O plano não poderá, ainda, prever prazo superior a 30 (trinta) dias para o pagamento, até o limite de 5 (cinco) salários-mínimos por trabalhador, dos créditos de natureza estritamente salarial vencidos nos 3 (três) meses anteriores ao pedido de recuperação judicial.
>
> § 2º O prazo estabelecido no *caput* deste artigo poderá ser estendido em até 2 (dois) anos, se o plano de recuperação judicial atender aos seguintes requisitos, cumulativamente:
>
> I - apresentação de garantias julgadas suficientes pelo juiz;
>
> II - aprovação pelos credores titulares de créditos derivados da legislação trabalhista ou decorrentes de acidentes de trabalho, na forma do § 2º do art. 45 desta Lei; e
>
> III - garantia da integralidade do pagamento dos créditos trabalhistas.

Compete ao juiz da recuperação judicia, não à Justiça do Trabalho, analisar a legalidade do plano de recuperação judicial, inclusive em relação às cláusulas de pagamento dos credores trabalhistas. Logo, caso o credor trabalhista pretenda arguir eventuais questionamentos sobre a legalidade dos parâmetros de pagamento previsto no plano de recuperação judicial, deve fazê-lo no processo de recuperação judicial, seguindo as regras e procedimentos aplicáveis.

Outro ponto que precisa ser destacado é que os prazos de pagamento prescritos no art. 54 apenas se iniciam após a homologação do plano de recuperação e a habilitação do crédito, o que ocorrer por último. Ou seja, se a habilitação ocorreu antes da homologação do plano, os prazos de pagamento contam-se a partir da homologação. Caso a habilitação do crédito se dê apenas depois da homologação do plano, os prazos de pagamento se inicial a partir do deferimento da habilitação.

3.10. Satisfação dos créditos extraconcursais por meio da cooperação judiciária

Nos termos do art. 49 da Lei n. 11.101/05 e do Tema 1.051 de Recurso Especial Repetitivo, apenas os créditos classificados como concursais (com fatos geradores anteriores à data do pedido de recuperação) se sujeitam à recuperação judicial.

Ocorre que os créditos extraconcursais (cujos fatos geradores são posteriores à data do pedido de recuperação) orbitam num verdadeiro limbo jurídico (Manzara, p. 1). Isso porque não se sujeitam à recuperação judicial e, portanto, não podem ser habilitados, mas, de acordo com a jurisprudência do STJ[(7)], não podem ser executados pela Justiça do Trabalho.

Sustentamos que a cooperação judiciária, regulada pelos arts. 67 a 69 do CPC, revela-se como meio mais adequado para solucionar o imbróglio envolvendo os créditos extraconcursais, por aplicação extensiva dos §§ 7º-A e 7º-B do art. 6º da Lei n. 11.101/05.

A tese n. 23 aprovada no 20º CONAMAT (Congresso Nacional dos Magistrados da Justiça do Trabalho) vai na mesma linha:

> Tese n. 23 da Comissão 3 aprovada no 20º CONAMAT:
>
> Competência da justiça do trabalho para prosseguir com a execução de créditos extraconcursais, inclusive contribuições previdenciárias, mas limitada em relação à constrição e expropriação. Adoção da cooperação judiciária (§§ 7º-A, 7º-B e 11 do art. 6º da Lei n. 11.101/05) para que o juízo da recuperação judicial indique, em prazo razoável, meios para pagamento ou bens passíveis de penhora pelo juízo trabalhista, evitando-se ou superando-se conflitos de competência.

Assim, por meio da cooperação judiciária, os juízos do trabalho e de recuperação judicial podem eleger meios de prosseguimento das execuções trabalhistas referentes aos créditos extraconcursais, compatibilizando a efetividade da prestação jurisdicional trabalhista com a viabilidade da recuperação judicial, evitando ou solucionando eventuais conflitos de competência (Taveira; Taveira, 2023, p. 127).

4. Considerações finais

Como visto, as falências e as recuperações judiciais acarretam inúmeras repercussões nas execuções trabalhistas.

Por tal razão, os operadores do Direito na esfera laboral precisam, cada vez mais, compreender os institutos de insolvência e seus impactos no processo do trabalho, com o fim de garantir a maior efetividade possível da prestação jurisdicional pela Justiça Especializada.

---

(7) STJ – PET no CC: 175484 MG 2020/0271892-8, relator: Ministro LUIS FELIPE SALOMÃO, Data de Julgamento: 14.04.2021, S2 – SEGUNDA SEÇÃO, Data de Publicação: *DJe* 20.04.2021.

No presente trabalho, abordamos sucintamente os pontos acerca da falência e da recuperação judicial que, a nosso ver, se revelam como os mais relevantes para nós, trabalhistas.

Referências

ASSOCIAÇÃO NACIONAL DOS MAGISTRADOS DA JUSTIÇA DO TRABALHO. *Teses Aprovadas no 20º CONAMAT.* Disponível em: https://www.anamatra.org.br/conamat/20-edicao. Acesso em: 20 jan. 2024.

CAMARGO, Marcelo. *Pandemia gerou recorde de demissões e fechamento de empresas comerciais, aponta IBGE.* Disponível em: https://www.infomoney.com.br/economia/pandemia-gerou-recorde-de-demissoes-e-fechamento-de-empresas-comerciais-aponta-ibge/. Acesso em: 24 nov. 2023.

CLEIN, Claudelir; SHIKIDA, Pery Francisco Assis; RODRIGUES, Luciano. Notas e Discussões sobre a crise setorial na agroindústria canavieira no Paraná. *Revista Práticas de Administração Pública*, vol. 5, n. 1, jan./abr. 2021. Disponível em: https://periodicos.ufsm.br/pap/article/view/65436. Acesso em: 22 jan. 2024.

MANZARRA, Maria Rita. *Recuperação Judicial e Crédito Extraconcursal:* a Precedência de Precedência duvidosa. Disponível em: https://www.conjur.com.br/dl/recuperacao-judicial2.pdf. Acesso em: 22 jan. 2024.

NOGUEIRA, Mauro Oddo; MOREIRA, Rafael de Farias Costa. *A Covid deixa sequelas:* a destruição do estoque de capital das micro e pequenas empresas como consequência da pandemia de Covid-19. Rio de Janeiro: Ipea, ju. 2023, 40 p. (Texto para Discussão, 2894). DOI: http://dx.doi.org/10.38116/td2894-port.

SCALZILLI, João Pedro; SPINELLI, Luis Felipe; TELLECHEA, Rodrigo. *Recuperação de empresas e falência: teoria e prática na Lei n. 11.101/2005.* 3. ed., rev., atual. e ampl. São Paulo: Almedina, 2018.

SERASA EXPERIAN. *Indicadores econômicos.* Disponível em: https://www.serasaexperian.com.br/images-cms/wp-content/uploads/2021/01/Falencias-e-Recuperacoes-17.xlsx. Acesso em: 26 nov. 2023.

TAVEIRA, Ulisses de Miranda; TAVEIRA, Vinícius de Miranda. *Manual estratégico de recuperação judicial:* impactos no Direito e no Processo do Trabalho: teoria e prática. 2. ed. Cuiabá: VersoReverso Editora, 2023.

TAVEIRA, Ulisses; TAVEIRA, Vinícius de Miranda. A cooperação judiciária entre juízos do trabalho e de recuperação judicial: um caminho para a efetividade jurisdicional. In: DELGADO, Mauricio Godinho; BRANDÃO, Cláudio Mascarenhas; COSTA, Adriene Domingues; RODRIGUES, Bruno Alves; MANOEL, Cácio Oliveira. *A efetividade da execução trabalhista:* estudos ENAMAT: volume 3. Brasília-DF: Obra coletiva ENAMAT, maio 2023.

TAVEIRA, Vinícius de Miranda. *A necessidade de fortalecimento da proteção dos credores trabalhistas na recuperação judicial: uma análise à luz da função social da empresa.* Dissertação (Mestrado) – Faculdade Autônoma de Direito (FADISP), Programa de Pós-Graduação *Stricto Sensu* – São Paulo, 2022.

Trabalhadores ditos autônomos no trabalho de plataformas digitais. A autonomia na subordinação. Enquadramento jurídico

Aguimar Martins Peixoto[1]

> *"(...) Quantos homens eram inverno, outros verão outonos caindo secos no solo da minha mão (...)."*
> Zé Ramalho

1. Introdução

As novas estruturas dos mercados e a organização do capital e do trabalho, principalmente no Brasil, passaram por decisões sobre política econômica tomadas pelos governos ao longo dos últimos 40 anos, as quais moldaram as características do mercado atual e são responsáveis pela supressão de postos de trabalho e precarização das condições laborais dos trabalhadores.

No bojo dessas decisões governamentais, outros fatores contribuíram para o aparecimento em massa do desemprego, e do surgimento do capitalismo de plataforma ou trabalho sob demanda.

Citem-se a desregulação de diversos setores econômicos, a abertura da economia para o comércio internacional, a redução de impostos para os mais ricos, a adoção de uma política monetária em que se obtinha uma inflação baixa às custas de um elevado

(1) Mestre em Direitos Humanos e Ambiental, pela Faculdade de Direito da Universidade Federal de Mato Grosso — UFMT. Desembargador Vice-Presidente do TRT-23ª Região-MT. Membro do Grupo de Pesquisa de Direito do Trabalho Contemporâneo da UFMT.

número de desempregados, a erosão do poder de compra do salário mínimo pela ausência de reajustes por longos períodos, a adoção de uma postura governamental antissindical que enfraqueceu o poder coletivo dos trabalhadores [(2)], dentre outros incrementos[(3)].

Também as tecnologias (principalmente a digital, dotada de rede, *hardware* e *software* de computadores), como elemento ativo e passivo nas dinâmicas entre as dimensões econômica, política e social, favoreceram a ordem no mundo moderno. As inovações tecnológicas passaram a influenciar a atividade laboral, melhorou a maneira de a sociedade se comunicar, viajar e consumir[(4)].

As inovações tecnológicas impactaram o mundo do trabalho, e depois disso desafiam a concepção de formas possíveis de intervenção nesse âmbito[(5)].

Com a tecnologia, ou 'segunda era das máquinas', na expressão de Renan Bernardi Kalil, surgiu uma novel forma de trabalho humano, em constante proliferação, sob aparência de autonomia.

É uma liberdade induzida pela faculdade do trabalhador controlar sua jornada de trabalho, agora cumprida fora das dependências da empresa, que se vale de engenhos tecnológicos avançados, característica de um segmento econômico digitalizado[(6)].

Complexos problemas desafiam o mundo do capital e do trabalho. Neste último âmbito uma das principais dificuldades é a de incluir parcela da coletividade trabalhadora no progresso tecnológico, pelo descompasso entre a educação formal e as habilidades exigidas pelas mudanças tecnológicas[(7)].

Na esteira de desafios como o exemplificado, questiona-se se a tecnologia digital, especialmente sob o trabalho por demandas, não seria uma ilusão da maioria dos trabalhadores, quando se intitulam autônomos, empreendedores ou parceiros, e ao mesmo tempo se deparam com uma brutal competição entre eles[(8)].

---

(2) KALIL, R. B. *A regulação do trabalho via plataformas digitais*. São Paulo: Edgard Blucher, 2020.

(3) "Novas tecnologias da informação introduziram mudanças profundas no mundo do trabalho. As empresas se reduziram, passaram a se utilizar da externalização (terceirização) do teletrabalho, surgindo também a teledisponibilidade e a telessubordinação. Observa-se o aumento do trabalho autônomo dependente, do trabalho precário e da grande massa dos excluídos do mundo formal do trabalho. A globalização e a internacionalização do capital determinaram novas estratégias de reestruturação das empresas e novas modalidade contratuais, com o fim de horários fixos e jornadas rígidas." MANNRICH, n. Futuro do Direito do Trabalho, no Brasil e no mundo. *Revista LTr*, [*s. l.*], v. 82, p. 1289, 2017.

(4) KALIL, 2020.

(5) *Idem*.

(6) Nelson Mannrich afirma que "Presencia-se o nascimento de uma empresa sem precedentes, já vaticinada por Supiot (...) 'sem fábricas, sem máquinas e sem trabalhadores'" MANNRICH, 2017.

(7) KALIL, 2020.

(8) CARELLI enfatiza a garantia da concorrência leal entre os trabalhadores: "(...) Essa função do direito do trabalho impede que os trabalhadores concorram entre si, impondo níveis cada vez mais baixos de condições de

Consequência da emulação reflete a baixa da contraprestação oferecida pelas empresas, o que faz com que os trabalhadores sempre mourejem mais do que poderiam, configurando-se, na verdade, a dependência econômica.

Ao se verem economicamente frágeis, o sonho do empreendorismo certamente dá lugar à reflexão de que eles, trabalhadores, detêm apenas seus instrumentos de trabalho (próprios ou locados), ou na ausência das ferramentas de trabalho, unicamente a força própria de trabalho.

Agora, ao invés de mercadoria, a força de trabalho apresenta-se como a energia locada do 'trabalhador flexível', na expressão revelada por Rodrigo de Lacerda Carelli, para quem materializa-se um "(...) novo tipo de liame de direito que, à diferença do contrato (do antigo contrato de trabalho) não tem por objeto uma quantidade de trabalho, mas *a própria pessoa do trabalhador*"(9).

Esse novo trabalhador da tecnologia é um 'sujeito objetivo', "movido pelo cálculo, capaz de se adaptar em tempo real às variações do ambiente para atingir os objetivos que lhe são assinalados"(10).

Certo é que a este novo trabalhador restou conferida alguma parcela de autonomia na realização do trabalho, diferente da tradicional subordinação jurídica. É dizer: a subordinação cede à direção da empresa por objetivos, "trocando-se a ficção do trabalho-mercadoria pela noção de liberdade programada. Assim, a autonomia concedida é uma 'autonomia na subordinação'"(11).

A inovação de monta no novo modelo, que em última análise não escapa à regulamentação pelo Direito do Trabalho, como se verá mais adiante, é a de que "os trabalhadores não devem seguir mais ordens, mas sim a 'regras do programa'"(12) empresarial.

Uma vez programadas ou reprogramadas as metas empresariais, "(...) na prática os trabalhadores não agem livremente, mas exprimem 'reações esperadas' e (...) devem estar mobilizados e disponíveis à realização dos objetivos que lhe são consignados"(13).

---

trabalho. Por isso a imperatividade do direito do trabalho: o dia que o direito do trabalho for disponível — e, por conseguinte, a condição de empregado — será o fim do direito do trabalho, pois a competição entre os trabalhadores levará a terra todos os direitos". CARELLI, R. de L. O caso Uber e controle por programação, de carona para o século XIX. In: *tecnologias disruptivas e a exploração do trabalho humano:* a intermediação de mão de obra a partir das plataformas eletrônicas e seus efeitos jurídicos e sociais. São Paulo: LTr, 2017. p. 144.

(9) SUPIOT *apud ibid.*

(10) SUPIOT *apud ibid.*

(11) SUPIOT *apud ibid.*

(12) SUPIOT *apud ibid.*

(13) SUPIOT *apud ibid.*

Aqui urge citar o algoritmo[14], outra novidade no mundo digital, amplamente adotado pelas empresas de aplicativos, ou usuárias de plataformas digitais, ferramenta que propicia a programação e reprogramação dos objetivos empresariais.

Uma estrutura empresarial algorítmica, funcionando de forma virtual, implementa modelos uniformes de atendimento, e protocolos rígidos e pré-estabelecidos de tomada de decisões. Este método permite " (...) que não seja realmente importante quem serão os profissionais em serviço, o tipo de personalidade deles, suas opiniões políticas e seu humor ocasional, são questionamentos que passam a ser irrelevantes[15].

Empresas de telecomunicação, companhias aéreas e bancos estabelecem sistemas rígidos de atendimento virtual, e na requisição de serviços a tais entidades (agora quase sempre por telefone ou virtualmente), o consumidor é obrigado a se submeter a um rol de opções disponibilizadas mecanicamente.

No repasse das informações sobre serviços solicitados existe sempre um robô no atendimento. E se esgotadas sem solução as alternativas, quem requer pode, sempre com alguma dificuldade, ser direcionado a um raro atendente humano.

A programação de prestação dos serviços em menus virtuais ou remotos pelas empresas, ou suas decisões pré-aprovadas, são de forma que "se a resposta não está no sistema, geralmente não há como ser resolvida a questão, pois é o algoritmo que está no controle, não os trabalhadores"[16].

Este estudo pretende apresentar este trabalhador das plataformas digitais ou submetido a trabalho sob demanda, alcunhado de 'autônomo', ao par da tentativa de enquadrá-lo juridicamente.

Além deste primeiro objetivo em pauta, visa o presente ensaio apresentar este trabalhador como criação do neoliberalismo econômico, que pretende suprimir o Estado do bem-estar social, ou no mínimo desestabilizar a relação constitucional entre a livre iniciativa econômica e o valor social do trabalho humano.

Uma das características marcantes do neoliberalismo econômico é a multiplicação do capital com os menores custos possíveis, circunstância que faz com que os afazeres do trabalhador dito autônomo sejam "(...) permanentemente inseguros — e a insegurança deve estar inculcada na mente das pessoas — para que o controle possa ser realizado da forma mais eficiente, e os objetivos melhor alcançados"[17].

---

(14) HARARI, Y. n. *Homo Deus*. São Paulo: Companhia das Letras, 2016. p. 91.

(15) CARELLI, 2017, p. 140.

(16) *Ibidem*, p. 140–141.

(17) *Ibidem*, p. 141.

2. Efeitos econômicos positivos e negativos na indústria 4.0[18]. Situações contraditórias

As Inovações tecnológicas são vistas como dádivas que possibilitam o acesso a bens de forma mais fácil e barata, produto do progresso combinado, exponencial e digital[19]. Mas a forma pela qual ocorre a sua propagação indica a existência de grandes e crescentes diferenças entre as pessoas em relação à renda[20].

Inovações reproduzem ideias e conceitos relevantes a um baixo custo, gerando benefícios para a sociedade e riqueza para os inovadores. Mas diminuem a necessidade de trabalhos anteriormente importantes, suprimindo a fonte de subsistência de inúmeros trabalhadores[21].

Existem situações contraditórias no âmbito da chamada indústria 4.0: uma que enuncia que as inovações tecnológicas sempre elevam os ganhos do trabalhador[22]; outra que a automação reduz os salários, dado que os trabalhadores são substituídos por máquinas[23].

A realidade se torna mais complexa diante do fato de que ambas as situações estão ocorrendo, de forma que as inovações estão gerando riquezas em elevadas dimensões, mas não há qualquer regra econômica que assegure que os trabalhadores se beneficiarão nesse cenário.

---

(18) Nelson Mannrich fazendo alusão a Jorge Eduardo Braz de Amorim e a Christophe Degryse, respectivamente, traz algumas definições da indústria 4.0: "(...) a indústria 4.0 caracteriza-se pela integração e controle da produção, por meio do uso de sensores e equipamentos conectados em rede, com pouca ou nenhuma intervenção humana. Ocorre, ainda, fusão do mundo real com o virtual, criando os chamados sistemas *ciberfísicos* e viabilizando o emprego da inteligência artificial (...) Quando se faz menção à indústria 4.0, está-se referindo a robôs e mesmo a veículos autônomos, simulação, segurança cibernética, *the cloud* (informação na 'nuvem'), integração horizontal e vertical de sistemas, impressão 3D, internet das coisas (*IoT – Internet of Things*), informação em tempo real, *big data*, entre outras inovações" MANNRICH, 2017.

(19) KALIL, 2020.

(20) "Por óbvio, o trabalho não desaparecerá, mas está criando enorme segregação entre quem detém tecnologia digital — uma minoria bem paga, em contraste com a grande maioria à beira da pobreza. Esses trabalhos mais modestos serão desenvolvidos pelos chamados *'digital galley slaves'* — soldados (ou escravos) digitais confinados em galerias (galeras), utilizados por empresas como *Google*, aos milhares, para checar, classificar, filtrar e codificar um substancial volume de dados, em tempo real." MANNRICH, 2017.

(21) Nelson Mannrich traz para seu artigo os ensinamentos de Graciela Bensusán: "(...) há dúvidas se 'a economia digital e as plataformas conduzirão à formalização do setor informal ou se, pelo contrário, agravarão esse problema estrutural nos países em desenvolvimento'". *Ibid.*

(22) "Economia virtual implica suportes digitais avançados, favorecendo o surgimento de novas organizações de trabalho e novas estratégias produtivas". *Ibid.*

(23) Nelson Mannrich ratifica a lição de William Robinson: "(...) Interessa 'advertir as consequências da economia global ao tornar informal e precarizar o emprego, e colocar luzes sobre a necessidade de voltar a proteger os trabalhadores'". *Ibid.*

O avanço da *commoditização* digital reduz o custo de acesso a inovações tecnológicas e amplia a eficiência empresarial, o que ocasiona a queda da necessidade de trabalhadores, a diminuição dos salários e o encolhimento da participação do trabalho no PIB(24).

Houve uma reconfiguração do mercado de trabalho pelas inovações tecnológicas. Estas criaram novas formas de trabalho, como aquelas sob demanda por aplicativos, e de organização da produção, como o desenvolvimento de cadeias produtivas horizontais e globais(25).

A tendência do mercado de trabalho é o crescimento de empregos com altos salários e que demandam criatividade de ocupações manuais com baixos salários. Não se descarta uma queda significativa de trabalhos de rotina e repetitivos com salários médios, segundo a constatação de Klaus Schwab(26).

Sob essa reconfiguração haveria uma precarização do trabalho? Ou estaríamos somente diante da consequência da mutação dos modelos de produção e de gestão ocasionados pelas novas tecnologias?(27)

A constatação mais provável é que "A tecnologia tende a aumentar a desigualdade ao mesmo tempo que promove o crescimento econômico"(28).

3. O futuro dos empregos: intensos debates entre economistas e cientistas sociais

Há quem preveja expressiva redução de postos de trabalho com o incremento do capitalismo de plataformas, sem que necessariamente ocorra a criação de novos empregos. Haverá um "Armageddon político e social, com desemprego em massa"(29).

Mas também há os que defendem que quem pense como SCHWAB estaria fazendo uma superlativização sobre os efeitos que as novas tecnologias terão no mercado de trabalho.

Ainda que se trabalhe com certa imprecisão da quantidade de postos de trabalho a serem criados, um final feliz estaria por vir, pois todos os trabalhadores desempregados

(24) KALIL, 2020.

(25) Nelson Mannrich cita Luli Radfahrer e Juan Razo, para quem: "'O avanço da digitalização e da conectividade global vai afetar o modo como trabalhamos hoje. Funções serão substituídas pela tecnologia, outras novas serão criadas, o trabalho será mais flexível, sem jornadas nem escritórios fixos'". "(...) a empresa enxuta, com ramificações externas, 'é substituída por plataformas que captam, organizam e distribuem o trabalho'". MANNRICH, 2017.

(26) SCHWAB *apud* KALIL, 2020.

(27) ZYLBERSTAJN *apud ibid.*

(28) BRYNJOLFSSON *apud ibid.*

(29) SCHWAB *apud ibid.*

pela tecnologia encontrariam uma nova ocupação, principalmente pela alternativa do trabalhador de se tornar um empreendedor.

Mas para o sociólogo Ricardo Antunes, esse final feliz é uma ficção, uma quimera. Para ele,

> (...) o empreendedorismo é um "mito", que se fortalece em meio ao alto desemprego, ao enfraquecimento das políticas sociais do Estado e às novas tecnologias (...) O empreendedorismo é uma forma mistificadora que imagina poder eliminar o desemprego, em uma sociedade que é incapaz de preservar trabalho digno com direitos. E, como essas novas modalidades de trabalho são deprimentes, a mistificação torna-se o remédio que só fará alimentar a doença.(30)

A partir das averiguações do sociólogo citado, surge a teoria de se dar eficácia à legislação trabalhista vigente.

De fato, tem-se observado, como assinala MANNRICH(31), a "pronta reação do Direito do Trabalho em face da empresa em rede", visando a que também os trabalhadores atinjam finalidades auspiciosas no âmbito do trabalho sob demanda.

E tal finalidade se alcançará conferindo-se, entre outras alternativas como inovações legais ou eficácia ao direito do trabalho em vigor, conquanto não se poderá "(...) desconstituir a nova morfologia empresarial, mas 'estabelecer uma cadeia de responsabilidade solidária entre todos os sujeitos que organizam ou coorganizam o trabalho subordinado'"(32), e neste caso, a subordinação estrutural(33) se impõe, ainda que seu conceito provoque controvérsia e perplexidade.

---

(30) O professor aduz ainda que "(...) essa alternativa de converter os trabalhadores e trabalhadoras de aplicativos em um MEI é como legalizar a burla. Isso porque os motoristas dessas plataformas, utilizando automóveis, motos ou bicicletas, não são trabalhadores autônomos. Eles não definem o preço da corrida, não controlam os algoritmos que os comandam, e são avaliados a cada corrida que fazem, podendo, inclusive, ser descredenciados se não tiverem notas altas em suas avaliações". ANTUNES, R. Emprego e empreendedorismo — Entrevista ao *UOL Economia.* [*S. l.*: *s. n.*], 2019. Disponível em: https://economia.uol.com.br/empregos-e-carreiras/noticias/redacao/2019/09/14/entrevista-sociologo-ricardo-antunes-trabalho-emprego-empreendedorismo.htm. Acesso em: 21 nov. 2023.

(31) MANNRICH, 2017.

(32) DELGUE *apud ibid*.

(33) "(...) o poder diretivo revela-se pela natureza objetiva do vínculo, através do qual o empregador conta de modo permanente e até virtualmente com a atividade-trabalho daquela pessoa que participa da atividade da empresa. O poder diretivo não se detém, em sua qualificação jurídica, portanto, apenas no comando, no controle, na coordenação e na organização dos fatores de produção. (...). A disponibilidade é jurídica, no sentido de que, ainda que não efetivamente prestando serviços ou não executando determinações do empregador, o trabalhador aguarda-as (CLT, art. 4º), ou, objetivamente, sabe quando, como e/ou onde executar as tarefas que se compreendem na função por ele desenvolvida na empresa ou para ela" VILHENA, P. E. de R. *Relação de emprego* — Estrutura legal e supostos. 3. ed. São Paulo: LTr, 2005. p. 259.

Quanto a ter fim os empregos, é incontestável que inúmeros serão suprimidos, como já vem ocorrendo, mas outros virão. Como vaticina MANNRICH, provavelmente "(...) poderá ocorrer incremento do trabalho autônomo propriamente dito ou mesmo do chamado trabalho parassubordinado ou trabalho autônomo dependente (...)(34)".

Mas a perspectiva dos especialistas é a de que o trabalho subordinado sempre existirá, "(...) embora com contornos diferentes e com outras formas de controle(35)".

3.1. Haveria criação de empregos na quarta revolução industrial?

Há uma sinalização de que as inovações aumentem a produtividade e substituam os trabalhadores ao invés de criarem novos produtos que demandam mais trabalho humano para produzi-los(36).

Para evitar tal estado de coisas, haveria necessidade de se antecipar a futuras demandas e tendências do mercado de trabalho, especialmente relacionadas a conhecimentos e habilidades, para que os trabalhadores tenham condições de se manterem nos respectivos postos ou se adaptarem às novas exigências do novo modelo de prestação de serviços.

Para a adequação dos trabalhadores a essa nova realidade, o estudo dos especialistas sugere a reforma dos currículos escolares, a capacitação dos professores e a disseminação do ensino profissionalizante.

A não ser assim, os trabalhadores continuarão em postos de trabalho precário. Configurar-se-ia o 'chão social', como acentua ANTUNES: "Em uma sociedade na qual o desemprego, o subemprego e a precarização são imensos, há um chão social que permite que o empreendedorismo ganhe força"(37).

4. Plataformas digitais na economia e na sociedade: disrupção, impactos e outras características

Falar sobre disrupção significa considerar uma reorganização profunda em um determinado mercado, em que atores econômicos outrora inexistentes assumem posição predominante, enquanto antigas lideranças entram em declínio.

A disrupção vem causando aumento do tráfego de veículos e de congestionamento em grandes cidades, em razão da inserção da *Uber*, por exemplo, no mercado de

(34) MANNRICH, Nelson. *Op. cit.*, p. 1.298.

(35) MANNRICH, Nelson. *Op. cit.*, p. 1.298.

(36) SCHWAB *apud* KALIL, 2020.

(37) E complementa o sociólogo: "Nós sempre recusamos a ideia de que a classe trabalhadora está desaparecendo. Há um processo muito profundo de mutações, claro, desaparecimento de vários ramos e setores. Mas há, ao mesmo tempo, uma expansão trágica de um mosaico de trabalhos: os intermitentes, os flexíveis, os temporários, os informais, que hoje se expandem nos serviços". ANTUNES, 2019.

trabalho. Outra faceta do fenômeno é o encarecimento do preço de aluguéis de imóveis, diante da atuação da plataforma de locações residenciais como a AIRB&B.

Como acentua GONÇALVES, "As tecnologias com potencial disruptivo abrem um campo extraordinário de acumulação de capital ao provocarem o naufrágio dos concorrentes"(38).

Neste raciocínio, o estabelecimento de um novo padrão tecnológico elimina os concorrentes que permanecem na obsolescência das técnicas de produção ou prestação de serviços. Ainda segundo este último autor citado, as inovações tecnológicas "estabelecem outra formulação para a extração do valor trabalho"(39).

Mas as plataformas digitais, na faceta que interessa a este estudo, qual a expectativa de criação de postos de trabalho com qualidade, não se realizou.

As plataformas, sob nova forma de organização da produção e do trabalho, com enfoque na economia digital e no uso da tecnologia da informação e da comunicação, de armazenamento de dados, e da internet, vem evidenciando que quanto maior a dependência do trabalhador em face de uma empresa que usa plataformas, maior a precariedade das condições de trabalho.

Ainda que seja certa a existência de espaço para que os trabalhadores decidam alguns aspectos das atividades que desempenham, tais decisões, conforme já se afirmou, obedecem sobretudo a regras da programação empresarial.

Não se pode ignorar a gama de variação das demandas por trabalho na era tecnológica. Estudos demonstram que haverá redução da demanda por trabalho em tarefas que podem ser padronizadas por meio de critérios de reconhecimento das ocupações assimilável por máquinas(40).

Desta forma acredita-se que haverá aumento da demanda por trabalho em tarefas suscetíveis de serem mecanizadas, ou seja, do trabalho repetitivo e prosaico.

O trabalho humano que continuará tendo vantagem, comparativa em face dos robôs, será nas tarefas que envolvem percepção e conhecimento técnico.

As atividades econômicas por plataformas digitais se popularizaram de forma muito rápida e eficiente, em decorrência da facilidade das trocas entre quem oferece o produto ou serviço e quem os consomem, justamente pela facilidade da divulgação da oferta e procura, facultada pelos meios tecnológicos captados pelos atores econômicos e

(38) GONÇALVES, M. T. Uberização: um estudo de caso. As tecnologias disruptivas como padrão de organização do trabalho no século XXI. *Revista LTr*, [s. l.], v. 81, p. 320, 2017.

(39) *Idem*.

(40) SCHWAB *apud* KALIL, 2020.

sociais, quais os *smartfones* e computadores, mediante transmissão instantânea de dados pela internet.

Há poucas convergências sobre esse novo modelo econômico, e prevalecem intensas divergências, e o que se mostra convergente entre as pesquisas sociológicas e jurídicas "(...) é que essas atividades econômicas produzem efeitos contundentes sobre as estruturas de negócios e de empregos, assim como não se trata de um fenômeno efêmero"(41).

Nas palavras de SLEE(42), as atividades econômicas por plataformas digitais não deixam de ser "(...) um movimento pela desregulação (...) Não se trata de construir uma alternativa para as economias de mercado conduzidas pelas empresas; trata-se de estender os mercados livres desregulados em novas áreas de nossas vidas"(43).

Para os trabalhadores, o novo modelo transmite a ideia de que as atividades disponíveis são de curto prazo e intermitentes. Percebe-se a assimetria entre o poder social da máquina em face dos indivíduos separados e divididos. É a maior expressão da terceirização no século XXI, em que se busca afastar a configuração da relação de emprego.

Em razão dessas constatações, já se disse que o capitalismo no século XXI tem como uma das principais matérias-primas os dados, ou que os capitalistas são os proprietários das plataformas e não há necessariamente a produção de um bem físico(44).

Não se pode deixar de mencionar que as atividades dos trabalhadores que usam as plataformas digitais, para se manterem no mercado de trabalho, são marcadas pela:

(I) existência de uma certa autonomia para determinação da carga horária e da jornada de trabalho;

(II) presença de uma relação direta entre dependência econômica e precariedade jurídica (insegurança, incerteza, assunção de riscos, imprevisibilidade, falta de confiança e descontinuidade), que ocorrem em um contexto de aumento das taxas de desemprego e de expansão dos contratos temporários, de tempo parcial e intermitente(45);

(III) constatação de gerenciamento da força de trabalho pelo algoritmo, mas com intensidades variáveis de coordenação e controle em cada plataforma;

(IV) acentuada desigualdade econômica entre trabalhadores, plataformas e tomadores de serviços.

(V) invisibilidade dos trabalhadores(46).

---

(41) ALONI *apud ibid.*

(42) SLEE *apud ibid.*

(43) *Idem.*

(44) *Idem.*

(45) CHERRY *apud ibid.*

(46) *Idem.*

5. Regulamentação legal do trabalho sob demanda nas plataformas digitais

Na visão de Mauricio Godinho Delgado, citado por KALIL, "O Direito do Trabalho se tornou ao longo do tempo o mecanismo de inserção socioeconômica do ser humano no capitalismo"[(47)].

Para alguns autores como Hugo Fernández Brignoni, o Direito do trabalho não perderá sua essência, e não deverá haver alterações de seu paradigma[(48)] (do contrário haveria de se aceitar mudança nas condições de validade das leis e das garantias constitucionais), de sua estrutura (as normas trabalhistas heterônomas e autônomas oferecem um quadro moderno, dinâmico, democrático e participativo) ou funcionamento (haverá de evoluir para proteger o trabalhador em face das inovações tecnológicas)[(49)].

Seja qual for a regulamentação, esta terá de partir das premissas que justificam o Direito do Trabalho, principalmente os direitos sociais e fundamentais de todo trabalhador, previstos na Constituição Federal, independentemente da existência ou não de vinculação empregatícia, conforme art. 7º e seus incisos.

5.1. Aspectos da dicotomia do trabalho: relação de emprego e autonomia

As circunstâncias fáticas na prestação de serviços pelos denominados "parceiros" ou "autônomos" devem conduzir a regulamentação do trabalho sob demanda, bem assim a natureza jurídica da relação de trabalho entre prestadores e aqueles que se utilizam das plataformas digitais e tem nesse uso atividade econômica que demanda trabalho humano[(50)].

Observa-se que os prestadores, pela atual e indefinida regulamentação devem ter a propriedade ou posse dos principais equipamentos e instrumentos para a prestação do serviço, como o carro para oferecer transporte, o veículo para fazer a retirada e entrega de mercadorias, as ferramentas para executar consertos e montar móveis, os produtos para realizar limpeza, dentre outros.

---

(47) *Idem.*

(48) Renata Orsi Bulgueroni afirma em nota de rodapé de sua dissertação de mestrado que: "Segundo Christóvão Piragibe Tostes Malta, o direito do trabalho já preencheu sua missão histórica, e tende a sofrer modificações radicais por várias razões, até o momento em que 'o que hoje se tem como fraude, merecerá o mesmo aplauso do judiciário' (Malta, Christóvão Piragibe Tostes. Representante comercial empregado... Op. cit. p. 59)" BULGUERONI, R. O. *Trabalho autônomo dependente:* experiências italiana e espanhola e a realidade brasileira. 2011. Dissertação (mestrado) – Universidade de São Paulo, São Paulo, 2011. Disponível em: https://teses.usp.br/teses/disponiveis/2/2138/tde-18052012-135740/pt-br.php. Acesso em: 21 nov. 2023.

(49) KALIL, 2020.

(50) "Certamente, o trabalho autônomo dependente representa fenômeno social complexo. Assim é difícil precisar quantos são os trabalhadores que escolheram, por vontade própria, a independência e quantos tiveram que aceitá-la por imposição de seus empregadores ou em razão da perda de seus empregos." BULGUERONI, 2011.

Mas em alguns casos é a empresa que determina a especificação desses equipamentos ou instrumentos, pelo que sobressai o controle da atividade laboral pelo tomador dos serviços. CHERRY, Miriam, *Beyond Misclassification* (*in* KALIL, Renan, 2020).

O sistema de reputação (avaliação) tende a vincular os trabalhadores a uma ou poucas plataformas, e a avaliação não é do trabalhado em geral, mas do seu desempenho em uma determinada plataforma, o que também configura controle do tomador.

Embora essa avaliação não seja feita diretamente pelo tomador, mas sim por terceiros, a partir dela o trabalhador pode ser recompensado ou punido.

Sob todos os aspectos mencionados, a grande diferença entre a relação de emprego e o trabalho autônomo é a dimensão da liberdade do trabalhador.

Na primeira, a subordinação jurídica, na definição tradicional, valoriza os outros supostos: pessoalidade, não eventualidade e principalmente a dependência econômica, que justifica recebimento de salário.

Já na segunda deve prevalecer a autonomia, exercício de atividade econômica, habitualidade ou não, pessoalidade ou não, estrutura empresarial, independência econômica e técnica. O problema surge quando essas características se relativizam, favorecendo a fraude.

6. Enquadramento jurídico dos trabalhadores de plataformas digitais

Enquanto não se regulamenta no Brasil o novo modelo de atividade econômica por plataformas digitais, há que se conferir eficácia à legislação trabalhista vigente, como já explanado, aplicando-a principalmente aos trabalhadores completamente dependentes da atividade empresarial, sob o ponto de vista econômico.

De fato, para os ditos trabalhadores autônomos, com intensa dependência econômica ao tomador de seus serviços, deve-se interpretar objetivamente a subordinação jurídica (ressalvados entendimentos contrários)[(51)], que relativiza os demais supostos como a pessoalidade, não eventualidade, contraprestação por salário.

Como reforça CARELLI, "*A liberdade* que os empregados teriam nesse modelo (uberização) é fictícia, dado que respondem aos comandos do algoritmo, (...) os trabalhadores têm uma autonomia na subordinação e são controlados por programação ou algoritmos"[(52)].

---

(51) "(...) à subordinação não deve ser atribuído novo papel homogeneizador das relações trabalhistas, como outrora se verificara, já que tal modelo tende a ser gradualmente retirado de seu pedestal para conviver com novas formas — tão ou até mesmo mais importantes — de prestação de serviços." BULGUERONI, 2011.

(52) CARELLI, 2017, p. 141.

O comando do empregador ou tomador de serviços resta evidenciado no sistema de "sanções e premiações" (ou *sticks and carrots*), bem assim o controle, através da avaliação dos consumidores[53].

Sobre o pressuposto da não eventualidade, como ocorre no caso da Uber, a regra é a habitualidade dos motoristas na prestação de serviços. A alegação de que os motoristas não trabalham com habitualidade será sempre investigada no caso concreto[54]

Mas a própria empresa tem o controle da habitualidade, pelo algoritmo, que aponta a produção, e o trabalhador que não rende satisfatoriamente não recebe bonificações ou deixa de ser avaliado.

Nada obstante, a jurisprudência brasileira tende ao não reconhecimento da relação de emprego do trabalhador com as plataformas digitais. A análise judicial vem partindo da não configuração da subordinação, tão somente sob seu enfoque tradicional.

Em caso concreto retratado no procedimento n. 0100353-02.2017.5.01.0066, que flui perante o Tribunal Regional do Trabalho da 1ª região, a sentença, ao analisar pedido de reconhecimento de relação de emprego alegada pelo autor (motorista de aplicativo) contra a Uber, julgou improcedente a pretensão.

A fundamentação da decisão de primeira instância é muito simples: "Razão assiste à reclamada. De fato, o reclamante não comprovou, conforme lhe competia (art. 818 da CLT c/c o art. 373, I, do CPC) os requisitos inerentes à relação empregatícia. De outra forma, restou demonstrada a autonomia na prestação de serviços".

Confirmado o decreto judicial em segunda instância[55], o caso chegou ao Tribunal Superior do Trabalho, mais especificamente na 3ª turma. Iniciada a sessão, o Ministro Mauricio Godinho Delgado apresentou seu voto, e propôs reverter os pronunciamentos judiciais de primeiro e segundo graus, mas o julgamento teve seu andamento suspenso por pedido de vista regimental dos outros pares[56].

---

(53) "A subordinação dos dirigidos aos dirigentes cede à ideia do controle por '*stick*' (porrete) e '*carrots*' (premiação). Aqueles que seguem a programação recebem premiações, na forma de bonificações e prêmios; aqueles que não se adaptarem aos comandos e objetivos, são cortados ou punidos". *Ibid.*

(54) KALIL, 2020.

(55) BRASIL. T. 1ª. *Recurso Ordinário Trabalhista 0100353-02.2017.5.01.0066*. Relator: Flávio Ernesto Rodrigues Silva, 3 dez. 2018.

(56) Até a data em que este artigo é redigido, 03.11.2023, apesar da 3ª Turma ter reconhecido o vínculo de emprego, houve recurso de embargos, e o processo aguarda julgamento na Subseção I da Seção Especializada em Dissídios Individuais, do TST, como se vê do link a seguir: https://consultaprocessual.tst.jus.br/consultaProcessual/decisaoForm.do?numInt=288384&anoInt=2019&codOrgaoJudic=53&anoPauta=2023&numPauta=22&tipSessao=O

Os comandos decisórios desta demanda judicial mereceram comentários na edição do *CONJUR*, de 1º dez. 2020:

> Para Delgado, no entanto, no caso concreto a subordinação ficou demonstrada, pois no sistema uberizado há ordens e diretrizes claras e objetivas que devem ser seguidas, havendo um 'poder diretivo exercido com muita eficiência' (...)[57]
>
> O ministro faz referência ao art. 6º da CLT, segundo o qual *os meios telemáticos e informatizados de comando, controle e supervisão se equiparam, para fins de subordinação jurídica, aos meios pessoais e diretos de comando, controle e supervisão do trabalho alheio*. Grifos acrescentados.

No entender de DELGADO, a subordinação por meio telemático já existe no ordenamento, mas curiosamente, arremata, 'não vem sendo prestigiada na análise do assunto'"[58].

A se considerar a jurisprudência vacilante nos tribunais sobre os trabalhadores em plataformas digitais, sobressai uma realidade de desproteção dos trabalhadores intensamente dependentes (que laboram sob o signo da autonomia), enquanto suas atividades não são regulamentadas minimamente, seja pela lei, decisões judiciais ou por sindicatos representativos e combativos.

CARELLI afirma que "(...) o controle por programação ou comandos (ou por algoritmo) é a faceta moderna da organização do trabalho. Passa-se da ficção do trabalhador-mercadoria para a ficção do trabalhador-livre, em aliança neo-feudal com a empresa (...)[59]".

Ainda subjaz a figura do trabalhador juridicamente hipossuficiente perante o tomador de serviços, que controla e dirige a prestação de serviços (agora pelo algoritmo) pelos ditos autônomos, e a relação jurídica entre eles apresenta-se com o mesmo desequilíbrio que ensejou a criação do direito do trabalho.

Citando CARELLI mais uma vez, "(...) caso a faceta da organização da força de trabalho se modifique, deve o direito do trabalho se amoldar à nova forma em que se apresenta"[60].

---

(57) BOSELLI, A. Relator vê vínculo entre motorista e *Uber*, mas julgamento é suspenso no TST. In: *CONJUR*. 2020. Disponível em: https://www.conjur.com.br/2020-dez-02/relator-processo-tst-defende-vinculo-entre-motorista-uber/. Acesso em: 21 nov. 2023

(58) *Ibid.*

(59) CARELLI, 2017, p. 142.

(60) *Ibid.*

De fato, alterou-se a formatação empresarial, mas não sua natureza. O capitalismo sob demanda, travestido em "realidade intersubjetiva[(61)]", ou empresa, maneja o capital, para investir na produção e serviços, mas do outro lado, os trabalhadores, "(...) têm somente o trabalho a ser utilizado e apropriado por essas realidades intersubjetivas, para a realização de sua atividade econômica. A exploração dos segundos pelos primeiros continua a mesma[(62)]".

Assim, enquanto uma nova regulamentação legal não se concretiza, o enquadramento jurídico do trabalhador em plataformas digitais de prestação de serviços não deixa de estar sob a égide do Direito do Trabalho vigente.

Se questionada tal relação de trabalho, os requisitos para se confirmar a relação de emprego (art. 3º/CLT), passam a ser lidos, neste ramo econômico, sob nova ótica, visto que a subordinação jurídica do trabalhador em trabalho por aplicativos tem novas roupagens (controle por algoritmo, disposição da força de trabalho ao tomador enquanto o trabalhador estiver logado e remuneração variável), mas acima de todos os requisitos legais, basta que se confirme a presença da dependência econômica do trabalhador ao seu tomador[(63)].

7. Conclusão

Não é a primeira vez nem será a última que o direito do trabalho teve e terá de se adaptar aos modelos de produção que existiram e existirão ao longo de sua história. Como aconteceu na superação do fordismo pelo toyotismo, a atuação do direito do trabalho se faz imprescindível nesse novo tipo de trabalho.

A tendência das empresas ao incorporarem elementos desse novo tipo de organização do trabalho, visando a fuga da proteção da legislação trabalhista aos seus prestadores, enseja a efetiva aplicação do direito do trabalho, que "(...) só resistirá se entender que essa nova forma de organização do trabalho é a que prevalecerá em pouco tempo"[(64)].

Há que se observar que a Organização Internacional do Trabalho, na sua Recomendação n. 198, item 04, dispõe que seus membros devem combater as relações de trabalho disfarçadas, como por exemplo, "(...) incluir o uso de outras formas de acordos contratuais que escondam o verdadeiro *status* legal (...)".

---

(61) "(...) os seres humanos conhecem três tipos de realidade: a realidade objetiva, aquela que existe no mundo; a realidade subjetiva, que existe a partir da construção subjetiva de cada indivíduo, composta de suas crenças; e a realidade intersubjetiva, própria dos humanos, que é de criar seres fictícios cuja crença em sua existência se constrói em todo um grupamento de homens, por exemplo, religiões, nações, estados, empresas, dinheiro etc." HARARI, Y. n. *Sapiens* — Uma breve história da humanidade. Porto Alegre: L&PM Editores, 2020.

(62) CARELLI, 2017, p. 144.

(63) PEIXOTO, A. M. *Trabalhadores das plataformas digitais de prestação de serviços:* proteção social como forma de inclusão no desenvolvimento econômico tecnológico. Campinas/SP: Lacier, 2023. p. 139.

(64) CARELLI, 2017, p. 144.

O trabalho humano sob sujeição intensa e desprotegida diante do capital não raro favoreceu o surgimento de estados totalitários.

Mauricio Godinho Delgado, fazendo um contraponto a esta afirmativa, sustenta que "A existência da mão de obra livre e com poderes para expressar a sua vontade, em cenário no qual não existe uma sujeição pessoal do trabalhador, foi central para o florescimento e a consolidação da democracia(65)".

O que se espera do direito do trabalho é justamente manter o equilíbrio entre o novo modelo de produção e o direito dos trabalhadores a condições dignas de trabalho.

Caso a jurisprudência brasileira permaneça reticente na aplicação da legislação trabalhista posta no Brasil, no mínimo deve-se aplicar a eles as normas legais respeitantes a direitos de personalidade, igualdade, não discriminação e segurança e saúde no trabalho.

Deduz-se deste estudo que o trabalho não perderá seu valor social, e será sempre o fundamento das sociedades, mas não será qualquer trabalho, mas aquele preconizado pela OIT, qual seja o trabalho decente.

Referências

ANTUNES, R. Emprego e empreendedorismo — Entrevista ao *UOL Economia*. [*S. l.: s. n.*], 2019. Disponível em: https://economia.uol.com.br/empregos-e-carreiras/noticias/redacao/2019/09/14/entrevista-sociologo-ricardo-antunes-trabalho-emprego-empreendedorismo.htm. Acesso em: 21 nov. 2023.

BOSELLI, A. Relator vê vínculo entre motorista e Uber, mas julgamento é suspenso no TST. In: *CONJUR*. 2020. Disponível em: https://www.conjur.com.br/2020-dez-02/relator-processo-tst-defende-vinculo-entre-motorista-uber/. Acesso em: 21 nov. 2023.

BRASIL. T. 1ª. *Recurso Ordinário Trabalhista 0100353-02.2017.5.01.0066*. Relator: Flávio Ernesto Rodrigues Silva, 3 dez. 2018.

BULGUERONI, R. O. *Trabalho autônomo dependente:* experiências italiana e espanhola e a realidade brasileira. 2011. Dissertação (mestrado) – Universidade de São Paulo, São Paulo, 2011. Disponível em: https://teses.usp.br/teses/disponiveis/2/2138/tde-18052012-135740/pt-br.php. Acesso em: 21 nov. 2023.

CARELLI, R. de L. O caso Uber e controle por programação, de carona para o século XIX. In: tecnologias disruptivas e a exploração do trabalho humano: a intermediação de mão de obra a partir das plataformas eletrônicas e seus efeitos jurídicos e sociais. São Paulo: LTr, 2017. p. 144.

DELGADO, M. G. *O poder empregatício*. São Paulo: LTr, 1996.

GONÇALVES, M. T. Uberização: um estudo de caso. As tecnologias disruptivas como padrão de organização do trabalho no século XXI. *Revista LTr*, [*s. l.*], v. 81, p. 320, 2017.

HARARI, Y. n. *Homo Deus*. São Paulo: Companhia das Letras, 2016.

(65) DELGADO, M. G. *O poder empregatício*. São Paulo: LTr, 1996. p. 105.

HARARI, Y. n. *Sapiens* — Uma breve história da humanidade. Porto Alegre: L&PM, 2020.

KALIL, R. B. *A regulação do trabalho via plataformas digitais*. São Paulo: Edgard Blucher, 2020.

MANNRICH, n. *Futuro do direito do trabalho, no Brasil e no mundo. Revista LTr*, [*s. l.*], v. 82, p. 1.289, 2017.

PEIXOTO, A. *Trabalhadores das plataformas digitais de prestação de serviços:* proteção social como forma de inclusão no desenvolvimento econômico tecnológico. Campinas/SP: Lacier, 2023.

VILHENA, P. E. de R. *Relação de emprego* — Estrutura legal e supostos. 3. ed. São Paulo: LTr, 2005.

O trabalho nas plataformas digitais: uma análise das decisões dos Tribunais brasileiros

Carolina Moraes Bueno de Aguiar[1]

Fábio Bueno de Aguiar[2]

O avanço tecnológico vem alcançando níveis jamais vistos no mundo moderno e tem gerado enormes impactos e mudanças significativas na sociedade, influindo em vários setores da vida do ser humano, como no lazer, trabalho, estudo, locomoção, comunicação, dentre outros.

A chamada Quarta Revolução Industrial, conhecida também como "indústria da internet das coisas" (*industrial internet of things — iiot*) ou indústria 4.0, modificou radicalmente a forma de trabalho no mundo atual, ao inserir um conjunto de tecnologias no ambiente laboral a partir da invenção do *Big Data*, da inteligência artificial e da neurotecnologia. Assim, a evolução tecnológica automatiza e cria novos meios de produção, substitui postos de trabalho, aumenta a produtividade, como também cria novas profissões e atividades laborais, fazendo com que a sociedade necessite se adequar a esse novo modelo.

O presente estudo busca analisar em que momento do tecido social se verifica uma tênue linha divisória, quase invisível, que separa a relação de trabalho convencional (CLT e legislação afim) do novo modelo de relação de trabalho que não possui limites, ou seja, que prega a total autonomia por parte do trabalhador — que não é tratado como empregado — além das vantagens de possuir liberdade, renda fácil, remuneração variável e sem limite de ganhos, jornada de trabalho flexível e o principal item seria a ausência

(1) Advogada. Graduada pela Universidade Presbiteriana Mackenzie e Pós-Graduada pela Fundação Getúlio Vargas (FGVLaw) em Direito do Trabalho e Processo do Trabalho. Sócia proprietária do escritório Moraes Bueno de Aguiar e Advogados Associados. E-mail: carolinaaguiar@mbaguiar.adv.br.

(2) Desembargador do Trabalho do Tribunal Regional do Trabalho da 15ª Região. Graduado e Pós-Graduado pela Faculdade de Direito da Pontifícia Universidade Católica de Campinas. E-mail: fabioaguiar@trt15.jus.br.

de chefe ou patrão, um verdadeiro *"self employed"*, mais conhecido como trabalhador autônomo.

Estamos falando de novos modelos de negócio e que trazem consigo novos modelos de organização de trabalho, como é o caso das empresas-plataforma, que a jurista Ana Paula Miskulin define em sua obra "Aplicativos e Direito do Trabalho":

> "Uma das estrelas de maior destaque no universo do sistema capitalista atual é a empresa-plataforma, que, muitas vezes revestida pela capa da economia do compartilhamento, se traduz numa autêntica transnacional sem ramo específico, em torno da qual se concentra a intermediação entre fabricantes/comerciantes e consumidores dos mais variados segmentos, monopolizando a clientela ou dificultando a concorrência, com potencial de lucros exponenciais, mas sem possuir nenhuma instalação física, maquinários, mercadorias ou empregados" (Miskulin, 2022, p. 60).

Essas empresas buscam maior produtividade com menor custo, executando tarefas na modalidade *crowdsoursing*, que é uma forma de se obter serviços de forma colaborativa e remunerada e online para geração de conteúdo, solução de problemas, desenvolvimento de novas tecnologias, geração de fluxo de informação e afins.(3)

Esse novo formato de negócio se utiliza de plataformas digitais e aplicativos de serviços, que são ambientes virtuais que promovem interações, transações e compartilhamento de informações entre indivíduos, instituições e empresas. Essas empresas-plataformas se valem de métricas de gerenciamento que prometem beneficiar economicamente os trabalhadores na execução das atividades administradas por ela, e alguns casos podem submetê-los a exploração e à precarização social, diante da total ausência de regulação trabalhista.

Essa modalidade de negócio está alicerçada em três pilares indissociáveis, ou seja, é indispensável a presença de todos, sendo que o primeiro é o usuário, ou melhor, o cliente que solicita o serviço por meio de aplicativo instalado em seu aparelho de celular; o segundo pilar é a empresa-plataforma que é detentora da tecnologia que desenvolveu o sistema com algoritmos e realiza o gerenciamento e a pessoa que executa o trabalho. Os trabalhos são usualmente realizados por demanda e de forma descontinuada. São elas as empresas mais conhecidas que operam nesse formato no Brasil: Uber, Rappi, iFood, 99 Táxi, BlablaCar, GetNinjas, Cabify, entre outras.

Certo é que a pandemia da Covid-19 contribuiu significativamente para o desenvolvimento e disseminação das plataformas digitais e aplicativos de serviços, de modo que não só os usuários finais sentiram maior necessidade de utilização, como por exemplo

(3) G4 Educação. Disponível em: https://g4educacao.com/glossario/significado-crowdsourcing.

o iFood, que vem a ser uma plataforma digital, que utiliza a tecnologia para conectar consumidores, entregadores, restaurantes e varejistas e leva refeições e compras à casa dos clientes. A realidade tem mostrado que muitos trabalhadores que se encontravam desempregados em razão do fechamento de empresas durante a pandemia, uniram sua força de trabalho à essa modalidade de plataforma, que lhes assegurou um importante meio de subsistência nesse período extremamente crítico.

Segundo o IBGE — Instituto Brasileiro de Geografia e Estatística, em 2022, 1,5 milhão de pessoas trabalharam por meio de plataformas digitais e aplicativos de serviços no país, que corresponde a 1,7% da população ocupada no setor privado. O Instituto relata ainda que, desse total, 52,2% (ou 778 mil) exerciam o trabalho principal por meio de aplicativos de transportes de passageiros e que 39,5% (ou o equivalente a 589 mil pessoas) eram trabalhadores de aplicativos de entrega de comida, produtos, etc, enquanto os trabalhadores de aplicativos de prestação de serviços somavam 13,2% (197 mil) (https://agenciadenoticias.ibge.gov.br).

Não há dúvidas de que, em um cenário de aumento da escalada do desemprego, o trabalho informal acaba sendo uma alternativa viável à uma grande parcela da sociedade que se encontra à margem da legislação trabalhista e dos direitos sociais, e a crítica comumente feita às empresas-plataforma, é a de que estas se aproveitam do momento de fragilidade e desespero do trabalhador desempregado, que passa a atuar como partícipe da relação fornecedor-cliente-prestador de serviços autônomo, mediante a promessa de que terá flexibilidade na execução do trabalho, receberá pagamento como contraprestação pelos serviços prestados vinculado à produtividade e desempenho, possuirá autonomia e será "patrão de si mesmo". Há casos em que a atividade de "trabalhador por aplicativo" funciona como uma alternativa de incremento da renda para aqueles que já possuam um trabalho fixo e regular.

No caso do Uber e iFood, o trabalhador oferece sua mão de obra e utiliza instrumento de trabalho próprio — motocicletas e carros —, possui autonomia para oferecer seu serviço a quem desejar, no dia e horário que lhe convém, uma vez que a plataforma opera 24 horas por dia e sete dias por semana, além de possibilitar-lhe a escolha da região/localidade que melhor atenda os seus interesses. Acresce-se à essas condições, a possibilidade do trabalhador por aplicativo se vincular simultaneamente a mais de uma plataforma digital, optando pela plataforma que lhe ofereça as melhores tarifas no momento em que é acionado por um ou mais usuários. O pagamento decorrente da prestação de serviços à plataforma é realizado, na maior parte dos casos, semanalmente e o motorista/*motoboy* pode controlar os seus ganhos diários, semanais ou mensais, visto que quanto mais viagens realizar, mais dinheiro auferirá. As empresas-plataforma também oferecem aos motoristas credenciados, clubes de vantagens com descontos e benefícios junto à diversos estabelecimentos comerciais físicos e virtuais.

Tem-se, portanto, uma rede de usuários reunida por uma plataforma que transmite credibilidade e segurança a esses usuários, com regras e padrões de qualidade rigorosos a serem seguidos, objetivando o atendimento à altos e rígidos padrões de qualidade estabelecidos a nível global, sendo que os motoristas trabalham beneficiando-se da rede de usuários/clientes angariados pela plataforma, visto que, sem ela, o nível de dificuldade de obtenção de trabalho seria muito maior.

Não ressumam dúvidas de que os serviços ofertados pelas plataformas digitais refletem diretamente na vida das empresas e das pessoas, ao disponibilizarem serviço de delivery de refeições, produtos e serviços, e ainda, transporte de passageiros, comodidade, agilidade, rapidez, a um preço acessível. Outra consequência é a elevação do padrão de qualidade do serviço prestado uma vez que, tanto os motoristas quanto os usuários são avaliados e o resultado dessas avaliações acarreta posição de destaque no ranking dos prestadores de serviços das plataformas digitais como também dos usuários, além de permitir maior segurança, minimizando riscos na transação, entre outras vantagens.

Em contrapartida, os trabalhadores não possuem vínculo de emprego com as empresas-plataforma e são considerados trabalhadores autônomos. O Vocabulário Jurídico de Plácido e Silva, define autônomo:

> "palavra que serve de qualificativo a tudo o que possui autonomia ou independência, isto é, de tudo quanto possa funcionar ou manter-se independentemente de outro fato ou não."

Assim, considera-se autônomo todo aquele que exerce sua atividade profissional sem vínculo empregatício, por conta própria e com a assunção de seus próprios riscos, sendo que essa prestação de serviço ocorre de forma eventual e não habitual.

Em que pese tal denominação, muito se questiona o controle que as plataformas exercem junto aos trabalhadores, haja vista a definição dos padrões que podem engendrar a não aceitação do trabalhador as exigências do aplicativo de serviço ou a própria exclusão do mesmo, caso possua reiteradas avaliações feitas pelos usuários abaixo da média ou descumpra as obrigações contratuais.

Há quem sustente que a plataforma possui ingerência sobre os ganhos auferidos pelo motorista, tendo em vista que esta estabelece o valor da corrida, não concedendo liberdade e autonomia na tomada das decisões dos trabalhadores quanto a realizarem as corridas nos horários e locais que possam lhes proporcionar as melhores tarifas e condições que a plataforma irá oferecer, nos dias e horários pré-estabelecidos por ela e suas métricas de algoritmos.

As plataformas também conduzem o motorista a iniciarem corridas quase que simultâneas, direcionando chamadas de próximos clientes quando a corrida atual está prestes a acabar, com o intuito de manter o motorista trabalhando sem direito ao descanso de modo a mantê-lo à sua disposição por mais horas. Além disso, os motoristas não possuem a faculdade de recusar ilimitadamente as corridas que não lhes convém, uma vez que o aplicativo estabelece uma limitação de quantidade de corridas que o motorista pode recusar, sob pena de sofrer punição.

O cerne da questão está na ausência de regulamentação legal da atividade do trabalhador de aplicativo, e essa ausência de respaldo legal que traga uma definição concreta da modalidade de trabalho dos serviços em plataformas digitais, definindo se o trabalho é ou não é autônomo, implica numa total insegurança jurídica. Ainda que seja reconhecida a autonomia desse trabalhador, espera-se que ao menos sejam fixadas as premissas de proteção a essa modalidade de trabalho, retirando-lhe a característica da informalidade.

Há, portanto, um campo tormentoso em que se discute a existência ou não de uma verdadeira relação empregatícia entre a empresa-plataforma ou de aplicativo de serviço e o prestador de serviços, e como decorrência disso, começaram a surgir em meados de 2016 as primeiras reclamações trabalhistas no Brasil, especificamente no estado de São Paulo, ajuizadas por trabalhadores que operavam em plataformas digitais e aplicativos de serviços. Esses processos, inicialmente, foram comparados às ações trabalhistas movidas por trabalhadoras que se ativavam como executivas de vendas para empresas que comercializavam produtos de beleza para o público feminino, como no caso da Avon. Essas trabalhadoras eram igualmente consideradas autônomas, que pretendiam o reconhecimento judicial do vínculo de emprego com a empresa tomadora dos seus serviços, por entenderem que estavam presentes os requisitos elencados nos arts. 2º e 3º da CLT.[4]

No caso da empresa Uber, no primeiro processo[5] que tramitou perante o Tribunal Regional do Trabalho da 2ª Região (São Paulo), julgado em dezembro de 2017, não houve o reconhecimento de vínculo de emprego, sob entendimento de que não estavam presentes os requisitos caracterizadores da relação de emprego, tais como subordinação, habitualidade e pessoalidade, presentes nos arts. 2º e 3º da CLT. A decisão assim pontuou:

> "Depreende-se, portanto, que o reclamante tem a liberdade de cumprir a sua própria rotina de trabalho, sem fiscalização, podendo, inclusive, deixar de trabalhar a qualquer tempo, sem ter que comunicar a empresa UBER.
>
> O depoimento prestado pela testemunha convidada pelo reclamante, além de ter sido ouvida na condição de informante, o que faz com que seu depoimento seja visto com reservas, além disso, mostra-se frágil e não corrobora as alegações da inicial.

---

(4) Art. 2º Considera-se empregador a empresa, individual ou coletiva, que, assumindo os riscos da atividade econômica, admite, assalaria e dirige a prestação pessoal de serviço.

Art. 3º Considera-se empregado toda pessoa física que prestar serviços de natureza não eventual a empregador, sob a dependência deste e mediante salário.

(5) Em primeira decisão sobre o tema, TRT-2 nega vínculo de motorista com a Uber. Diesponível em: https://www.conjur.com.br/2018-jan-06/decisao-tema-trt-nega-vinculo-motorista-uber/.

> Já a testemunha trazida pela reclamada, que labora no setor de cadastramento de motoristas, confirmou os termos da defesa, ao afirmar que não é realizada qualquer entrevista com o interessado em prestar serviços para a UBER, sendo necessário, apenas, que faça o respectivo cadastramento na plataforma digital, tendo esclarecido, ainda, que pode ocorrer o descadastramento da pessoa em casos de assédio ou violência contra passageiros. Afirmou a testemunha, ainda, que não há jornada mínima a ser cumprida e que pode haver recusa de viagens, sem penalidades, sendo certo também que o motorista pode cadastrar outra pessoa para dirigir seu veículo, desde que passe pelo processo de cadastramento no sistema. Não restou provado que o autor se submetesse ao poder diretivo da reclamada, tampouco que tivesse alguém a quem estivesse subordinado, principal elemento a configurar a relação de emprego.
>
> Afastadas, assim, a subordinação, pessoalidade e habitualidade." (Acórdão de relatoria da Desembargadora Sueli Tomé da Ponte, nos autos de n. 1001574-25.2016.5.02.0026)

O autor da reclamação trabalhista em referência argumentou a presença de *dumping* social, caracterizado pela prática de redução do custo de seus produtos pelas empresas com a utilização de mão de obra barata, configurando-se uma verdadeira precarização da relação de trabalho. No entanto, a decisão proferida entendeu que não havia se falar em *dumping* social, posto que o reclamante, vulgo motorista, poderia realizar jornada de trabalho que melhor lhe atendesse, ausente exploração por parte da plataforma.

A partir de então, foram proferidas decisões conflitantes pelos magistrados de primeiro grau e pelos Tribunais Regionais de todo o país, vereditos, estes, que por vezes reconheceram o vínculo de emprego entre motoristas e a Uber e outras empresas de tecnologia e outras vezes não.

Finalmente em fevereiro de 2020 a Quinta Turma do Tribunal Superior do Trabalho, sob a relatoria do Ministro Breno Medeiros, proferiu a primeira decisão(6) numa reclamatória ajuizada por um motorista contra a Uber em instância superior e, por unanimidade, negou o pleito de reconhecimento do liame de emprego. Ressalte-se que nestes autos, o juízo de primeira instância negou o pedido autoral, tendo havido reforma do julgado pelo Tribunal Regional do Trabalho da 2ª Região, que declarou a existência do vínculo de emprego entre as partes litigantes, condenando a empresa ao pagamento das verbas trabalhistas como décimo terceiro, férias, FGTS, multa fundiária, aviso prévio, entre outras verbas.

Para a Quinta Turma do TST, houve patente caracterização de autonomia na prestação de serviços pelo motorista. Destaca-se trecho da decisão:

> "Com efeito, o reclamante admite expressamente a possibilidade de ficar *"off line"*, sem delimitação de tempo, circunstância que indica a ausência completa e voluntária da prestação dos serviços em exame, que só ocorre em ambiente virtual.

---

(6) Turma do TST nega vínculo de emprego entre Uber e motorista. Disponível em: https://www.conjur.com.br/2020-fev-05/turma-tst-nega-vinculo-emprego-entre-uber-motorista/.

> Tal fato traduz, na prática, a ampla flexibilidade do autor em determinar sua rotina, seus horários de trabalho, locais que deseja atuar e quantidade de clientes que pretende atender por dia. Tal auto-determinação é incompatível com o reconhecimento da relação de emprego, que tem como pressuposto básico a subordinação, elemento no qual se funda a distinção com o trabalho autônomo." (Acórdão de relatoria do Ministro Breno Medeiros nos autos de n. 1000123-89.2017.5.02.0038)

O acórdão também destacou que a reserva pecuniária destinada ao motorista é de 75% a 80% do valor pago pelo usuário da plataforma, representando um percentual com evidente vantagem remuneratória não condizente com uma relação típica de emprego, mencionando a jurisprudência da Corte referente às parcerias firmadas entre salão de beleza com manicures em que não houve o reconhecimento do vínculo e o percentual de reserva era em torno de 60%, o que significa que na relação Uber/motorista o percentual é ainda superior.

Por se tratar de tema polêmico e controvertido, não houve e ainda não há uniformidade de entendimento entre as turmas da Corte da Justiça do Trabalho sem uma unificação de entendimento na Corte Superior do Trabalho. Outras Turmas analisaram o tema sendo que Terceira Turma do TST proferiu em abril de 2022 decisão inédita[(7)] que reconheceu o vínculo empregatício com a empresa, com relatoria do Ministro Mauricio Godinho Delgado. A extensa decisão de 54 páginas tratou de abordar questões históricas, bem como os principais aspectos socioeconômicos, elucidando o principal objetivo dessas novas organizações empresariais para reduzirem suas estruturas produtivas e o custo do trabalho, auferindo maior lucro.

A Turma julgadora reconheceu que a Uber não é apenas uma intermediadora do serviço prestado pelo motorista ao usuário, mas vem a ser a empresa que criou, operacionaliza e administra o negócio de transporte de passageiros por meio de aplicativo de serviços, sendo que o beneficiado final não é o cliente do motorista, mas é a própria empresa-plataforma. Ademais, o acórdão entendeu estar presente o requisito pessoalidade, uma vez que o trabalhador não poderia se fazer substituir por outrem, em razão do cadastro realizado junto à plataforma. Reconheceu também a existência de onerosidade, com o critério de repasse ao trabalhador de 70 a 80% do valor pago pelo passageiro à empresa, além da não eventualidade, em decorrência da permanência do serviço, ainda que por curto período de tempo.

Em suma o Tribunal Superior do Trabalho entendeu que o trabalhador estava diretamente inserido na dinâmica do negócio da atividade econômica da empresa,

(7) Em decisão inédita, TST reconhece vínculo de emprego entre Uber e motorista. Disponível em: : https://www.conjur.com.br/2022-abr-8/turma-tst-reconhece-vinculo-emprego-entre-uber-motorista/.

inexistindo traços de transitoriedade ou especificidade na prestação do serviço. No tocante à habitualidade e a jornada de trabalho, a decisão assim pontuou:

> "Registre-se, por oportuno, que a afirmação de que obreiro trabalhador não está vinculado ao cumprimento de um número mínimo de horas de trabalho e que pode prestar serviços para outras empresas que fornecem a mesma funcionalidade não tem o condão, por si só, de descaracterizar o caráter permanente da prestação de serviços à Reclamada. No caso concreto, reitere-se, a realidade que se extrai das informações constantes no acórdão regional é a de que o Reclamante dedicava seu trabalho intensamente à Reclamada, diariamente. Nesse contexto, a inexistência de cláusula contratual a prever jornada de trabalho mínima ou a exclusividade na prestação de serviços não tem relevância para enquadrar o labor como habitual ou eventual, na medida em que tal compreensão se extrai da prática concreta efetivada ao longo da prestação de serviços — a qual, no caso concreto, converge para a constatação de inegável labor habitual e contínuo do Reclamante durante os quase dois meses da relação jurídica existente. Além disso, nesta hipótese concreta, não houve prova de que o Obreiro estivesse conectado a outros aplicativos ou empregados.
>
> Ademais, vale salientar que o número de horas laboradas não interfere no reconhecimento do vínculo de emprego, mas na delimitação de o trabalhador se inserir ou não no Capítulo Celetista concernente à duração do trabalho. Há de se ressaltar, a propósito, que a própria CLT indica, no art. 62, os empregados não abrangidos pelo regime estabelecido em seu Capítulo II. A fixação da jornada e eventual labor extraordinário que gera a percepção de remuneração destacada (art. 7º, XVI, da CF) é matéria a ser debatida em cada caso concreto em que se discutem os horários praticados, não influenciando na definição da relação de emprego." (Acórdão de relatoria do Ministro Mauricio Godinho Delgado nos autos de n. 100353-02.2017.5.01.0066)

Nesse ínterim outras Turmas do TST julgaram a matéria proferindo decisões conflitantes nos casos da Uber e de outras empresas-plataforma, sendo que houve a instauração de procedimento de uniformização de jurisprudência pela SDI-1, estando o julgamento pausado até o presente momento por pedido de vista de um dos ministros.

Em maio de 2023 o Supremo Tribunal Federal apreciou uma das ações sobre "uberização" na Corte Suprema e em decisão monocrática, cassou a decisão proferida pelo Tribunal Regional da 3ª Região (Minas Gerais) que reconhecia o vínculo empregatício com a empresa Cabify, declarando a incompetência da Justiça do Trabalho para processar e julgar aquela ação e determinou a remessa dos autos à Justiça Comum.

De acordo com o Ministro relator Alexandre de Moraes na Reclamação 59.795, o vínculo existente entre o motorista e a plataforma digital mais se aproxima da Lei n. 11.442/2007, que disciplina a relação comercial de natureza civil existente entre os agentes do setor, que autoriza a contratação de motoristas autônomos para a realização do transporte de cargas, inexistente o vínculo de emprego.

O acórdão faz menção ao Tema 725 da Repercussão Geral – RE 958.252 de relatoria do Ministro Luiz Fux que "*reconheceu-se a possibilidade de organização da divisão do trabalho não só pela terceirização, mas de outras formas desenvolvidos por agentes econômicos*" (Min. MORAES, acórdão da Reclamação 59.795 Minas Gerais).

Em uma análise conjunta do Tema 725 com o Tema 590 da Repercussão Geral que trata da incidência do ISS no licenciamento ou na cessão de direito de uso de programas de computação desenvolvidos para clientes de forma personalizada, além das decisões pretéritas na Ação Declaratória de Constitucionalidade (ADC) 48, na Arguição de Descumprimento de Preceito Fundamental (ADPF) 324 e na Ação Direta de Inconstitucionalidade (ADI) 5835, o Ministro Alexandre de Moraes entendeu:

> "A interpretação conjunta dos precedentes permite o reconhecimento da licitude de outras formas de relação de trabalho que não a relação de emprego regida pela CLT, como na própria terceirização ou em casos específicos, como a previsão da natureza civil da relação decorrente de contratos firmados nos termos da Lei n. 11.442/2007 (ADC 48 e ADI 3.961), ou a previsão da natureza civil para contratos de parceria entre salões de beleza e profissionais do setor, nos termos da Lei n. 13.352/2016 (ADI 5.625, red. para o Acórdão Min. NUNES MARQUES). Destaco a tese da ADI 5.625:
>
> "1) É constitucional a celebração de contrato civil de parceria entre salões de beleza e profissionais do setor, nos termos da Lei n. 13.352, de 27 de outubro de 2016; 2) É nulo o contrato civil de parceria referido, quando utilizado para dissimular relação de emprego de fato existente, a ser reconhecida sempre que se fizerem presentes seus elementos caracterizadores." (Decisão proferida pelo Ministro Alexandre de Moraes nos autos da Reclamação 59.795 Minas Gerais)

A decisão, portanto, legitimou a constituição de vínculos distintos da relação de emprego, que é o caso do trabalhador autônomo e determinou a remessa à Justiça Comum, que deverá apreciar o pedido, uma vez que entendeu ser a Justiça do Trabalho incompetente para julgar essa modalidade de ação.

Posteriormente, outros Ministros da Suprema Corte julgaram outras reclamações constitucionais e cassaram as decisões que também reconheciam o vínculo de emprego entre os motoristas e as empresas-plataforma, sendo que em uma decisão proferida pelo Ministro Luiz Fux, além de cassar a decisão, não determinou a remessa à Justiça Comum, mas estabeleceu que novas decisões sejam proferidas com a observância das sentenças da Corte Suprema.

Não obstante o Supremo Tribunal Federal tenha decidido até aquele momento por meio de decisões monocráticas dos Ministros a temática *sub examen* em setembro de 2023 a empresa Uber foi condenada nos autos da Ação Civil Pública movida pelo Ministério Público do Trabalho de n. 1001379-33.2021.5.02.0004, a efetuar o registro em CTPS de todos os motoristas cadastrados na plataforma, sob pena de multa, além de pagar um bilhão de reais à título de dano moral coletivo. O processo aguarda julgamento do recurso ordinário apresentado.

A Primeira Turma do STF em decisão inédita julgou em dezembro de 2023 a Reclamação Constitucional n. 60.347 interposta também pela empresa Cabify e por unanimidade de votos, decidiu que a decisão do TRT da 3ª Região contrariou os precedentes vinculantes do STF, que admitem formas alternativas de prestação de serviços no mercado de trabalho.

Ressalte-se que até o momento a matéria foi analisada apenas por decisões monocráticas dos Ministros e por Turmas do STF, não tendo sido levada à análise do Plenário da mais alta Corte do país, para pronunciamento uniforme sobre o Tema, situação que se torna extremamente necessária para dirimir o conflito.

Não obstante as variadas decisões proferidas nos âmbitos dos juízos de primeiro, segundo e "*terceiro*" grau, essas por vezes conflitantes, tornam ainda mais necessária a regulamentação do trabalho em plataformas digitais a fim de se obter segurança jurídica para ambas as partes na relação jurídica existente. Notório que uma regularização em norma promulgada pelo Poder Legislativo, em que haverá votação no Congresso Nacional e a sanção pelo Presidente da República, legitimará com maior segurança a relação havida entre motorista e empresas que operam por aplicativos, reconhecendo direitos, garantias e obrigações tanto dos trabalhadores quanto das empresas que operam nesse modelo.

É certo que esse modelo de negócio e as relações de trabalho por meio virtuais são tendência num cenário em que há aumento de desigualdade social, escassez de trabalho e baixa renda, o que significa que o trabalho por aplicativo ainda subsistirá por longos e talvez eternos anos, com empresas atuais deixando de existir, assim como novas empresas e negócios surgindo.

Recentemente em maio de 2023, o Governo Federal, por meio do Ministério do Trabalho e Emprego, criou grupo de trabalho[(8)] para regulamentar as relações de trabalho entre motoristas de aplicativo e as empresas, visando elaborar propostas e direitos da categoria, composta por 45 membros, sendo 15 membros do governo, 15 dos trabalhadores e 15 das empresas. O prazo era de 150 dias, renováveis por mais 150, no entanto, ao término do primeiro prazo em 12 de setembro, não houve um consenso e acordo firmado, especialmente em decorrência da dificuldade de consentir sobre uma remuneração mínima.[(9)]

Embora não tenha havido um acordo, o Ministério do Trabalho está preparando projeto de lei sobre o tema que possivelmente contemplará questões como valor da remuneração mínima sobre a hora trabalhada, previdência social, seguro de vida e o formato de

---

(8) Governo Lula cria GT para regularizar trabalhadores de aplicativos. Disponível em: https://www.correiobraziliense.com.br/economia/2023/05/5091392-acao-no-stf-poe-o-sistema-privado-de-solucao-de-litigios-em-xeque-entenda.html.

(9) Motoristas e entregadores de aplicativo não chegam a consenso com empresas para regulamentação do serviço. Disponível em: https://oglobo.globo.com/economia/noticia/2023/09/13/motoristas-e-entregadores-de-aplicativo-nao-chegam-a-consenso-com-empresas-para-regulamentacao-do-servico.ghtml.

trabalho, se autônomo ou celetista, projeto este que possivelmente será apresentado pelo Governo Federal em janeiro de 2024.

Importante mencionar que outros vários projetos de lei já foram apresentados com a finalidade de regulamentar o trabalho nas plataformas digitais, no entanto não houve votação de nenhum deles até o momento.

Nesse ínterim, até que a questão seja finalmente regulamentada por lei, é imperioso que sejam observados os precedentes da jurisprudência do Poder Judiciário, especialmente as recentes decisões do Supremo Tribunal Federal, na expectativa de que ao menos haja um breve julgamento do Plenário do STF para trazer maior segurança jurídica aos agentes envolvidos nesse modelo de negócio.

Referências

MISKULIN, Ana Paula Silva Campos. *Aplicativos e direito do trabalho:* a era dos dados controlados por algoritmos. 2. ed. Campinas: Lacier, 2022.

SILVA, Plácido e. *Vocabulário Jurídico.*

CONSOLIDAÇÃO DAS LEIS DO TRABALHO. *Decreto-lei n. 5.452, de 1º de maio de 1943.*

Websites

G4 Educação. https://g4educacao.com/glossario

Conjur. https://www.conjur.com.br

Correio Brasiliense. https://www.correiobraziliense.com.br

O Globo. https://oglobo.globo.com.

Direitos sindicais dos trabalhadores atípicos nas plataformas digitais[1]

Francesca Columbu[2]
Túlio de Oliveira Massoni[3]

1. Do trabalho atípico ao trabalho nas plataformas digitais

O presente artigo propõe-se a discutir os direitos sindicais dos trabalhadores em plataformas digitais, independentemente da natureza jurídica do vínculo em que estejam enquadrados, sejam subordinados, sejam autônomos,

Não é nova a discussão acerca da nova morfologia do trabalho e da consequente crise do sindicalismo tradicional, o qual se vê desafiado pela constante necessidade de interpretação e representação coletiva das novas relações laborais, principalmente daquelas que refugem à tradicional relação empregatícia.

A ruptura com paradigma tradicional empregatício inicia-se com a passagem da segunda para Terceira Revolução Industrial e com a consolidação de narrativas neoliberais que introduzem o imperativo da flexibilização das relações de trabalho. O contexto econômico-produtivo pós fordista, marcado pela *flexible accumulation* (HARVEY, 2012) e pela globalização que de forma sempre mais intensa, adota a temporalidade dos vínculos contratuais e a relativização da proteção jurídica, desestrutura o sistema de relações individuais e coletivas de trabalho.

É justamente neste período que se inicia a conceituar o "trabalho atípico", o qual apresenta características mais ou menos marcantes que o distanciam da clássica relação

(1) O texto é uma versão reduzida do artigo "Direitos sindicais dos trabalhadores atípicos nas plataformas digitais" publicado na obra: *Inteligência Artificial e Novas Tecnologias nas Relações de Trabalho*. Volume 2. Coordenadora: CARLOTO, Selma. Leme-SP: Mizuno, 2023.

(2) Professora da Universidade Presbiteriana Mackenzie, CCT – Campinas. Doutora em Direito pela Universidade de Roma *"Tor Vergata"* e pela USP. Vice-Presidente do Instituto Ítalo-brasileiro de Direito do Trabalho. Coordenadora do Grupo de Pesquisa Direito, Inovação e Tecnologia — GPDIT.

(3) Doutor em Direito do Trabalho pela USP. Bacharel em Ciências Sociais pela USP — FFLCH. Professor de Direito do Trabalho da UNIFESP — Universidade Federal de São Paulo. Vice-Presidente do Instituto Ítalo-brasileiro de Direito do Trabalho. Professor convidado nos cursos de Pós-Graduação da PUC-COGEAE e outras.

de emprego. Atípico (ou não *standard)* é o trabalho desenhado pelas reformas laborais entre o final dos anos noventa e o início do século XXI. A atipicidade está, portanto, tanto nas formas intermediárias de contratação entre subordinação e autonomia (*vide* a parassubordinação) quanto nas tipologias de contrato de emprego por tempo parcial, por exemplo, ou de caráter intermitente (COLUMBU, 2014).

O plano das relações coletivas de trabalho também foi bruscamente afetado pela reestruturação produtiva. A questão da representação sindical dos trabalhadores atípicos enfatiza as dificuldades para a consolidação do interesse coletivo ante um cenário social heterogêneo e fragmentado, sendo que "a condição de nomadismo contratual e a descontinuidade profissional conduzem à desagregação do interesse coletivo, o que exige a necessidade de novas formas específicas de organização e de novos elementos identitários". (COLUMBU, p. 474).

Feitas a necessárias premissas acerca dos antecedentes históricos sobre a crise do modelo tradicional de trabalho, é necessário interrogar quais as implicações do trabalho atípico no atual contexto laboral caracterizado pela presença maciça de um novo paradigma de relações laborais governado pelas plataformas digitais (ALOISI, DE STEFANO, p. XV).

De fato, o trabalho que hoje definimos "plataformizado" — ou seja, organizado/controlado/sancionado por plataformas digitais *on line* ou na nuvem — vale-se de relações atípicas de trabalho. As condições jurídico-socio-laborais do então trabalho "destipificado" são as mesmas no atual sistema de plataformização do trabalho, fenômeno que as potencializa profundamente por meio de algoritmos e pela inteligência artificial. Assistimos, portanto, a um trabalho sempre mais baseado em alta conectividade e isolamento espacial/arquitetônico, porosidade temporal, atribuições baseadas em tarefas, redes horizontais e a substituição de contratos comerciais (como contratação, subcontratação e modelos não padronizados) por relações de trabalho, num contexto de subordinação imaterial e dependência socioeconômica (ALOISI, p. 12).

No âmbito das relações coletivas de trabalho, são muitas as questões que emergem: a necessidade de adaptar as organizações sindicais à economia digital; a extensão de direitos coletivos a todo tipo de trabalhadores, saindo dos limites do trabalho subordinado; o reconhecimento de novas medidas de pressão e de ação coletivas para estes trabalhadores; a reproblematização dos limites de aplicação do direito de concorrência econômica aos acordos entre trabalhadores (sem vínculo empregatício) e empresas.

Nesse cenário, há desafios de ordem jurídica relativos às limitações e a óbices indevidos à coletivização dos trabalhadores *non standard* ou atípicos. A tais desafios normativos — injustificados no que concerne a restrições de sindicalização e de celebração de contratos coletivos de trabalho por parte dos trabalhadores plataformizados — somam-se as dificuldades fáticas que o fenômeno coletivo, em geral, encontra no século XXI, marcado pelos signos da dispersão, individualização dos espaços tradicionais e da virtualização das relações sociais.

2. A atual posição da Organização Internacional do Trabalho (OIT) e da União Europeia sobre os direitos sindicais dos trabalhadores atípicos nas plataformas digitais

A análise dos estudos e posicionamentos da OIT no período entre 2016 e 2022 permite identificar uma grande evolução no sentido de reconhecimento de direitos mínimos de proteção social aos trabalhadores de plataformas, independentemente do vínculo jurídico (autônomo ou empregado). Mas mais do que isso, há um certo consenso sobre a necessidade de garantir direito de sindicalização e de direito de negociação coletiva de trabalho e de autotutela coletiva a tais trabalhadores, cerne desse estudo.

Reconhece a OIT que, muitas vezes, os trabalhadores em plataforma são tratados como contratantes independentes e a negociação coletiva envolvendo esses trabalhadores pode ser considerada, em alguns países, como contrária ao direito anticoncorrencial e às leis antimonopólio. No entanto, para a OIT a negociação coletiva é um direito fundamental em sentido pleno, de modo que as normas da OIT que regem a liberdade sindical e o direito efetivo da negociação coletiva (notadamente as Convenções ns. 87 e 98 da OIT) se baseiam em uma acepção de "trabalhador" que é interpretada de maneira bem ampla pelo sistema de controle normativo da OIT. (JOHNSTON, LAND-KAZLAUSKAS, 2018).

Neste sentido, De Stefano enfatiza que a negociação coletiva tem papel funcional no capitalismo de plataforma de regular a inteligência artificial, o monitoramento de trabalhadores e adaptar de modo flexível e célere as partes envolvidas ("negociando o algoritmo"), representando um diálogo social eficaz, sem necessidade de aguardar medidas legislativas. (DE STEFANO, 2018).

Reitera a OIT que o fomento ao diálogo social e às representações coletivas negociadas democraticamente são medidas que geram capacidades institucionais necessárias para conduzir as transições do futuro do trabalho, sendo certo que também os mecanismos de consulta dos trabalhadores permitem às pessoas exercerem influência sobre as suas vidas profissionais (OIT, 2019).

O próprio Comitê de Liberdade Sindical já reconhecia a titularidade de direitos sindicais a, por exemplo, trabalhadores autônomos e outros sem relação empregatícia. Veja-se neste sentido os verbetes: 387, 388, 389 e 1285 nos quais a OIT reitera que o critério para determinar a existência ou não do direito de constituir e/ou se filiar a entidades sindicais não se funda estritamente na existência de um vínculo laboral subordinado e padrão com um empregador e exorta os Estados Membros a garantir que os trabalhadores autônomos possam gozar dos direitos sindicais para, assim, fomentar e defender seus interesses, inclusive por meio da negociação coletiva (OIT, 2018).

Finalmente, em seu mais completo e recente estudo sobre o tema, a OIT reafirma a admissão de sindicalização de trabalhadores autônomos de plataformas e ressalta que, de acordo com Comitê de Peritos da OIT para a Aplicação das Convenções e Recomendações (CEACR), "todos os princípios e direitos fundamentais no trabalho são aplicáveis aos trabalhadores de plataformas da mesma forma que a todos os outros trabalhadores, independentemente da sua situação profissional" (OIT, 2021).

Todos os trabalhadores e trabalhadoras – incluindo do trabalho por conta própria e a economia informal – e as empresas devem gozar do direito de liberdade de associação e do reconhecimento efetivo do direito à negociação coletiva. As plataformas de trabalho digital fornecem novas fontes de receita para muitos trabalhadores em diferentes partes do mundo e estão em plena disseminação e, portanto, é recomendável o desenvolvimento de um sistema de governança internacional para plataformas de trabalho digitais que estabeleça e exija que as plataformas (e clientes) respeitem certos direitos e proteções mínimas a estes trabalhadores, sobretudo porque as novas tecnologias geram grandes quantidades de dados sobre os mesmos e isso representa riscos para a sua privacidade (OIT, 2019).

Segundo a pesquisa de Borrelli e Ranieri, uma vez que a Diretiva da União Europeia n. 2000/78 garante, também aos trabalhadores autônomos, a não discriminação por motivos sindicais, é razoável pressupor que a estes deva ser reconhecida a possibilidade de exercerem atividades sindicais sem sofrer qualquer prejuízo ou retaliação (BORRELLI, RANIERI, 2021). Na mesma pesquisa, as autoras produzem atento levantamento (*Idem*, p. 34-35) acerca dos pareceres do Comitê de Liberdade Sindical da OIT que, em diferentes ocasiões, têm afirmado que todos os trabalhadores, indistintamente, têm o direito de constituir organizações sindicais e é proibida qualquer interferência do Estado na criação de sindicatos de trabalhadores autônomos: (Case No. 2868 (Panamá, parágrafo 1005); Caso n. 2888 (Polônia par. 1084). Ainda, conforme as mencionadas autoras: "o Comitê da OIT reconheceu que 'trabalhadores autônomos podem se beneficiar plenamente dos direitos sindicais garantidos pelas Convenções n. 87 e 98, a fim de promover e defender seus interesses, inclusive por meio de negociação coletiva" (caso n. 2602 (Coreia), parágrafo 467; em sentido semelhante, ver casos n. 2013 (México) e n. 2786 (República Dominicana). De fato, dentro do sistema da OIT, os direitos sindicais são protegidos tanto como direitos fundamentais quanto como direitos habilitantes (ou seja, direitos funcionais para a proteção dos interesses e outros direitos dos trabalhadores). Em outras palavras, a liberdade sindical é uma liberdade-fim (um direito civil de associação) e, simultaneamente, é uma liberdade-meio, já que constitui instrumento para a promoção e defesa de todos os demais direitos. Não por outra razão é que nas Declarações de Direitos Humanos da ONU é que foi contemplada em ambos os pactos (no de direitos civis e políticos e também no de direitos econômicos e sociais). Consequentemente, o âmbito de aplicação da liberdade sindical é interpretado de forma ampla, pois "quanto mais amplamente essa liberdade for assegurada, mais efetivos serão os demais direitos garantidos pela legislação da OIT" (*Idem*, p. 35).

Em muitos países, os trabalhadores de plataformas associaram-se para melhorar as suas condições, seja através de negociações com as plataformas ou exercendo pressão junto dos governos a fim de adotar novas iniciativas regulamentares. Por vezes, os trabalhadores de plataformas filiam-se em sindicatos já estabelecidos, outras vezes formam novas organizações.

Também no âmbito da União Europeia a regulação do trabalho em plataforma encontra-se em franco andamento, destacando-se o Projeto de Diretiva para melhoria das condições de trabalho nas plataformas digitais (EUROPEAN COMMISSION, 2021). Neste documento, há presunção de relação subordinada e um especial enfoque para acesso à informação e proteção de dados. O Projeto de Diretiva pouco se refere à negociação coletiva de trabalhadores em plataforma, independente do seu estatuto jurídico de dependente ou de autônomo. De fato, constatou-se uma resistência inicial, por parte da Comissão Europeia, em admitir a possibilidade de negociação coletiva de trabalho envolvendo trabalhadores autônomos ou por conta própria. Essa resistência inicial proibitiva, contudo, vem se alterando sensivelmente nos últimos anos. Devemos esclarecer que a razão de tal resistência para se admitir trabalhadores autônomos de se associarem e realizarem negociação coletiva era a ideia de que o sindicato de autônomos poderia se constituir em uma espécie de "cartel", com violação de regras de "livre concorrência", pois tais negociações seriam realizadas entre trabalhadores autônomos que, juridicamente, a rigor, assemelhar-se-iam a "empresas", de modo que a agremiação destes autônomos equivaleria a uma organização de "empresários".

Finalmente, em setembro de 2022, a União Europeia aprovou o documento "Diretrizes" da Comissão Europeia, em Bruxelas, de setembro de 2022, sobre contratos coletivos de trabalho de trabalhadores autônomos. A Comissão ponderou que, a despeito do princípio de não concorrência entre autônomos, existem autônomos que estão em uma situação de "desequilíbrio de poder de negociação", de modo que, em alguns casos, o legislador nacional e da UE detectaram existir situações em que autônomos sem "ajudantes" podem efetivamente necessitar do acesso à negociação coletiva para compensar sua posição negociadora desequilibrada (COMISSÃO EUROPEIA, 2022).

Destacou a Comissão que o Direito de concorrência não se aplica aos trabalhadores por conta própria sem empregados que se encontrem em uma situação comparável à dos trabalhadores por conta alheia (empregados/dependentes/subordinados). Entre eles se incluem os trabalhadores por conta própria sem empregados que: (i) prestam serviços, exclusiva ou fundamentalmente, a uma só empresa; (ii) trabalham lada a lado de trabalhadores assalariados; e (iii) prestam serviços a uma plataforma digital de trabalho ou através dela. A Comissão não fará cumprir as normas de concorrência da União Europeia (art. 101, 1 do Tratado de Funcionamento da União Europeia) contra os convênios coletivos celebrados por trabalhadores autônomos sem empregados e que se encontrem em uma posição negociadora débil. Isso ocorre, por exemplo, quando os trabalhadores enfrentam um desequilíbrio de poder de negociação devido a negociações com empresas economicamente mais fortes ou quando negociam coletivamente com base na legislação nacional ou da União Europeia.

A partir dessa análise, constatamos, em síntese, que a União Europeia, hoje, a despeito de óbices iniciais, tem admitido a organização sindical de trabalhadores autônomos sem que isso configure violação de regras de concorrência. Assim, em relação a certos tipos de autônomos deve ser assegurado o direito de negociação coletiva de trabalho.

Entretanto, em muitos países, o direito da concorrência ainda segue como um óbice real ou potencial para permitir, aos trabalhadores de plataformas que são trabalhadores independentes, o exercício do seu direito de negociar coletivamente. Isso impede o desenvolvimento de soluções negociadas para temas como a remuneração, tempo de trabalho, avaliação e segurança através desta forte forma de diálogo social.

À luz das propostas da OIT e da União Europeia é necessário um trabalho internacional de reconfiguração da aplicação do direito da concorrência para que este não prejudique a negociação coletiva por parte de trabalhadores independentes e que são vulneráveis em plataformas digitais.

3. Aportes conceituais e releituras para o ordenamento jurídico brasileiro

O atual estágio da discussão acerca da extensão das garantias sindicais aos trabalhadores das plataformas digitais atípicos (sem vínculo empregatício) é ainda, no Brasil, muito incipiente. Isso se dá por uma crônica ausência de debate sobre o direito coletivo do trabalho, sempre preterido em relação ao direito das relações individuais e de regulação decorrente de lei estatal.

Entretanto, podemos observar que em nosso país, nos últimos anos, foram criadas associações de trabalhadores em aplicativos e sindicatos de trabalhadores em plataformas, principalmente no setor de entrega e de transporte. (MACHADO, ZANONI, 2022; CARELLI, CAVALCANTI, DA FONSECA, 2020; GONDIM, 2020). As pautas são variáveis. Nem todos sustentam a defesa de uma relação empregatícia. No período de pandemia COVID-19 dezenas de ações coletivas foram ajuizadas e o Poder Judiciário Trabalhista reconheceu, em inúmeras decisões, a legitimidade processual de tais organizações coletivas (sindicais ou não sindicais).

Do ponto de vista da representação coletiva do trabalho nas plataformas digitais, a experiência recente brasileira tem revelado 4 (quatro) vias para a representação de interesses coletivos dos trabalhadores em plataformas: 1. Criação de sindicatos de autônomos em aplicativos (situação predominante); 2. Criação de associação de trabalhadores (para a defesa dos associados); 3. Organizações coletivas mais informais; 4. Adesão a alguns sindicatos já existentes (situação residual). A principal forma de "ação" foi permeada por protestos pontuais e ajuizamento de ações judiciais coletivas, mas até o momento não se tem notícia de negociação coletiva de trabalho ou instrumento equivalente (MACHADO, *in:* CARELLI, CAVALCANTI, DA FONSECA, 2020, p. 438).

Similarmente ao que acontece no âmbito internacional, impõe-se discutir, também no Brasil, se há impeditivo à criação de sindicatos de trabalhadores autônomos em plataforma digitais.

Em âmbito jurisprudencial destaca-se a decisão do Tribunal Superior do Trabalho que apreciou o tema e concluiu, à luz do art. 511 da CLT e do conceito de categoria profissional, que "não há, pois, vedação legal para a formação de agremiação sindical representativa de trabalhadores autônomos".[4] Conforme a análise do relator,

> "não observo a alegada ilegitimidade ativa do SINDIAPLIC. A só circunstância de não representar uma classe de empregados não retira da pessoa jurídica autora da ação civil pública a possibilidade de organizar-se como entidade sindical. Observe-se, a propósito, a regra inscrita no caput do art. 511 da CLT: 'é lícita a associação para fins de estudo, defesa e coordenação dos seus interesses econômicos ou profissionais de todos os que, como empregadores, empregados, agentes ou trabalhadores autônomos ou profissionais liberais exerçam, respectivamente, a mesma atividade ou profissão ou atividades ou profissões similares ou conexas.'"[5]

Inexiste, de fato, restrição legal no Brasil à criação de organizações sindical representativas de trabalhadores autônomos. Entretanto, conforme prossegue a decisão mencionada, ainda que se considere superada a legitimidade da criação de entidade de classe, há, todavia, que ser superada a grande resistência de tais novas entidades sindicais em obterem o registro sindical[6] junto ao Cadastro Nacional de Entidades Sindicais (CNAES), exigência necessária, conforme Súmula n. 677 do STF.

A decisão mencionada representa um precedente importante no atual debate, entretanto, sozinha não basta. Para a pleno exercício da liberdade sindical no atual contexto laboral, urge uma ressignificação do conceito de categoria profissional segundo bases efetivamente democráticas, na direção dos atuais posicionamentos tanto da OIT,

(4) TST – TutCautAnt: 10015924220205000000, relator: Douglas Alencar Rodrigues, Subseção II Especializada em Dissídios Individuais, Data de Publicação: 10.11.2020 – Requerente: 99 TECNOLOGIA LTDA – Requerido: SINDICATO DOS MOTORISTAS DE TRANSPORTE PRIVADO E PARTICULARES INDIVIDUAL DE PASSAGEIROS POR APLICATIVOS E PLATAFORMAS DIGITAIS DE FORTALEZA E REGIÃO METROPOLITANA – SINDIAPLIC.

(5) TST – TutCautAnt: 10015924220205000000, relator: Douglas Alencar Rodrigues, Subseção II Especializada em Dissídios Individuais, Data de Publicação: 10.11.2020.

(6) Veja-se neste sentido o teor da recente decisão do Ministério do Trabalho: "Com fundamento no art. 22, II da Portaria 17.593/2020, o Ministério do Trabalho arquivou o pedido de registro sindical do STTATESP com base na "não caracterização da categoria pleiteada nos termos do art. 511 da CLT, em decisão de 07.02.2021, *DOU*, p. 60".

quanto da União Europeia. Segundo uma análise sistemática das regras democráticas de participação política, emerge contraditório excluir da possibilidade de representação e autotutela a uma parcela de trabalhadores tão somente em razão do "status" contratual dos mesmos. Não existem bases legais que legitimem privar trabalhadores chamados de "uberizados", ainda que autônomos, dos direitos fundamentais de sindicalização e de negociação coletiva de trabalho.

Reiteramos o entendimento pelo qual, por ser um direito humano fundamental, reconhecido e reafirmado constantemente pelos Tratados e Cortes internacionais, a liberdade sindical em todas suas dimensões é de titularidade universal: *é própria de quem trabalha*. O trabalho, que é o fundamento da República, deve assumir uma acepção ampla e inclusiva. Neste sentido, a Constituição brasileira, em seu art. 7º, confere a proteção fundamental aos "trabalhadores urbanos e rurais", assim como a Constituição italiana, no seu art. 35, "protege o trabalho em todas suas formas e aplicações".

Todavia, é ainda crucial para o pleno exercício da liberdade sindical no Brasil, a conceitualização da categoria profissional para os fins da titularidade subjetiva dos direitos sindicais. Amauri Mascaro Nascimento, definindo o conceito de categoria sindical, põe ênfase na similitude de condições de trabalho mais que na tipologia contratual ou o ramo econômico de referência: "a categoria, no direito sindical moderno, continua sendo um importante grupo representado por organizações sindicais, porque nela se virtualiza do interesse coletivo, a existência de vínculos de solidariedade, em razão da similitude de condições de exercício de uma atividade ou profissão" (NASCIMENTO, 2012, p. 204). Prossegue Mascaro, ressaltando que no contexto de liberdade sindical, abandona-se a visão "corporativa e hermética" (NASCIMENTO, 2012, p. 204) para conferir a tal agrupamento uma leitura democrática. Neste sentido, o corporativismo "via na categoria, a célula integrante de um sistema rígido instituído e controlado pelo Estado, padronizada em compartimentos jurídicos fechados e imodificáveis, pela vontade dos que a integravam, forma exclusiva de base de representação por um único sindicato exercente de funções delegadas de Poder Público" enquanto uma concepção democrática de categoria a enxerga como "grupo espontâneo, autoinstitucionalizado, com plena liberdade e fungibilidade, ao lado de outros, constituído sem a interferência do Estado, de modo natural, resultante da vontade dos próprios interessados" (NASCIMENTO, 2012, p. 205).

Pode-se afirmar, portanto, que é o sindicato que define a categoria, e não o contrário (COLUMBU, MASSONI, 2014).

A categoria é uma abstração; é apenas um critério para organizar sindicatos, ao lado de tantos outros possíveis existentes mundo afora, como empresa, ramo de atividade, setor, profissão. Não há, hoje, um conceito ontológico de categoria, tal como fixado no passado pelo Estado. Impõe-se uma perspectiva democrática do exame do próprio conceito de categoria. Como ensinava Gino Giugni:

> "os grupos sociais não se apresentam como fato ontologicamente definido, mas adquirem identidade em função de avaliação-de escolha realizada como ato de autonomia negociável- que transforma a amorfia sociológica e, caso organizativo em confere ao grupo importância jurídica. O grupo profissional, portanto, adquire tal relevância quando se auto-organiza e se coloca enquanto centro propulsor de atividade juridicamente relevante" (GIUGNI, 1991, p. 60).

Na realidade, o ordenamento jurídico brasileiro não apresenta nenhuma norma que formalmente impeça, proíba ou restrinja a possibilidade aos trabalhadores autônomos de se organizarem em sindicatos. Evidentemente, a organização coletiva do interesse laboral adquire significado jurídico quando da necessidade de negociação das condições contratuais em um determinado setor de atividade. O crescimento sempre mais incisivo de trabalhadores formalmente autônomos, não estruturados como empresa e, na maioria dos casos, frágeis do ponto de vista negocial, é uma realidade verificada no mercado de trabalho não apenas brasileiro, mas sim a nível global. Essa hipossuficiência negocial, núcleo central do direito do trabalho, é hoje própria também de quem presta serviço autonomamente/individualmente no mercado de trabalho. Não podemos identificar tal condição de desvantagem econômica de mercado apenas no vínculo empregatício para os fins da representação coletiva. Pelo contrário, é justamente quando se detecta o desequilíbrio contratual que os direitos sindicais devem ser reafirmados e garantidos.

De fato, nem a Constituição Federação de 1988, em seu art. 8º, nem a Consolidação das Leis do Trabalho, atrelaram o exercício da liberdade sindical à condição contratual de quem presta serviço para outrem em regime exclusivamente empregatício. Com efeito, a leitura sistemática e teleológica/axiológica dos preceitos constitucionais e internacionais do trabalho nos obrigam a interpretar as normas de cunho sindical de forma abrangente e inclusiva, e não excludente, por se tratar de direitos fundamentais laborais.

Neste sentido, o art. 8º da Constituição retrata os sindicatos como representantes de integrantes da categoria, mas não impõe a tal termo nenhuma especificação vinculante. O art. 511 da CLT, *caput*, legitima o ato da agremiação daqueles que exercem "a mesma atividade ou profissão ou atividades ou profissões similares ou conexas". Poder-se-ia objetar que o sucessivo § 2º menciona "em situação de emprego na mesma atividade econômica ou em atividades econômicas similares ou conexas" quando da descrição da categoria profissional, impedindo, portanto, a criação de sindicatos profissionais fora das relações de emprego. Todavia, entendemos que uma leitura em tal direção estaria em total desrespeito dos mandamentos constitucionais e internacionais, acima vistos e apresentados. A interpretação literal, fechada e isolada da norma infraconstitucional impede ao direito sua evolução e adaptação ao contexto social. Impõe-se, pois, uma leitura constitucional do conceito de categoria profissional.

A redação do art. 511 da CLT é fruto, evidentemente, do contexto fabril e corporativista na qual foi produzida. Entretanto, a passagem pelo crivo das sucessivas revoluções industriais e a aplicação em um contexto democrático lhe conferem nova roupagem, fiel aos vetores axiológicos que são a razão de ser do direito do trabalho, isto é, a solidariedade e a busca pela emancipação social de quem trabalha.

Como nos ensina a história, o sindicalismo, de fato, é fenômeno social que surgiu, se consolidou e se ampliou mesmo contra a vontade do Estado por meio de leis proibitivas. Segundo Alejandro Gallart Folch, o traço distintivo das organizações sindicais está no seu surgimento:

"como originais formações humanas em aberta contradição com as leis precisamente promulgadas para torná-las impossíveis, e que subsistiram, se multiplicaram e se aperfeiçoaram institucionalmente apesar da ação repressiva do Poder político, o qual teve que se resignar: primeiro a tolerá-las, logo a derrogar ou suavizar suas mais drásticas proibições para tornar possível a regulamentação de algumas atividades coletivas que resultavam às vezes perigosas e praticamente incoercíveis e, finalmente, a forjar, por meio de seus órgãos legislativos, judiciais e administrativos, um estatuto jurídico próprio para o sindicato" (GALLART FOLCH, 1957, p. 147).

Garantir a liberdade sindical é pressuposto para uma regulação das relações laborais em bases democráticas. Conforme lição de Ermida Uriarte, "a liberdade sindical não é apenas mais um dos direitos humanos ou fundamentais, mas é um pré-requisito ou condição para a posse e o exercício de outros direitos. Usando uma expressão em voga, pode-se dizer que é um direito a ter direitos, um direito gerador ou criador de outros direitos" (URIARTE, 2012, p. 36).

Em uma ordem constitucional democrática, devem ser removidos os obstáculos normativos e interpretações jurídicas que impeçam ou dificultem a participação coletiva dos trabalhadores na vida econômica, política e social. Com efeito, o estabelecimento de uma democracia pluralista não se exaure no reconhecimento do pluralismo político e na sua forma comum de expressão – os partidos políticos. Pressupõe, também, a atuação dos sindicatos no processo de mediação entre a sociedade e os órgãos constitucionais, por meio dos quais se expressa a vontade popular (RIVERO LAMAS, 1980, p. 185).

A liberdade sindical, concebida como direito fundamental de associação no plano das relações de trabalho, tem inegável centralidade para que uma sociedade possa se intitular autenticamente democrática. Associações sindicais livres e representativas (e representativas porque livres) que defendam a cidadania dos trabalhadores e garantam o espaço de circulação autônoma da palavra e da ação são fundamentais para a democracia política. Isso se deve ao fato de que os trabalhadores somente podem defender de modo eficaz seus interesses agrupando-se e associando-se (VALTICOS, 1998, p. 158). Nesse sentido, é possível afirmar que a liberdade sindical é, simultaneamente, um direito social e um direito civil e político, razão pela qual foi contemplada nos dois pactos internacionais da ONU de 1966.

Entretanto, longe de estar em decadência, o atual panorama sindical mostra uma renovada vitalidade, com a presença de numerosas novas siglas sindicais, tanto no Brasil como mundo afora, empenhadas na representação da nova morfologia do trabalho.(7) Conforme ressalta Aloisi "estes desenvolvimentos corroboram a ideia de que uma forte consciência, resistência e soluções experimentais estão surgindo entre os trabalhadores "não representados" e "desorganizados". Ao contrário dos relatos catastróficos sobre o declínio do sindicalismo, o trabalho organizado pode estar no limiar do seu ressurgimento" (ALOISI, 2019, p. 26).

Referências

ALOISI, Antonio; DE STEFANO, Valerio. *Il tuo capo è un algoritmo.* Contro il lavoro disumano. Bari: Laterza, 2020, p. XV.

ALOISI, Antonio. Negotiating the digital transformation of work: non-standard workers' voice, collective rights and mobilisation practices in the platform economy. European University Institute. *Working Paper MWP* 2019/03.

COMISSÃO EUROPEIA. *Preguntas y respuestas:* La Comissões adopta diretrices sobre los convênios colectivos de autónomos. Disponível em: https://ec.europa.eu/commission/presscorner/detail/es/QANDA_22_5805. 2022.

COLUMBU, Francesca. Flessibilità, lavoro atipico e rappresentanza sindacale. Uma comparazione tra Italia e Brasile. *Revista Fac. Dir. Univ. São Paulo.* v. 109 p. 461 – 482 jan./dez. 2014.

______; MASSONI, Túlio de Oliveira. Por uma concepção democrática de categoria sindical. *Revista de Direito do Trabalho – RDT*, ano 40, vol. 159, set./out. 2014.

DE STEFANO, Valerio. *Negotiating the algorithm:* automation, artificial intelligence and labour protection. Geneva: International Labour Organization, 2018.

ERMIDA URIARTE, Oscar. Crítica de la Libertad Sindical. *Revista PUCP*, n. 68, 2012.

(7) Para uma visão panorâmica das principais organizações e reivindicações presentes hoje no território brasileiro v. KALIL, Renan Bernardi. Organização coletiva dos trabalhadores no capitalismo de plataforma. *Contracampo*, Niterói, v. 39, n. 2, p. 79-93, ago./nov. 2020. MACHADO, Sidnei. Representação coletiva dos trabalhadores em plataformas digitais. Em: *Futuro do trabalho:* os efeitos da revolução digital na sociedade. CARELLI, Rodrigo de Lacerda; CAVALCANTI Tiago Muniz; DA FONSECA, Vanessa Patriota (Orgs.). Brasília: ESMPU, 2020. Do mesmo autor, veja-se, também MACHADO, Sidnei; ZANONI, Alexandre Pilan. Introdução. In: *O trabalho controlado por plataformas digitais:* dimensões, perfis e direitos. Sidnei Machado, Alexandre Pilan Zanoni (organizadores); – UFPR – Clínica Direito do Trabalho: Curitiba, 2022. Um apanhado internacional é lado oferecido pela recente pesquisa de ALOISI, Antonio. Negotiating the digital transformation of work: non-standard workers' voice, collective rights and mobilisation practices in the platform economy. European University Institute. *Working Paper MWP*, 2019/03.

EUROPEAN COMMISSION. *Proposal for a Directive of the European Parliament and of the Council on improving working conditions in platform work*. Brussels, 9.12.2021 [COM (2021) 762].

GALLART FOLCH, Alejandro. *El sindicalismo como fenômeno social y como problema jurídico*. Buenos Aires: Zavalia, 1957.

GIUGNI, Gino. *Direito Sindical*. São Paulo: LTr, 1991.

GONDIM, Thiago Patricio Gondim. A Luta por Direitos dos Trabalhadores "Uberizados": Apontamentos Iniciais Sobre Organização e Atuação Coletivas. In: *MEDIAÇÕES*, Londrina, v. 25, n. 2, p. 469-487, maio/ago. 2020.

HARVEY, David. *A condição pós-moderna*. Uma pesquisa sobre as origens da mudança cultural. 22. ed. São Paulo: Loyola, 2012.

JOHNSTON, Hannah; LAND-KAZLAUSKAS, Chris. *Representación, voz y negociación colectiva:* la sindicalización en la economía del trabajo esporádico y por encargo. SERIE CONDICIONES DE TRABAJO Y EMPLEO. NÚM. 94. OFICINA INTERNACIONAL DEL TRABAJO – GINEBRA. 2018.

KALIL, Renan Bernardi. Organização coletiva dos trabalhadores no capitalismo de plataforma. *Contracampo*, Niterói, v. 39, n. 2, p. 79-93, ago./nov. 2020.

MACHADO, Sidnei. Representação coletiva dos trabalhadores em plataformas digitais. Em: *Futuro do trabalho: os efeitos da revolução digital na sociedade*. CARELLI, Rodrigo de Lacerda; CAVALCANTI Tiago Muniz; DA FONSECA, Vanessa Patriota (Orgs.). Brasília: ESMPU, 2020.

______; ZANONI, Alexandre Pilan. Introdução. Em: *O trabalho controlado por plataformas digitais:* dimensões, perfis e direitos. Sidnei Machado, Alexandre Pilan Zanoni (Orgs.); – UFPR – Clínica Direito do Trabalho: Curitiba, 2022.

NASCIMENTO, Amauri Mascaro. *Compêndio de Direito Sindical*. 7. ed. São Paulo: LTr, 2012.

ORGANIZAÇÃO INTERNACIONAL DO TRABALHO. *La Libertad Sindical*. Recopilación de decisiones del Comité de Libertad Sindical / Oficina Internacional del Trabajo – Ginebra: OIT, 6. edición, 2018.

______. *Trabalhar para um futuro melhor*. Lisboa: Bureau Internacional do Trabalho, 2019.

______. *Perspectivas Sociais e de Emprego no Mundo 2021:* O papel das plataformas digitais na transformação do mundo do trabalho. Bureau Internacional do Trabalho – Genebra, 2021.

RIVERO LAMAS, Juan. Democracia pluralista y autonomia sindical (actividad politica de los sindicatos y Constitución). In: *ESTUDIOS de derecho del trabajo en memoria del Profesor Gaspar Bayon Chacon*. Madrid: Tecnos, 1980.

VALTICOS, Nicolas. Normas internacionales del trabajo y derechos humanos. ¿Como estamos en vísperas del año 2000? *Revista Internacional del Trabajo*, Ginebra, v. 11, n. 2, 1998.

A proteção contra despedida algorítmica no contexto laboral: consequências pelo descumprimento do direito à explicabilidade previsto no art. 20 da LGPD

Raphael Miziara[1]

1. Introdução

Desde os primeiros avanços tecnológicos na história da humanidade, as novas tecnologias sempre moldaram o comportamento em sociedade. Ao mesmo tempo em que o homem desenvolve novas tecnologias, é por elas influenciado e condicionado. A influência da tecnologia no comportamento dos seres humanos é chamada de *determinismo tecnológico* (Ellul, 1964). Não por acaso, Marshall McLuhan afirmou que "*os homens criam as ferramentas, as ferramentas recriam os homens*" (1994, p. 70). Contudo, é fato inconteste que, atualmente, o poder de influência e remodelação social da tecnologia alcançou patamares semelhantes às sociedades distópicas imaginadas no passado.

O uso massivo da internet, a explosão dos dados, o recente e pujante desenvolvimento das novas ferramentas de inteligência artificial, o desenvolvimento de máquinas com alta capacidade de processamento e a internet das coisas (*Internet of Things — IoT*) são apenas alguns exemplos do fenômeno chamado Quarta Revolução Industrial. Também conhecida por Revolução Informacional ou Digital, é caracterizada pela escala do impacto e pela velocidade das mudanças, fazendo com que as transformações atuais na

(1) Doutorando em Direito do Trabalho pela Universidade de São Paulo (USP). Mestre em Direito do Trabalho pelo Centro Universitário do Distrito Federal (UDF). Especialista em Direito do Trabalho pela *Universidad Castilla-La Mancha* (UCLM – Espanha). Professor. Pesquisador. Advogado. E-mail: rmiziara@usp.br.

sociedade sejam diferentes das provocadas por qualquer outra evolução industrial da história. Neste sentido, Klaus Schwab afirma que três razões sustentam a ideia de uma Quarta Revolução Industrial: *a)* a velocidade das mudanças; *b)* a amplitude e profundidade; e, por fim, *c)* o impacto sistêmico (2016, p. 13). É dentro dessa quadra histórica que se desenvolveu o presente ensaio.

Dita Revolução, por óbvio, não deixou de plasmar seus impactos no contexto das relações de trabalho. A propósito, é na seara laboral que as novas e mais contemporâneas tecnologias vêm provocando uma verdadeira sub-revolução, caracterizada por uma miríade de substanciais deslocamentos — quantitativamente e qualitativamente significativas — e que têm desafiado as clássicas estruturas jurídicas trabalhistas forjadas no passado e ainda persistentes no atual cenário. Dito de outro modo, o Direito do Trabalho, mais uma vez, passa novamente por um grande desafio, consistente em, agora sob os auspícios da Revolução Informacional, dar uma resposta adequada para harmonizar o eterno confronto entre capital e trabalho, ou seja, entre livre iniciativa e os valores fundamentais do trabalho.

O presente artigo pretende analisar um impacto peculiar das novas tecnologias nas relações de trabalho. Trata-se do enfrentamento dos aspectos jurídicos do crescente uso, pelo empregador, de ferramentas de inteligência artificial que, a partir do tratamento massivo de dados, tomam decisões automatizadas no contexto laboral. Tal análise será feita, sobretudo, à luz do art. 20 da Lei n. 13.709, de 14 de agosto de 2018, a Lei Geral de Proteção de Dados, popularmente conhecida como LGPD. Para tanto, mostrou-se necessário um corte metodológico mais específico dentro do universo do uso das ferramentas de IA no contrato de trabalho. Desse modo, o trabalho elegeu como objeto ou problema nuclear a investigação das consequências fático-jurídicas das rupturas contratuais levadas a cabo de forma automatizada pelos tomadores de trabalho.

A partir do problema central selecionado, surgem questionamentos específicos que buscam abordar o estudo de forma mais abrangente, direcionando a atenção para aspectos particulares do questionamento principal. Assim, derivam-se uma série de subproblemas, dentre os quais se podem destacar os seguintes: *a)* Com o advento da Lei Geral de Proteção de Dados, notadamente de seu art. 20, surgiu no Direito do Trabalho brasileiro o direito à despedida algorítmica motivada ou explicada? *b)* Em caso positivo, o indagado direito representa uma garantia *indireta* do posto de trabalho? *c)* Também em caso positivo, qual o conteúdo jurídico da “explicação” ou, ainda, qual o espectro normativo da regra insculpida no § 1º do art. 20 da LGPD? *d)* O conjecturado direito à explicação pressupõe a *interpretabilidade* dos sistemas de IA? *e)* Como conciliar o suposto direito à explicação com a proteção dos segredos comercial e industrial dos controladores dos dados? *f)* Quais as consequências fáticas e jurídicas da inobservância, pelo controlador, do direito à explicação?

Como decorrência lógica dos questionamentos acima, especialmente da problemática central escolhida, a hipótese principal a ser testada é a de que a LGPD trouxe um dever adicional aos controladores que se valem de ferramentas de inteligência artificial para produção de despedidas automatizadas no contexto laboral e a inobservância de tal dever gera consequências jurídicas variadas, a depender do caso concreto explorado.

O estudo foi dividido em cinco partes. A *primeira parte* procura demonstrar como as ferramentas de Inteligência Artificial para tomada de decisões automatizadas vêm sendo utilizadas no contrato de trabalho. Na *segunda parte*, que está subdividida em dois tópicos, o artigo objetiva traçar a fisiologia das discriminações produzidas por IA, oportunidade na qual os sistemas de IA são comparados a "organismos biológicos" que, como tais, devem manter a homeostasia, sob pena de desenvolvimento de patologias algorítmicas. Ainda na segunda parte, o ensaio procura descrever o modo pelo qual as ferramentas de IA produzem, reproduzem, perpetuam e criam injustiças e desigualdades.

Já na *terceira parte*, igualmente segmentada em dois itens, adentra-se na análise das decisões automatizadas na ruptura do contrato de trabalho, ocasião na qual se busca delimitar o conteúdo jurídico do direito à explicabilidade, com aportes na inteligência artificial explicável. Em seguida, na *quarta parte*, objetiva explorar as consequências jurídicas pela inobservância, pelo controlador, do direito à explicabilidade. Por fim, na *quinta e última parte*, traça um paralelo entre a dispensa sem justa causa e a necessidade de explicação nas dispensas por decisão automatizada.

A metodologia empregada na pesquisa foi principalmente de cunho explicativo, por meio do registro, análise e interpretação dos fenômenos analisados, em busca da identificação de causas e consequências. Outrossim, a pesquisa pautou-se no método bibliográfico e na análise de casos concretos de rupturas automatizadas dos contratos de trabalhadores em plataforma.

2. Ferramentas 'ATS' de Inteligência Artificial para tomada de decisões automatizadas nas relações de trabalho

As ferramentas de inteligência artificial utilizadas para seleção de candidatos são conhecidas como ATS, sigla que designa *Applicant Tracking System*, ou seja, "Sistema de Rastreamento de Candidatos". Às vezes a sigla também é utilizada para se referir à expressão mais genérica *Automatic Tracking Systems*, que significa "Sistemas de Rastreamento Automáticos". Outrossim, é bastante comum o uso da sigla AHS ou *Automated Hiring System*, que em português denota"Sistemas de Contratação Automatizados". Quando o uso da IA se dá em momentos desvinculados da etapa de recrutamento, seleção e contratação, é preferível o uso da expressão mais abrangente "Sistemas de Rastreamento Automáticos".

Seja como for, independentemente do termo que se resolva utilizar, é indubitável que o uso de IA nas relações de trabalho atingiu números expressivos e a tendência é de incremento de tais práticas. Ao que parece, em boa parte, o alastre de tais tecnologias se deu — e ainda se dá — em razão das promessas de um tecnosolucionismo infalível e livre de qualquer tipo de viés ou preconceito. Pelo menos esta é a irresponsável e leviana promessa largamente difundida pelos grandes desenvolvedores de *softwares* desta natureza. Empresas fornecedoras de IA divulgam maciçamente e sem qualquer receio a ideia de uma "tecnoconfiança" acrítica, o que redunda em verdadeira "tecnolatria", ou seja, a ideia de uma confiança irrestrita e muitas vezes inquestionável nas capacidades da tecnologia, acreditando ser ela dotada de um apanágio para o afastamento de vieses na tomada de decisões no âmbito laboral.

Os números são impactantes e, por que não dizer, assustadores. 15 (quinze) milhões de inscrições por mês. Essa é a quantidade de currículos triados pela Gaia, a inteligência artificial da Gupy, empresa líder no mercado brasileiro no segmento de *softwares* de recrutamento automatizado. Deste montante, menos de 1% (um por cento) das inscrições para vagas de trabalho redundam em contratação (Teixeira, 2024). A mesma empresa informa em seu site que mais de 4 (quatro) mil empresas, de 20 (vinte) diferentes setores da economia, utilizam as suas ferramentas de inteligência artificial para tomada de decisões nas relações de trabalho.

Porém, não é somente a triagem automática de currículos que é feita pela inteligência artificial. Os candidatos também são submetidos a um teste de perfil *comportamental* para avaliar *traços de personalidade* das pessoas, o que levanta sérios óbices em relação à sua confiabilidade e, especialmente, constitucionalidade. Em algumas outras situações, como condição para prosseguir na candidatura, o candidato é instado a gravar um vídeo, cujas características também serão avaliadas pelas ferramentas de IA, que tomarão decisões a partir do processamento dos inúmeros dados coletados. Em seus materiais publicitários, a Gupy informa que pelo menos 880 (oitocentos e oitenta) mil pessoas candidatas já realizaram referido teste (Gupy, 2024, p. 23).

Por sua vez, a empresa PandaPé, uma das maiores do país e primeira colocada na América Latina no seguimento de IA para decisões automatizadas nas relações de trabalho, possui em seu banco de dados os dados curriculares de aproximadamente 50 (cinquenta) milhões de candidatos. A IA da empresa também realizada, dentre diversas outras tarefas, a triagem de currículos, testes e entrevistas virtuais, avaliações de desempenho, bem como os suspeitos testes comportamentais. Segundo a Pandapé, "*com um ATS, os recrutadores conseguem aplicar avaliações comportamentais e de valores pessoais, que por meio de rankings, demonstram a aderência ao 'Fit Cultural' da sua empresa*" e "*com o Pandapé é possível aplicar avaliações de lógica e comportamentais, [...] para que o ATS crie um ranking de aderência ao Fit Cultural de acordo com os resultados*" (Pandapé, 2024).

Importante ressaltar que as ferramentas de IA para tomada de decisões automatizadas vêm sendo utilizadas desde o momento do mero anúncio da vaga para um posto de trabalho até o instante da ruptura contratual. Para facilitar a compreensão, é salutar expor de forma esquemática e resumida os principais usos de sistemas de inteligência artificial nas relações de trabalho, tal qual exposto em recente pesquisa sobre o tema (Miziara, 2024, p. 236):

A) nas ***fases de recrutamento, seleção e contratação***, as ferramentas de IA de decisão automatizada são empregadas principalmente para as seguintes tarefas: *a.1)* direcionamento de anúncios de vagas de trabalho para determinados grupos; *a.2)* triagem de currículos; *a.3)* realização de *background checks*, especialmente pelo monitoramento de redes sociais, o "*social media background checks*"(2); *a.4)* análise de vídeos gravados por candidatos ao posto de trabalho, casos em que tais tecnologias alimentadas por IA são capazes de analisar expressões faciais, tom de voz, sotaque, dentre outras características, e chegar as conclusões sobre a adequação dos candidatos com base nestas informações; *a.5)* entrevistas por "*chat bots*"; *a.6)* testes de personalidade ou de compatibilidade cultural, o conhecido "*fit cultural*"; *a.7)* gamificação para escolha de candidatos etc.

B) na **fase contratual**, a principal forma de atuação da IA é realizar o *gerenciamento* ou *gestão algorítmica* do contrato, dentro da qual se incluem as seguintes atividades, divididas de acordo com a tradicional classificação do poder diretivo em sentido *lato*:

b.1) exercício do **poder diretivo** por meio de ordens automatizadas, tais como, *b.1.1)* estabelecimento de turnos e horários de trabalho, com base em predição algorítmica que detecta quando a demanda de serviços será maior; *b.1.2)* ofertas salariais randômicas e dinâmicas, principalmente em trabalho por plataformas; *b.1.3)* alocação de férias e folgas; *b.1.4)* gestão de ausências; *b.1.5)* distribuição de tarefas e definição de metas; *b.1.6)* expedição instruções e treinamentos; *b.1.7)* promoções de empregados; *b.1.8)* treinamentos e gamificação com avaliação; *b.1.9)* reestruturação de equipes de empregados;

b.2) exercício do **poder fiscalizatório**, tais como, *b.2.1)* avaliações, por meio de sistemas de reputações, por exemplo; *b.2.2)* análise da produtividade, por meio de monitoramento de toques no teclado, de tela, de *e-mail* ou de outro tipo de

(2) Por exemplo, a empresa Good Egg especializou-se neste tipo de uso de inteligência artificial. Em seu site ela afirma o seguinte: "Crie uma força de trabalho mais segura e produtiva com verificações de antecedentes nas mídias sociais. Aparentemente, a triagem nas mídias sociais provavelmente parece uma tarefa bastante fácil. Mas revisar a vasta atividade on-line de uma pessoa de maneira completa e compatível não é algo que qualquer pessoa possa fazer (incluindo o departamento de RH). É por isso que você deve escolher um fornecedor de triagem com experiência em verificação de antecedentes de mídia social e monitoramento de mídia social. (Poderia sermos nós!)" (https://www.goodegg.io).

tarefa; *b.2.3)* análise da rapidez e frequência com que um trabalhador aceita ou recusa novas tarefas; *b.2.4)* monitoramento das redes sociais; *b.2.5)* monitoramento de diversas atividades e comportamentos dos empregados, por exemplo, por meio de câmeras lidas por IA, em e por dispositivos móveis, localização, *webcams* etc., *b.2.6)* monitoramento do contrato em geral, incluindo produtividade e desempenho;

b.3) exercício do **poder disciplinar**, tais como, *b.3.1)* expedição de penalidades, inclusive de caráter terminativo do contrato.

As condutas automatizadas acima descritas somente se tornam viáveis em razão do tratamento massivo de dados dos trabalhadores e candidatos ao emprego, muitas vezes com a utilização de dados excessivos, desnecessários, impertinentes e inadequados à finalidade que se busca alcançar. Tudo isso se tornou possível e é decorrência do chamado "Capitalismo de Vigilância", fenômeno caracterizado pela incorporação, pela tecnologia, das experiências humanas, conforme explica Shoshana Zuboff (2020, p. 16). Ao registrar e armazenar experiências humanas, os meios tecnológicos utilizam dados como matéria-prima, seja para aprimorar mecanismos que impulsionam e retroalimentam o desenvolvimento tecnológico, seja para gerar predefinições de comportamentos desejáveis.

Para além da exploração da força de trabalho, o capitalismo de vigilância alimenta-se de todos os aspectos da experiência humana. Ele reivindica de forma unilateral a experiência humana como insumo gratuito, destinado à tradução dos dados comportamentais para realização de predições. Toda essa engrenagem resulta em predições capazes de antecipar as ações e comportamentos futuros de um indivíduo, no caso, do candidato à vaga de trabalho ou do próprio trabalhador.

Neste contexto, fala-se no fenômeno da"dataficação" do trabalho e dos aspectos profissionais e pessoais do trabalhador, pois as experiências são transformadas em dados, ou seja, metrificadas, no intuito de serem objetivamente avaliadas. "Dataficar" um aspecto imaterial da vida significa representá-lo de forma matemática, de modo que seja possível mensurá-lo em termos quantitativos e informacionais. Nesse sentido, a doutrina afirma que "*a dataficação é um fenômeno contemporâneo que se refere à quantificação da vida humana através de informação digital, muitas vezes por valor econômico*" (Mejias; Couldry, 2019). Com a "dataficação" grandes domínios da vida humana se tornaram suscetíveis ao processamento e análise automatizada em larga escala. Há uma espécie de "renderização" do comportamento humano (Mayer-Schönberger; Cukier, 2014, p. 78; 93-94).

A partir da observação dos acontecimentos acima, Ifeoma Ajunwa cunhou a figura do *quantified worker* ou "trabalhador quantificado", que se se refere a um trabalhador que é monitorado e avaliado por sistemas de IA com base em métricas e dados quantitativos.

A outrora intangibilidade do comportamento humano agora é concretizada em números para gerenciar riscos e lucros para a empresa (Ajunwa, 2024, p. 22).

O grande problema é que a ascendência exponencial das ferramentas de IA para tomada automatizada de decisões que afetam direitos dos trabalhadores traz consigo, a par de alguns benefícios, riscos incalculáveis. A situação se torna ainda mais preocupante quando se percebe o evidente fato de que o uso de tais tecnologias vêm sendo realizado sem qualquer tipo de regulamentação específica, muito menos no que atine ao direito do trabalho.

Soma-se às circunstâncias acima, o também notório fato de que os trabalhadores e a maioria das empresas usuárias sequer têm noção dos riscos de danos a que estão submetidos. Por fim, a preocupante conjuntura exposta excede os limites do razoável quando se observa que, lamentavelmente, a maioria dos profissionais da área jurídica ainda não despertaram para a importância do tema aqui problematizado.

3. A fisiologia das discriminações produzidas por IA

A tecnologia e os seus subprodutos — como os sistemas de IA — qualificam-se como *agentes sociais*, mais especificamente, possuem a natureza de *agentes instrumentais sociotecnológicos* (Miziara, 2024, p. 554). Esclareça-se que não se pretende com esta afirmação conferir aos sistemas de IA natureza antropomórfica. Tal natureza é atribuída pelo fato de que tais tecnologias são criadas para atuarem no meio social, influenciá-lo e ser por ele influenciado. Como "organismo", os sistemas possuem sua fisiologia própria. É preciso, assim, estudar e conhecer (logos) a física (fisio) de funcionamento de tais ferramentas para que se possa compreender como o sistema pode entrar em disfuncionalidade e causar danos às pessoas.

3.1. Homeostasia e patologia algorítmicas

Em IA, um "neurônio" é um elemento de processamento primitivo que recebe um ou mais valores de entrada e produz um valor de saída combinando os valores de entrada e aplicando uma função de ativação para o resultado. Esta última – a função de ativação – é justamente a que permite que as redes neurais extraiam e aprendam características ou padrões complexos extraídos do vasto conjunto de dados processados ou tratados. Com base nisso é que se define "rede neural" como uma rede de uma ou mais camadas de neurônios conectados por ligações ponderadas com pesos ajustáveis, que recebe dados de entrada e produz uma saída (ABNT NBR ISSO/IEC 22989:2023, p. 12).

Tal como se dá com o pensamento humano, os sistemas de IA recebem uma informação de entrada (*input*), processam tal informação a partir de certos parâmetros (centro integrador) e produzem um resultado (*output*). A inteligência artificial é um sistema e, como tal, deve se manter em uma situação de equilíbrio relativamente estável. Como as ferramentas para produção de decisões automatizadas buscam mimetizar o comportamento biológico do cérebro, tal como este, devem elas estar com seus elementos componentes em perfeito estado de funcionamento harmônico, sob pena de surgirem déficits cognitivos artificiais, prejudicando a confiabilidade, a robustez e a previsibilidade do sistema.

A *confiabilidade* é a propriedade do sistema de gerar os comportamentos e os resultados pretendidos de forma consistente. Por sua vez, a *robustez* é a capacidade de um sistema de manter seu nível de desempenho sob qualquer circunstância. Já a *previsibilidade* é a propriedade de um sistema de IA que permite suposições confiáveis, pelas partes interessadas, sobre as saídas geradas (ABNT NBR ISSO/IEC 22989:2023, p. 14).

Por exemplo, se um sistema de IA foi treinado com base em dados não representativos ou se utilizou em seu código-fonte parâmetros aparentemente neutros capazes de provocar impactos desproporcionais em certos grupos, os resultados gerados serão ilegítimos, na medida em que o sistema "aprendeu" de forma equivocada. Nestes casos, a etiologia do déficit cognitivo é ínsita a um ou alguns elementos do sistema, o que resulta em desequilíbrio do todo.

A palavra "homeostasia" deriva do grego **ὅμοιος** /homoios/, que significa "semelhante", bem como do grego **στάσις** /stasis/, que se traduz em "estado". Portanto, homeostase é um "estado semelhante". Para que o sistema funcione de forma adequada, é indispensável que todos os seus elementos componentes estejam em bom estado e funcionem em harmonia. Logo, um sistema de IA homeostático é aquele capaz de manter relativa estabilidade/constância em seus elementos, mesmo diante das variações externas do ambiente, ou seja, o ambiente interno (ou sistema) é mantido relativamente estável/constante. Daí a importância do monitoramento humano do sistema após a sua implementação, pois ele pode ser influenciado por novos dados ou desenvolver vieses inconscientes.

Em um sistema de IA, a homeostase seria a capacidade de manter um equilíbrio dinâmico, ajustando continuamente seus parâmetros internos para responder às mudanças no ambiente. Os requisitos para a homeostasia de um sistema de IA incluem, principalmente, a capacidade de coletar dados do ambiente, processar esses dados para identificar padrões e tendências, tomar decisões com base nessas informações e ajustar seus próprios parâmetros internos para manter o equilíbrio sem o desenvolvimento de vieses.

Se ocorrer alguma insuficiência interna ou falha de algum elemento componente do sistema, o processo fisiológico normal da ferramenta restará prejudicado, situação na qual é possível afirmar que o sistema entra em estado de disfunção ou condição de patologia algorítmica. A patologia algorítmica em um sistema de IA compara-se a uma doença ou disfunção em um organismo biológico. Isso pode ocorrer, por exemplo, quando o sistema de IA é incapaz de se adaptar às mudanças no ambiente ou quando desenvolve vieses prejudiciais. Nos casos de disfunção, o sistema toma decisões inconsistentes ou prejudiciais, ou entra em estados de *loop* ou comportamento incontrolável.

Por exemplo, partindo-se da premissa que o sistema aprende com base na extração de padrões de dados, é possível que tal aprendizado seja influenciado de forma equivocada por uma correlação ou associação espúria entre duas variáveis. Uma associação é "espúria" pois liga características (variáveis) de forma aleatória e não causal. Dito de outro modo, a correlação não reflete uma relação de causa e efeito. Com isso, surge um *déficit de representação* por *falha cognitiva* dos componentes *informacionais* (dados) *sensoriais* (algoritmos) do sistema. Trata-se, portanto, de psicopatologias associadas ao aprendizado de máquina ou, melhor contextualizando, de uma "*discognose algorítmica*" (Miziara, 2024).

É preciso, portanto, que seja possível ativar mecanismos compensatórios que, se bem-sucedidos, restabeleçam a homeostasia. Se não há compensação, o resultado pode ser desastroso do ponto de vista da garantia dos direitos fundamentais das pessoas que serão atingidas por decisões oriundas de sistemas de IA em desequilíbrio. A detecção e correção de patologias algorítmicas são essenciais para garantir que um sistema de IA é antropocêntrico, ou seja, centrado no ser humano.

3.2. Como sistemas de IA perpetuam discriminações históricas e criam outras injustiças

No âmbito das relações trabalhistas, são inúmeros os exemplos reais e concretos de condutas discriminatórias produzidas por meio das decisões automatizadas advindas das ferramentas de IA. Ilustrativamente, já foram bastantes difundidos dois conhecidos casos de discriminação algorítmica envolvendo a *big tech* Amazon. No primeiro, sua ferramenta de IA para triagem automatizada de currículos desenvolveu um viés de gênero, na medida em que passou a associar como relevantes ou irrelevantes características específicas de gênero com as chances de sucesso do candidato. A própria empresa admitiu a falha e interrompeu o uso do sistema (Dastin, 2018). No segundo caso, foi implementado um sistema de IA criado para monitorar a produtividade dos trabalhadores e, por consequência, romper o contrato em caso de baixo desempenho. Ocorre que a IA mencionada começou a recomendar a despedida de trabalhadoras gestantes e deficientes, sem atentar para o fato de que, no primeiro caso, a baixa produtividade decorreu justamente de suas condições fisiológicas e períodos de afastamento para consultas e acompanhamento médico; e, no segundo, em razão das próprias debilidades do trabalhador com deficiência (Stempel, 2022).

Nas situações acima e em inúmeras outras, pode-se perguntar "*por que ou como ferramentas de IA produzem discriminações?*". A explicação para tal questionamento não é complexa ou difícil de ser entendida. Inicialmente, é importante notar que um sistema de IA possui um ciclo de vida, que se inicia com a sua concepção ou planejamento. Em seguida, há a fase de desenvolvimento ou de *design*, que inclui, dentre outras etapas, a coleta e o processamento dos dados, o treinamento, avaliação, implementação, monitoramento e manutenção do modelo. Por fim, o término do ciclo de vida se dá com a desativação do sistema.

Durante qualquer etapa do ciclo de vida acima, é possível que, de forma intencional ou não, vieses restem embutidos no sistema. Essencialmente e, principalmente, os vieses podem decorrer: *a)* dos dados de treinamento ou *data set*: os dados utilizados podem não conter diversidade suficiente ou serem dados desatualizados, por exemplo; *b)* da arquitetura do código fonte ou algoritmo: exemplificativamente, o código-fonte pode conter comando para considerar como relevantes para produção do resultado (*output*) critérios proibidos ou aparentemente neutros; *c)* dos dados processados após a implementação, ou seja, quando o sistema já está em funcionamento: *v.g.*, o sistema se alimenta de novos dados, muitas vezes impregnados por preconceitos e vieses, como se dá com os sistemas de avaliação de motoristas de aplicativos.

Para ilustrar, toma-se como exemplo o primeiro caso da Amazon acima mencionado. Nele, o viés de gênero teve como etiologia direta a falta de diversidade nos dados utilizados para o treinamento do modelo. Foram utilizados dados históricos de contratações pretéritas da Amazon. Ocorre que, no conjunto, tais dados refletiam desigualdades de gênero já existentes. Ao processar milhares de dados e deles extraírem padrões, o sistema identificou que a maioria das contratações passadas continham expressões "masculinas" nos currículos.

Por consequência, percebe-se que o sistema de IA da Amazon fez uma correlação espúria entre "sucesso na contratação" e "características masculinas", já que estas últimas refletiam o padrão dominante dentro do *data set* de treinamento. A partir de tal correlação indireta e não causal, o sistema "aprendeu" que uma das características para ter sucesso era que o currículo contivesse expressões "masculinas". Logo, passou a pontuar melhor currículos com tais características e penalizar currículos que continham palavras ou informações associadas ao sexo feminino.

Como resultado do explicado no parágrafo anterior, o sistema aprendeu a replicar essas desigualdades de gênero. E, com um agravante, por se tratar de triagem de milhares de currículos em curtíssimo espaço de tempo, evidencia-se que as injustiças produzidas por sistemas de IA são muito mais perniciosas e danosas, pois, sob tais circunstâncias tecnológicas, tais práticas ilegais assumem impactos e dimensões substanciais, ou seja, de caráter quantitativamente elevado, seja do ponto de vista numérico, seja do ponto de vista temporal.

Escaparia à proposta deste ensaio citar e explicar inúmeras outras maneiras de produção de discriminação por meio de sistemas automatizados. De todo modo, acredita-se que a explicação acima é suficiente para que, ao menos em relação a uma das formas, se tenha ideia da fisiologia de produção de desigualdades pelas ferramentas de IA. Observa-se que, no caso mencionado, a IA, além de reproduzir e perpetuar discriminações históricas, o faz em escalas numérica e temporal exponenciais, impactando direitos de inúmeras pessoas em milésimos de segundos. É dizer, "*a discriminação algorítmica cria e perpetua preconceitos com eficiência computacional*" (Miziara, 2024).

Na diretriz acima, pode-se afirmar que sistemas de IA, ao processarem milhares de dados históricos, codificam o passado e, se tal passado for discriminatório, tal injustiça será perpetuada no presente e moldará o futuro. A empresa de *software* PandaPé chega a afirmar em seu site que a sua inteligência artificial "*passa a recriar comportamentos similares aos dos recrutadores e, a partir disso, reconhece os candidatos mais aderentes às vagas e ao perfil da empresa*" (Pandapé, 2023), o que suscita sérias preocupações no tocante à reprodução de padrões históricos.

Além de reproduzir ou perpetuar práticas injustas, sistemas de IA podem ser capazes de criar novos tipos de discriminações e minorias nunca imaginadas. Para compreensão, um exemplo pode ser hipotetizado. Imagine que um grande grupo universitário resolva usar um sistema de IA para contratações ou demissões que foi treinado com base nos dados históricos das contratações e demissões dos últimos 5 (cinco) anos na empresa. Depois de processar milhares de dados, o sistema identifica dois padrões predominantes: "*a maioria dos trabalhadores despedidos tinha a titulação de doutor e estava na instituição há mais de 10 (dez) anos*" e "*a maioria dos trabalhadores contratados não possuía a titulação de doutor*".

No exemplo mencionado, inevitavelmente, o sistema aprenderá que ter o título de doutor é uma característica negativa e passará a penalizar candidatos com essas características, bem como recomendar com mais frequência a despedida de tantos outros com a referida titulação. Com isso, poderá surgir um novo grupo de desfavorecidos, quais sejam, de pessoas sobrequalificadas, dando origem a um novo tipo de discriminação, a discriminação por sobrequalificação.

Com efeito, trata-se de uma forma de discriminação que escapa dos parâmetros usuais. As vítimas dessa nova forma de tratamento desigual não são integrantes de grupos historicamente desfavorecidos, como comumente acontece, mas sim profissionais capacitados que investiram na sua formação profissional e acadêmica visando aumentar as suas chances no mercado. Ocorre que, ao invés de facilitar o seu ingresso ou progresso no mercado de trabalho, como era esperado, torna-se o motivo da sua preterição em contratações e promoções ou da sua dispensa. É o que a doutrina chama de discriminação por sobrequalificação (Boucinhas Filho, 2008).

Na hipótese acima, o sistema de IA passará a inadvertidamente excluir certos perfis profissionais ou habilidades específicas, resultando em um grupo de trabalhadores que constantemente é sub-representado ou negligenciado nas oportunidades de emprego naquela empresa ou, até mesmo em outras. Essa minoria surge da exclusão sistemática gerada pelo sistema, demonstrando como a implementação inadequada de IA pode originar novas formas de desigualdade e gerar desvantagem sistêmica para determinados grupos de pessoas.

4. Decisões automatizadas na ruptura do contrato de trabalho

Todas as decisões tomadas por sistemas de IA são decisões baseadas unicamente com base em tratamento automatizado de dados pessoais. Isso porque tais decisões *pressupõem* tratamento de dados de forma automatizada. Com base no que foi até aqui desenvolvido ao longo deste estudo, observou-se que no contexto laboral tais decisões são tomadas nos mais diferentes momentos da relação de trabalho, inclusive com o objetivo de colocar fim ao contrato. Nestes casos, o art. 20 da LGPD assegura dois direitos ao trabalhador: a) o direito à revisão, previsto no *caput* do dispositivo; e, b) o direito à explicação, inscrito no § 1º do citado artigo.

Com efeito, nos termos do *caput* do art. 20 da LGPD, o titular dos dados tem direito a solicitar a **revisão** de decisões tomadas unicamente com base em tratamento automatizado de dados pessoais que afetem seus interesses, incluídas as decisões destinadas a definir o seu perfil pessoal, profissional, de consumo e de crédito ou os aspectos de sua personalidade.

Já o § 1º do art. 20 prevê que o controlador deverá fornecer, sempre que solicitadas, informações *claras* e *adequadas* a respeito dos ***critérios*** e dos ***procedimentos*** utilizados para a decisão automatizada, observados os segredos comercial e industrial. Por sua vez, o § 2º do art. 20 estatui: "Em caso de não oferecimento de informações de que trata o § 1º deste artigo baseado na observância de segredo comercial e industrial, a autoridade nacional poderá realizar auditoria para verificação de aspectos discriminatórios em tratamento automatizado de dados pessoais.".

No presente tópico, o estudo procura deliminar as consequências fático-jurídicas das rupturas contratuais levadas a cabo de forma automatizada pelos tomadores de trabalho. Para tanto, é preciso enfrentar os seguintes questionamentos: **a)** O art. 20 da LGPD, aplicado ao Direito do Trabalho, confere ao trabalhador despedido de forma automatizada o direito à despedida algorítmica motivada ou explicada? **b)** Em caso de resposta positiva, o direito investigado representa uma garantia *indireta* do posto de trabalho? **c)** Qual o conteúdo normativo da regra inscrita no § 1º do art. 20 da LGPD? **d)** O atendimento do suposto direito à explicação pressupõe *interpretabilidade dos sistemas* de IA? **e)** Como conciliar o direito à explicação com a proteção dos segredos comercial e industrial? **f)** Quais as consequências caso o empregador ou contratante não observe o direito à explicação?

A resposta aos questionamentos acima perpassa, necessariamente, pela prévia e correta delimitação de "inteligência artificial explicável ou *xAI*", "opacidade", "explicabilidade", "interpretabilidade" e "transparência". Diante da enorme confusão que comumente se observa em relação aos termos citados, a compreensão analítica de seus conceitos é condição *sine qua non* para que se possa absorver as ideias expostas no presente ensaio.

4.1. Opacidade e transparência e interpretabilidade dos sistemas de IA

O léxico informa que a palavra "opacidade" denota a *1.* Qualidade ou estado de opaco; *2.* Propriedade de um corpo que não permite a passagem da luz, que impede que se veja através dele. É o antônimo de transparência. (Aulete; Geiger, 2011). De início, é preciso guardar a informação de que sistemas de IA opacos são sistemas não transparentes ou não interpretáveis, é dizer, sistemas nos quais a intrincada lógica de funcionamento externo não é ou não pode ser compreendida, em razão de suas camadas ocultas.

Um sistema de IA de aprendizado de máquina ou *machine learning* possui algoritmos que geram inferências ou predições com base em dados ou informações de entrada. O sistema consegue realizar tais inferências ou predições justamente porque possui um algoritmo — construto matemático — capaz de determinar parâmetros ou critérios a partir de um conjunto de dados que foi processado (ABNT NBR ISSO/IEC 22989:2023, p. 10). O aprendizado de máquina, por meio de técnicas computacionais, é capaz de realizar um processo de otimização dos *parâmetros* do sistema, de modo que o comportamento do modelo possa refletir os dados ou a experiência que o alimentou. Parâmetros são *variáveis internas de um modelo que afeta a forma de cálculo de suas saídas* (ABNT NBR ISSO/IEC 22989:2023, p. 9).

Sistemas mais complexos utilizam técnicas mais avançadas chamadas de aprendizado profundo ou *deep learning* ou aprendizado de rede neural profunda. Trata-se de uma abordagem para criar representações hierárquicas complexas com muitas camadas ocultas de neurônios, conectadas por ligações ponderadas com pesos ajustáveis, que recebe dados de entrada e produz uma saída (ABNT NBR ISSO/IEC 22989:2023, p. 12).

Não raro, será impossível ou muito difícil compreender a lógica de funcionamento de tais sistemas, que são altamente complexos. Em determinadas situações, nem mesmo o desenvolvedor do sistema é capaz de descrever o passo a passo do "pensamento" da máquina. Nestes casos, o sistema é opaco e é impossível abrir a "caixa preta" ou *black box* a ele inerente. Porém, mesmo em alguns sistemas complexos, é perfeitamente possível a abertura das camadas ocultas para que se torne possível a interpretação ou compreensão de sua lógica de funcionamento.

A questão que se levanta no tocante à possibilidade de abertura para permitir a interpretabilidade é a dos segredos comercial e industrial, pois referida abertura ou interpretabilidade pressupõe o acesso aos detalhes do sistema – ao código fonte, *v. g.* — o que faz surgir uma colisão entre interesses juridicamente tuteláveis. Sobre a solução de tal embate, o estudo tratará nos tópicos seguintes.

Seja como for, importa desde já saber que opacidade *do sistema* é o oposto de transparência *do sistema*. E, ainda, que transparência do sistema *é apenas um dos aspectos ou variantes da transparência geral*. Isso porque nem toda manifestação de transparência está necessariamente ligada à ideia de transparência *do sistema*. Por exemplo, se um empregador comunica ou avisa previamente ao candidato ao emprego que seu currículo será triado por uma ATS, não se pode negar que, nesta hipótese, a organização adotou uma conduta transparente em relação ao prévio aviso.

Logo, *transparência do sistema*, que é sinônimo de *interpretabilidade do sistema*, não se confunde com transparência *da organização* ou *do controlador*. A própria ABNT, atenta a tal diferença, incorporou tal separação em sua norma técnica sobre terminologia em inteligência artificial. Segundo a ABNT transparência *do sistema* é a propriedade ou qualidade do mesmo de disponibilizar as informações devidas sobre *o sistema* às partes interessadas. As informações apropriadas para a transparência do sistema podem incluir aspectos como recursos, desempenho, limitações, componentes, procedimentos, medidas, objetivos de projeto, escolhas de projeto e suposições, fontes de dados e protocolos de rotulagem. Já a transparência da organização é propriedade de uma organização de comunicar as atividades e decisões apropriadas às partes interessadas, de forma abrangente, acessível e compreensível (ABNT NBR ISSO/IEC 22989:2023, p. 14-15).

4.2. Inteligência artificial explicável ou xAI e "explicabilidade" dos sistemas de IA

A preocupação sobre a opacidade dos sistemas levou ao desenvolvimento de uma especificação dentro dos estudos em IA. Trata-se da Inteligência Artificial Explicável ou *xAI*, do inglês *Explainable Artificial Intelligence*. É uma área que se concentra em tornar os sistemas de IA mais transparentes e compreensíveis para os seres humanos. Em outras palavras, o objetivo do *xAI* é desenvolver técnicas e abordagens que permitam aos usuários entender como as decisões são tomadas por algoritmos de IA e por que essas decisões são feitas.

Logo, entende-se por *xAI* uma área de investigação específica da inteligência artificial que tem por objeto o estudo de métodos e técnicas para tornar o uso dos sistemas de IA mais transparentes. Desse modo, a referência à IA explicável faz alusão a um vasto campo de investigação que se constitui em uma subárea da ciência da inteligência artificial, enquanto ramo do saber científico.

Dentro da Inteligência artificial explicável está não só o estudo de técnicas relacionadas à *interpretabilidade do sistema* em si, mas também aspectos relacionados à *explicabilidade do sistema*. Explicabilidade é propriedade de um sistema de IA para expressar fatores importantes que influenciam os resultados do sistema de forma que os seres humanos possam entender. Com ela, pretende-se responder à pergunta "Por quê tal decisão foi tomada?", sem realmente tentar argumentar que o curso de ação que foi tomado foi necessariamente ideal.

Os seres humanos são suscetíveis a desconfiar de uma decisão, a menos que possam entender como a decisão foi tomada, especialmente quando a decisão é de alguma forma adversa a eles em um nível pessoal (por exemplo, recusa de uma vaga de trabalho). A explicabilidade também pode ser um meio útil de validar o sistema de IA, mesmo quando as decisões não afetam diretamente os seres humanos. Por exemplo, se um sistema de IA está analisando uma imagem de uma cena para identificar entidades nessa cena, pode ser útil ver uma explicação das razões de uma decisão tomada sobre o conteúdo da cena como uma forma de verificar se o que é identificado é, de fato, o que está sendo reivindicado (ABNT NBR ISSO/IEC 22989:2023, p. 35).

A explicabilidade pode ser mais fácil para alguns tipos de sistema de IA do que para outros. Redes neurais de aprendizado profundo podem ser problemáticas, uma vez que a complexidade do sistema pode dificultar a explicação significativa de como o sistema chega a uma decisão. Algoritmos baseados em regras, como métodos simbólicos ou árvores de decisão, são muitas vezes considerados altamente explicáveis, já que essas regras fornecem diretamente alguma explicação. No entanto, a explicação pode ser menos compreensível quando esses modelos crescem em tamanho e complexidade (ABNT NBR ISSO/IEC 22989:2023, p. 35).

Como se nota, explicabilidade não se confunde com transparência do sistema, ou seja, com sua interpretabilidade. É possível que o sistema seja explicável sem ser interpretável. O contrário também é verdadeiro. Muitas vezes acontece de se interpretar um sistema, sem explicá-lo. Por isso, "*o fato de um modelo algorítmico ser interpretável, não significa, todavia, que ele dispense a explicabilidade. Pelo contrário, sua transparência tornará a explicabilidade ainda mais viável*" (Nunes; Andrade, 2023, p. 13), embora, vale frisar, se possa explicar sem interpretar.

O conceito de explicação do tratamento de dados é formado por uma série de características. Explicar é informar. Logo, explicação — quanto ao tratamento de dados — é o direito do titular em obter informações — qualitativamente e quantitativamente qualificadas — sobre os mais diversos aspectos do tratamento de dados, exceto nos casos de segredos comercial e industrial, que somente poderão ser afastados em situações excepcionais.

Já no contexto dos sistemas de IA, a explicação diz respeito à capacidade ou qualidade do sistema de permitir a"interface" comunicacional entre humanos e o sistema, que permitirá uma representação precisa do tomador da decisão de forma compreensível para os humanos. A explicação é uma válvula ou ponte comunicacional e informacional entre sistema e usuário. Um sistema explicável é aquele que, mediante comunicação, permite ao usuário a compreensão da forma como a decisão automatizada foi tomada, *sem que com isso seja necessariamente preciso interpretar o sistema*. Em termos mais simples, trata-se permitir aqueles que serão impactados pela IA entenderem o que está acontecendo, permitindo-se assim o escrutínio crítico da decisão e a possibilidade de contestá-la.

4.3. Delimitação do sentido em alcance do direito previsto no § 1º do art. 20 da LGPD e consequências pelo seu descumprimento

"*O sigilo é o melhor amigo do discriminador: a injustiça desconhecida nunca pode ser contestada, muito menos corrigida*" (Pasquale; Citron, 2014, p. 15). Uma das medidas de evitar e/ou mitigar práticas injustas via IA é a explicação da decisão e, se necessário for, a própria interpretabilidade (transparência) do sistema. Por isso, prescreve o art. 20, §§ 1º e 2º, da LGPD que:

> § 1º O controlador deverá fornecer, sempre que solicitadas, **informações claras e adequadas** a respeito dos **critérios** e dos **procedimentos** utilizados para a decisão automatizada, observados os segredos comercial e industrial.
>
> § 2º Em caso de não oferecimento de informações de que trata o § 1º deste artigo baseado na observância de segredo comercial e industrial, a autoridade nacional poderá realizar **auditoria** para **verificação de aspectos discriminatórios** em tratamento automatizado de dados pessoais. (gn)

A *mens legis* do dispositivo é a de, principalmente, estabelecer um elo comunicacional entre usuário e sistema, de modo a possibilitar que o segundo exponha as razões do *output* ao primeiro. Com isso, o sistema oferece suas razões ao escrutínio, que então poderão ser avaliadas, contestadas ou aceitas. Em resumo, a LGPD garante ao titular dos dados o acesso a informações que possibilitem a *criticabilidade* e o *controle* das decisões automatizadas.

Uma explicação será bem-sucedida se o usuário compreender o suficiente para responder, objetar, elaborar razões em contrário (Esposito, 2024). Porém, tal sucesso dependerá de um *agir algorítmico comunicativo*, entendido este como a capacidade do sistema de expor suas razões segundo pressupostos e condições formais-pragmáticos para que haja uma explicabilidade explicitamente racionalizada (Miziara, 2024, p. 576).

A partir da leitura do dispositivo acima, é possível afirmar que com a vigência da LGPD, surgiu no Brasil o direito à explicação em casos de despedidas baseadas em dados. Se levadas a cabo por sistemas automatizados, tal direito está inscrito no § 1º do art. 20 da LGPD. Por exemplo, se um trabalhador é despedido e a decisão sobre a ruptura contratual teve por motivo o tratamento automatizado de quaisquer de seus dados, terá ele o direito de exigir da empresa informações claras, precisas, adequadas e facilmente acessíveis sobre a realização do dito tratamento.

Porém, a LGPD prevê algumas exceções relativas ao dever informacional. O controlador poderá se negar em prestar informações sobre: a) forma e duração do tratamento; b) critérios e procedimentos utilizados para a decisão automatizada. Tais exceções são extraídas a partir da interpretação sistemática dos arts. 6º, incisos IV e VII; 9º, inciso II; 20, § 1º, todos da LGPD. Contudo, mesmo nas exceções, será possível à ANPD ou ao Poder Judiciário realizar auditoria ou perícia todas as vezes que for preciso a verificação de aspectos discriminatórios. Logo, se houver suspeitas ou indícios de conduta discriminatória, será possível à Autoridade Nacional de Proteção de Dados ou ao próprio Poder Judiciário realizar, respectivamente, auditoria ou perícia para verificação de aspectos discriminatórios em tratamento automatizado de dados pessoais, conforme expressamente autorizado pelo art. 20, § 2º, da LGPD.

Seja como for, é preciso ressaltar o que já foi demonstrado acima: muitas vezes é perfeitamente possível *explicar* o sistema sem que isso toque nos segredos comercial ou industrial, ou seja, sem que seja necessário interpretar o sistema, inclusive porque informações a respeito dos critérios e dos procedimentos utilizados para a decisão automatizada nem sempre estarão protegidas por segredos comercial ou industrial. Nesse sentido, as seguintes conclusões podem ser alcançadas:

> *i)* decisão baseada em tratamento, automatizado ou não, de dados: se o empregador negar o direito à explicação fora dos casos de segredo comercial ou industrial, não haverá direito à reintegração. Contudo, pela falta de transparência, boa-fé objetiva e explicabilidade, entende-se presentes os pressupostos ensejadores da responsabilidade civil.
>
> *ii)* decisão baseada unicamente em tratamento automatizado de dados: caso o empregador negue o direito à explicação — exceto nos casos de segredo comercial ou industrial —, também não haverá direito à reintegração. Contudo, tal qual na hipótese anterior, entende-se presentes os pressupostos ensejadores da responsabilidade civil em decorrência da falta de transparência, de boa-fé objetiva e por negativa do direito à explicabilidade. Também haverá responsabilidade civil caso o empregador invoque abusivamente a salvaguarda dos segredos comercial e industrial quando lhe era perfeitamente possível fornecer explicações suficientes, adequadas e racionais sem a exposição dos referidos segredos.

Na hipótese "*ii*" acima mencionada, ainda é possível que o trabalhador, cujo contrato de trabalho foi rompido de forma automatizada, alegue alguma conduta discriminatória do controlador decorrente do tratamento automatizado dos dados. Neste caso, podem surgir as seguintes situações:

> *ii.1)* empresa presta explicações suficientes sobre a legitimidade da decisão sem que haja a "quebra" dos segredos comercial e industrial: é possível ao controlador

fornecer explicações suficientes sobre a licitude de sua conduta, inclusive trazendo informações a respeito dos critérios e dos procedimentos utilizados para a decisão automatizada, sem que isso represente revelação de segredos, pois, como visto, pode haver explicação sem interpretabilidade do sistema, ou seja, sem análise do código fonte ou outros aspectos internos do sistema;

ii.2) empresa presta explicações, mas que são insuficientes para esclarecer a legitimidade da decisão automatizada: neste caso, será necessária a verificação de aspectos discriminatórios mais a fundo. Se a explicação foi insuficiente ou abusiva, ao trabalhador será facultado peticionar perante a ANPD ou ao Poder Judiciário requerendo, respectivamente, auditoria ou perícia no sistema. Logo, nesta hipótese, a prova técnica, após interpretar o sistema, é dizer, após "entrar na caixa preta" do sistema, concluirá sobre a presença ou ausência de aspectos discriminatórios na decisão automatizada.

5. Paralelo entre a dispensa sem justa causa e a necessidade de explicação da dispensa por decisão automatizada

Entender porque a inobservância do art. 20 da LGPD não gera, a *priori*, nulidade da dispensa e consequente direito à reintegração, como acima explicitado, requer um esforço hermenêutico de interpretação sistêmica das normas que cuidam da proteção ao emprego dentro ordenamento jurídico interno. Assim, passa-se a análise do tema, inclusive em perspectiva histórica.

O art. 7º, I, da CR/88, prevê a proteção da relação de emprego contra despedida arbitrária ou sem justa causa, nos termos de lei complementar que preverá, dentre outros direitos, indenização compensatória. A confecção desse dispositivo gerou muitos debates na época da constituinte, tendo em vista a sempre presente tensão de classes, e o conflito entre o capital e o trabalho. A Consolidação das Leis do Trabalho previa, desde 1943, a estabilidade decenal, mitigada, na prática, pela chamada dispensa obstativa e, em 1966, pelo regime opcional do FGTS.

O sistema da estabilidade decenal surgiu, no ordenamento jurídico interno, com a Lei Elói Chaves, de 1923 (Decreto n. 4.682, de 24 de janeiro de 1923), segundo a qual haveria estabilidade no emprego após dez anos de serviço, só podendo haver dispensa no caso de falta constatada em inquérito administrativo (Romita, 1998, p. 453). O referido diploma legal destinava-se aos empregados e empregadas das empresas ferroviárias.

Aos poucos, o instituto da estabilidade no emprego foi se estendendo a outras categorias profissionais, até que com a promulgação da Lei n. 62, de 5 de junho de 1935, a estabilidade decenal foi estendida a todas as empregadas e empregados do setor comerciário e industriário, em moldes semelhantes ao instituído na Lei Elói Chaves (Romita, 1998, p. 454).

Em 1º de maio de 1943, com a promulgação da Consolidação das Leis do Trabalho, a estabilidade decenal foi tratada de maneira ampla. O art. 492 da CLT garantiu aos trabalhadores e trabalhadoras que contassem com mais de dez anos de efetivo exercício na mesma empresa a estabilidade, apenas podendo haver a dispensa por motivo de falta grave (a ser apurada em inquérito) ou força maior (Romita, 1998, p. 454).

O *lobby* empresarial, no entanto, fez o instituto perder força, com grande pressão para que houvesse um sistema alternativo de dispensa. Assim, em 1966 exsurge no ordenamento jurídico pátrio a Lei n. 5.107/66 que institui o sistema opcional do FGTS (Wandelli, 2004, p. 317). Nesse sentido, optando o empregado, ou a empregada, pelo sistema do FTGS, renunciaria ao direito à estabilidade decenal, o que na prática significou, inexoravelmente, o declínio do instituto da estabilidade no emprego no Brasil.

A proteção ao emprego, no entanto, esteve na pauta da Constituinte de 1988, ensejando intensos debates acerca da redação do art. 7º, I, da CR/1988, devido à participação expressiva dos sindicatos profissionais nas primeiras etapas do projeto de discussão da Constituição, chegando a serem aprovadas versões de textos que previam a estabilidade, com restrições a apenas alguns setores administrativos empresariais (Süssekind, 2004, p. 126).

A análise dos anais da Constituinte demonstra que a opção pela estabilidade no emprego, independente de um período mínimo de serviço, inclusive, seguiu contornos semelhantes ao previsto na Convenção n. 158 da OIT. Entretanto, após a primeira fase do projeto, novas sugestões de texto foram aventadas, dada a pressão do capital, apoiado pela mídia aberta, em prol de um direito de dispensa sem entraves. Na conclusão, sugeriu-se uma opção textual que atendesse aos interesses, tanto da classe trabalhadora, quanto do empresariado (Bortolon, 2010, p. 72-74).

Não se pode dizer que houve, de fato, um acordo entre capital e trabalho, uma vez que desapareceu do ordenamento jurídico interno o direito à estabilidade no emprego, sendo prevista a proteção ao emprego contra a despedida arbitrária ou sem justa causa, nos termos de Lei Complementar nunca editada pelo Poder Legislativo infraconstitucional, desvirtuando-se, claramente, os debates que compuseram a toada da Constituinte de 1988. A questão sedimentou-se regulada pelo Ato das Disposições Constitucionais Transitórias, em seu art. 10, o qual prevê a obrigatoriedade de pagamento de indenização de 40% sobre o FGTS, no caso de dispensa arbitrária ou sem justa causa, até que promulgada a indigitada Lei Complementar. Houve, portanto, segundo doutrina majoritária, não recepção do art. 492 da CLT pela Constituição de 1988 (Bortolon, 2010, 75-76).

Mas, entender os moldes jurídicos da proteção ao emprego, no cenário jurídico interno, perpassa, também, pela compreensão da passagem da Convenção n. 158 no cenário jurídico nacional. Antes da análise, entretanto, faz-se mister realizar a distinção entre os conceitos de dispensa imotivada, dispensa arbitrária, dispensa sem justa causa e dispensa por justa causa. O correto enquadramento de cada uma dessas modalidades de dispensa é imprescindível para a análise assertiva do texto proposto pela Convenção n. 158 e, também, para o correto paralelo entre a dispensa sem justa causa e a explicabilidade da dispensa por decisão automatizada, proposta central deste capítulo.

Pode-se tecer as seguintes distinções: despedida sem justa causa é aquela na qual o empregador, por sua iniciativa, põe fim ao contrato de trabalho sem se basear em alguma das hipóteses de justa causa previstas no art. 482 da CLT. Instituto diverso é o da despedida imotivada, entendida como aquela por meio da qual o empregador coloca fim ao contrato sem que exponha os motivos que ensejaram a ruptura do contrato. Em nenhum momento a Convenção n. 158 da OIT proibiu a despedida sem justa causa. O objetivo da norma internacional é evitar a despedida imotivada (Miziara, 2023).

Em resumo, portanto, pode-se dizer que a dispensa por justa causa é aquela fundada em uma das faltas graves previstas no art. 482 da CLT. Por sua vez, a dispensa sem justa causa, embora não se fundamente em nenhuma das faltas previstas no art. 482 da CLT, apresenta um motivo disciplinar, técnico, econômico ou financeiro. Já a dispensa imotivada não apresenta motivo algum. E, por fim, a dispensa arbitrária, além de não apresentar nenhum motivo, é alicerçada em falsa alegação de falta grave.

O art. 4º da Convenção n. 158 da OIT prevê que "*Não se dará término à relação de trabalho de um trabalhador a menos que exista para isso uma causa justificada relacionada com sua capacidade ou seu comportamento ou baseada nas necessidades de funcionamento da empresa, estabelecimento ou serviço*". Logo, referido Tratado Internacional possibilita a dispensa sem justa causa, mas coíbe a dispensa imotivada, em respeito à proteção ao emprego, à dignidade da pessoa humana e ao fundamento basilar de que o trabalho humano não é uma mercadoria.

Em 22 de junho de 1982 foi aprovada a Convenção n. 158 da OIT, pela Conferência Internacional do Trabalho, entrando em vigor internacionalmente em 23 de novembro de 1985 (Bortolon, 2010, p. 83). A aprovação da Convenção n. 158, no Brasil, ocorreu em 16 de setembro de 1992, pelo Congresso Nacional, por meio do Decreto Legislativo n. 68. Finalmente, foi ratificada e promulgada pelo Decreto Executivo n. 1855, de 10 de abril de 1966, entrando em vigor no Direito interno (Bortolon, 2010, p. 88).

Ocorre que pouco tempo após sua promulgação houve denúncia da Convenção n. 158 da OIT, em 20 de dezembro de 1996, pelo Presidente da República, por meio do Decreto n. 2.100/1996, sem participação do Congresso Nacional. A denúncia do Tratado Internacional por ato exclusivo do Chefe do Executivo, sem a participação do Parlamento, gerou celeuma no cenário interno, redundando na Ação Direta de Inconstitucionalidade 1.625, proposta pela Confederação Nacional dos Trabalhadores da Agricultura — CONTAG, em 19 de junho de 1997, com o objetivo de questionar a constitucionalidade do Decreto n. 2.100/1996 (Miziara, 2023).

A referida ação direta de inconstitucionalidade somente teve desfecho no segundo semestre de 2023, ou seja, 26 anos após sua propositura, ficando assentado ser imprescindível a anuência do Congresso Nacional para a operacionalização de denúncia de Tratados Internacionais pelo Presidente da República, porém, julgando improcedente o pedido da ação, uma vez que tal entendimento deveria ter efeitos prospectivos, a partir da data do referido julgamento (Brasil, 2023).

Paralelamente, em 2015 foi proposta a Ação Direta de Constitucionalidade n. 39 pela Confederação Nacional do Comércio de Bens, Serviços e Turismo — CNC, em que pretendida a declaração de constitucionalidade do Decreto n. 2.100/1996, o qual efetivou a denúncia da Convenção n. 158 da OIT pelo Brasil, por ato exclusivo do Presidente da República. Também em meados de 2023 foi julgada referida ação, firmando-se a seguinte tese (Brasil, 2023):

> A denúncia pelo Presidente da República de tratados internacionais aprovados pelo Congresso Nacional, para que produza efeitos no ordenamento jurídico interno, não prescinde da sua aprovação pelo Congresso", entendimento que deverá ser aplicado a partir da publicação da ata do julgamento, mantendo-se a eficácia das denúncias realizadas até esse marco temporal.

Nesse sentido, a Convenção n. 158 da OIT foi definitivamente extirpada do nosso ordenamento jurídico pátrio, prevalecendo a interpretação que já se fazia do art. 7º, I, da CR/88, há muito, segundo a qual é direito potestativo do empregador a dispensa imotivada, desde que assegurada a indenização compensatória prevista pelo art. 10, I, do ADCT. Outros direitos decorrentes da dispensa do emprego dependem de Lei Complementar para serem efetivados.

Feita a análise histórica do direito à proteção ao emprego em face da despedida arbitrária ou sem justa causa, para usar os termos do próprio art. 7º, I, da CR/88, apesar da distinção semântica já tratada, pode-se indagar se a dispensa por decisão automatizada seria uma exceção ao direito potestativo da dispensa imotivada. E, mais, se a aplicação do art. 20 da Lei n. 13.709/2018 nos contratos de trabalho dependeria de regulamentação por lei complementar.

As duas indagações conduzem a uma resposta negativa. Não se tratada de uma exceção, que exigiria a explicabilidade como condição da dispensa e, também, não é necessária a edição de lei complementar para aplicação do art. 20 da LGPD nos contratos de trabalho. O direito à explicação ou transparência do algoritmo não se confunde com a proteção contra despedida arbitrária ou sem justa causa (Miziara, 2024). Trata-se apenas do respeito ao princípio da transparência, previsto no art. 6º, VI, da Lei n. 13.709/2013, cujo descumprimento pode gerar responsabilidade por perdas e danos em favor do(a) empregado(a) despedido(a).

A compreensão histórica da proteção contra a dispensa arbitrária ou sem justa causa, no Brasil, é imprescindível para a chegada de tal conclusão. Isso porque todo e qualquer dispositivo legal deve ser analisado e compreendido dentro de um sistema formado por todo o conjunto de normas legais, todas essas submetidas à conformação com os ditames previstos na Constituição Federal. Nessa toada, não se pode permitir, da análise açodada do art. 20 da LGPD, a conclusão de que as dispensas perpetradas por decisões automatizadas dependem de explicação prévia como condição de validade da dispensa.

Tal conclusão iria de encontro a toda sistemática da proteção ao emprego construída no cenário interno, inclusive com a validação, pelo Supremo Tribunal Federal, do Decreto n. 2.100/1996 que denunciou a Convenção n. 158 da OIT. Não existe, portanto, necessidade de motivação como condição de validade da dispensa na legislação pátria, salvo na dispensa por justa causa.

Além disso, a análise acurada do art. 20, § 1º, da LGPD demonstra que o direito à explicabilidade, em regra, é posterior à tomada da decisão automatizada, já que existe o direito do titular de solicitar explicação pela decisão automatizada com base em seus dados pessoais, o que pressupõe, via de regra, que a decisão já tenha sido tomada para ser de conhecimento do sujeito de direito. Isso significa que, com base na LGPD, o dever de motivação é *post factum*, enquanto na decisão de dispensa motivada clássica, o dever de motivação é *ex ante*, ou seja, condição/pressuposto para validade da despedida.

Também é imperioso notar que a decisão automatizada de dispensa pode gerar uma dispensa por justa causa, uma dispensa arbitrária, uma dispensa sem justa causa e, ainda, uma dispensa imotivada. Com base na leitura dos dados pessoais do empregado ou da empregada, a decisão automatizada pode-se materializar em qualquer uma das modalidades de dispensa então citadas.

Um exemplo pode ajudar a compreender a questão. No caso da Uber é comum desligamentos automatizados de motoristas com base na alegação de atividades fraudulentas (Miziara, 2024, p. 320). Caso entenda-se tratar de uma relação de emprego, se a alegação for verdadeira, então tem-se a dispensa por justa causa, podendo ser fundamentada no art. 482 da CLT. Caso verifique-se que a causa apontada não é verdadeira, não havendo nenhum outro motivo para o desligamento, então seria o caso da dispensa arbitrária. Ainda, pode-se imaginar um desligamento fundado em baixa produtividade do motorista, caso em que estar-se-ia diante da dispensa sem justa causa e, por fim, um desligamento sem causa alguma, quando ocorreria, então, a dispensa imotivada.

Para se chegar a tais conclusões, entretanto, por óbvio é necessária a explicabilidade da decisão (art. 20, § 1º, da LGPD) e, em caso de decisão totalmente automatizada, é possível, ainda, pedir a revisão da decisão (art. 20, *caput*, da LGP). Os direitos de explicação e de revisão previstos na norma legal se justificam porque, como visto ao longo desse trabalho, decisões automatizadas com base em dados pessoais de pessoa natural estão sujeitas a uma probabilidade de erros, injustiças e decisões discriminatórias, o que deve ser rechaçado, em respeito aos direitos fundamentais.

Como bem apontado por Guilherme Kirtschig (2022, p. 217):

> O tratamento automatizado de Dados Pessoais do trabalhador, sujeito ao Controle por Programação, será sempre sujeito a afetar os seus interesses; já que, como apontado anteriormente, aspectos cruciais da governança das relações de trabalho desse jaez são definidos exatamente assim. Cuida-se do modo de definição do perfil profissional do trabalhador, para usar dicção expressa do texto legal.
>
> O trabalhador tem, assim, direito a conhecer as razões que levaram a determinada decisão automatizada, com repercussão em sua esfera laboral (Doshi-Velez; Kortz, 2017, p. 4). Ou, mais especificamente, a saber quais os principais fatores que conduziram à decisão tomada; se a alteração de algum dos fatores mudaria a decisão; e, se for o caso, por que situações semelhantes tiveram resultados distintos (Doshi-Velez; Kortz, 2017, p. 4). Pode-se, ainda, solicitar a revisão dessas decisões, a partir das explicações fornecidas.

O direito à explicabilidade, portanto, configura-se em limitação ao superpoder do empregador gerado pela detenção dos dados pessoais de seus empregados e empregadas, incrementado pela utilização de Inteligência Artificial (IA), o que lhe possibilita, inclusive, delimitação de perfis das pessoas e garante uma gama profunda de tomada de decisões. A limitação dos poderes, sobretudo privado, é uma das funções essenciais dos direitos fundamentais, o que justifica a existência de tal direito em face das decisões automatizadas, notadamente decisões de desligamento (Kirtschig, 2022, p. 219).

Apesar disso, repisa-se a explicabilidade não é condição de validade da dispensa ou desligamento. Logo, a despedida por decisão automatizada sem motivação, *a priori*, não gera a nulidade da dispensa, nem tampouco o direito à reintegração. A conclusão será outra se provada a dispensa discriminatória, mas aí com fundamento no art. 4º da Lei n. 9.029/1995, e não na LGPD em si. Por outro lado, desrespeitado o direito invocado no art. 20, *caput* e seus parágrafos, abre-se caminho para a responsabilização civil do empregador, com pagamento de indenização à parte lesada, como defendido ao longo desse artigo.

6. Conclusões

Ao longo do estudo demonstrou-se as consequências fático-jurídicas das rupturas contratuais levadas a cabo de forma automatizada pelos tomadores de trabalho. A informações claras e adequadas a respeito dos critérios e dos procedimentos utilizados para a decisão automatizada, observados os segredos comercial e industrial.

Outrossim, foi possível concluir que com o advento da Lei Geral de Proteção de Dados, notadamente de seu art. 20, surgiu no Direito do Trabalho brasileiro o direito à despedida algorítmica motivada ou explicada, *post factum*. Ainda, não se pode deixar de concluir que referido direito representa uma garantia *indireta* do posto de trabalho.

Observou-se também que o conteúdo jurídico da regra insculpida no § 1º do art. 20 da LGPD não necessariamente significa interpretabilidade do sistema, mas sim o direito à explicabilidade, consistente no franqueamento pela organização — via comunicacional — das razões pela quais uma determinada decisão foi tomada. Isso porque o direito à explicação não pressupõe a interpretabilidade dos sistemas de IA.

Também foi possível concluir pela possibilidade de harmonização entre o direito à explicação e a proteção dos segredos comercial e industrial dos controladores dos dados. E, caso o controlador dos dados desrespeite o direito à explicação não há possibilidade de se reconhecer a nulidade da despedida, tampouco a reintegração. Contudo, haverá espaço para caracterização de responsabilidade civil.

De tudo o quanto foi exposto, restou comprovada a hipótese principal segundo a qual a LGPD trouxe um dever adicional aos controladores que se valem de ferramentas de inteligência artificial para produção de despedidas automatizadas no contexto laboral e a inobservância de tal dever gera consequências jurídicas variadas, a depender do caso concreto explorado.

Referências

AJUNWA, Ifeoma. *The quantified worker:* law and technology in the modern workplace. Cambridge: Cambridge University Press, 2023.

ASSOCIAÇÃO BRASILEIRA DE NORMAS TÉCNICAS. *ABNT NBR ISO/IEC 22898:2023.* Sobre Tecnologia da Informação — Inteligência Artificial — Conceitos de IA e Terminologia. 2023.

AULETE, Caldas; GEIGER, Paulo (ed.). *Novíssimo Aulete:* dicionário contemporâneo da Língua Portuguesa. Rio de Janeiro: Lexikon, 2011.

BORTOLON, Mariana Cavarra. A proteção contra a dispensa arbitrária como direito fundamental. Curitiba: CRV, 2010.

BOUCINHAS FILHO, Jorge Cavalcanti. *Discriminação por sobrequalificação.* 2008. 237 p. (Dissertação). Faculdade de Direito, Universidade de São Paulo, São Paulo, 2008.

BRASIL. *Lei n. 13.709, de 14 de agosto de 2018.* Dispõe sobre a proteção de dados pessoais e altera a Lei n. 12.965, de 23 de abril de 2014 (Marco Civil da Internet). Diário Oficial da União: seção 1, Brasília, DF, ano 155, n. 157, p. 59-64, 15 ago. 2018.

______. Supremo Tribunal Federal. *ADC 39 MC-Ref/DF.* Relator: Min. Dias Toffoli. 2023. Acesso em 03 fev. 2024.

______. Supremo Tribunal Federal. *ADI n. 1.625 MC-Ref/DF*. Relator: Min. Maurício Corrêa. 2023. Acesso em 03 fev. 2024.

CITRON, Danielle Keats; PASQUALE, Frank. The scored society: due process for automated predictions. *Washington Law Review*, v. 89, n. 1, 2014. Disponível em: https://digitalcommons.law.uw.edu/ wlr/vol89/iss1/2. Acesso em: 28 out. 2023.

DASTIN, Jeffrey. Amazon scraps secret AI recruiting tool that showed bias against women. *Reuters*, 10 oct. 2018. Disponível em: https://www.reuters.com/article/idUSKCN1MK0AG. Acesso em: 2 fev. 2024.

ELLUL, Jacques. *The technological society*. New York: Vintage Books, 1964.

ESPOSITO, Elena. Does explainability require transparency? *International Journal for Sociological Debate*, v. 16, n. 3, 2022. Disponível em: https://sociologica.unibo.it/article/view/15804. Acesso em: 3 fev. 2024.

GOODEGG. *Create a safer, more productive workforce with social media background checks*. Disponível em: https://www.goodegg.io/social-media-screening. Acesso em: 2 fev. 2024.

GUPY. https://www.gupy.io. 2024. Acesso em: 2 fev. 2024.

______. *Teste de perfil comportamental:* prós, contras e quais utilizar. Disponível em: https://www.gupy.io/hubfs/e-Book-Teste-de-perfil-comportamental-pros-contras-e-quais-utilizar.pdf. Acesso em 2 fev. 2024.

KIRTSCHIG, Guilherme. Algoritmos, proteção de dados pessoais e direito à explicação nos contratos realidade virtual de trabalho. In: ARAUJO, Adriane Reis de; ANDRAUS, Thiago Milanez; BRUCH, Thaís Fideles Alves; CARELLI, Rodrigo de Lacerda. (Coords.). *O uso de dados pessoais e inteligência artificial na relação de trabalho:* proteção, discriminação, violência e assédio digital. Brasília: Ministério Público do Trabalho, 2022.

MAYER-SCHÖNBERGER; Viktor; CUKIER, Kenneth. *Big data:* a revolution that will transform how we live, work, and think. London: Harper Business, 2014.

MCLUHAN, Marshall. *Understanding media:* the extensions of man. Massachusetts: MIT Press, 1994.

MEJIAS, Ulises A.; COULDRY, Nick. Datafication. *Concepts of the digital society*, v. 8, iss. 4. 2019. Disponível em: https://doi.org/10.14763/2019.4.1428. Acesso em: 2 fev. 2024.

MIZIARA, Raphael. *Discriminação algorítmica e direito do trabalho:* condições e limites jurídicos para o uso da inteligência artificial nas relações de trabalho. 2024. 649 p. Tese (Doutorado). Faculdade de Direito, Universidade de São Paulo, São Paulo, 2024.

______. *STF e a desnecessária agitação midiática em torno da "dispensa sem justa causa":* na prática, nada mudará para as empresas. 2022. Disponível em: https://www.somosicev.com/blogs/stf-e-desnecessaria-agitacao-midiatica-em-torno-da-demissao-sem-justa-causa-na-pratica-nada-mudara-para-as-empresas. Acesso em 03 fev. 2024.

NUNES, Dierle José Coelho; ANDRADE, Otávio Morato de. O uso da inteligência artificial explicável enquanto ferramenta para compreender decisões automatizadas: possível caminho para aumentar a legitimidade e confiabilidade dos modelos algorítmicos? *Revista Eletrônica do Curso de Direito da UFSM*, [S.l.], v. 18, n. 1, 2023. Disponível em: https://doi.org/10.5902/1981369469329. Acesso em: 3 fev. 2024.

PANDAPÉ. *ATS:* o que é e quais são os recursos do *software* para R&S? Disponível em: https://www.pandape.com/br/blog/saiba-o-que-e-ats. Acesso em: 2 fev. 2024.

PANDAPÉ. *Conheça o Pandapé.* Disponível em: https://materiais.infojobs.com.br/conheca-o-pandape. Acesso em: 25 dez. 2023.

ROMITA, Arion Sayão. *Direitos fundamentais nas relações de trabalho.* São Paulo: LTr, 2005.

SCHWAB, Klaus. A quarta revolução industrial. São Paulo: Edipro, 2016. *apud* MIZIARA, Raphael. Novas tecnologias e direito probatório: aspectos atuais sobre provas digitais. *Conjur*, 8 maio 2022. Disponível em: https://www.conjur.com.br/2022-mai-08/raphael-miziara-aspectos-provas-digitais. Acesso em: 1º fev. 2024.

STEMPEL, Jonathan. Amazon discriminates against pregnant and disabled workers, New York alleges. *Reuters*, 18 may 2022. Disponível em: https://www.reuters.com/markets/us/new-york-agency-accuses-amazon-pregnancy-disability-discrimination-2022-05-18. Acesso em: 2 fev. 2024.

SÜSSEKIND, Arnaldo. *Direito Constitucional do Trabalho.* 3. ed. São Paulo: Renovar, 2004.

TEIXEIRA, Paulo S. Menos de 1% das inscrições para vaga de trabalho acabam em contratação na Gupy, mostra levantamento. *Folha de S. Paulo*, São Paulo, 22 jan. 2024. Disponível em: https://www1.folha.uol.com.br/mercado/2024/01/menos-de-1-das-inscricoes-para-vaga-de-trabalho-acabam-em-contratacao-na-gupy-mostra-levantamento.shtml. Acesso em: 2 fev. 2024.

ZUBOFF, Shoshana. *A era do capitalismo de vigilância:* a luta por um futuro humano na nova fronteira do poder. Tradução George Schlesinger. 1. ed. Rio de Janeiro: Intrínseca, 2020

WANDELLI, Leonardo Vieira. *Despedida abusiva:* o direito (do trabalho) em busca de uma nova racionalidade. São Paulo: LTr, 2004. 480 p.

O que nos une é também
o amor pelo livro.

Confira todos os nossos lançamentos em:

LACIER

www.livrarialacier.com.br

Justiça do Trabalho e Previdência Social: por que ainda hoje reclamantes são prejudicados no INSS?

Vinícius Pacheco Fluminhan[1]

Introdução

É estreita a relação entre o Direito do Trabalho e o Direito Previdenciário. Além de terem a mesma genealogia e compartilharem princípios jurídicos semelhantes, as áreas se cruzam com muita frequência quando o assunto é a solicitação de benefícios no INSS.

Quando reclamantes postulam na Justiça do Trabalho direitos pertinentes à relação de emprego, as decisões judiciais geram não apenas efeitos no âmbito do contrato de trabalho (anotação em CTPS e pagamento de diferenças salariais, por exemplo), como também na relação entre eles e a Previdência Social.

Embora o foco nas reclamações trabalhistas seja a cobrança de verbas oriundas do contrato, os efeitos previdenciários da sentença trabalhista são de tal modo importantes, que podem ser capazes de determinar até mesmo o direito (ou não) a eventual concessão de benefícios no INSS. Mas será que os trabalhadores e profissionais do Direito estão conscientes desta interconexão do processo trabalhista com a Previdência Social? Estão cientes de todos os aspectos relevantes desta interconexão?

Com apoio em revisão bibliográfica, legislação e jurisprudência, o artigo propõe algumas reflexões sobre a matéria. De que modo a legislação previdenciária se vincula às decisões trabalhistas? A Justiça do Trabalho e o INSS dialogam sobre o tema? Que

(1) Doutor em Direito Político e Econômico pela Universidade Presbiteriana Mackenzie. Advogado em Campinas/SP. Professor do curso de graduação em Direito da Universidade Presbiteriana Mackenzie. E-mail: vf@viniciusfluminhan.com.br.

prejuízos o trabalhador pode ter pela falta deste diálogo? Eles são evitáveis? Essas são as perguntas que tentaremos responder.

1. Vínculo de emprego e filiação ao RGPS

O Brasil possui três regimes básicos de previdência social que protegem, em caráter obrigatório, as pessoas que trabalham de forma remunerada no país.

O primeiro deles é o regime de previdência dos militares. O segundo é o regime de previdência dos servidores titulares de cargo efetivo na Administração Pública. O terceiro deles, denominado *Regime Geral de Previdência Social (RGPS)*, abrange as demais pessoas e é administrado pelo Instituto Nacional do Seguro Social (INSS).

Visando garantir o máximo de proteção previdenciária, a Constituição Federal de 1988 prevê em seu art. 201, *caput*, que a filiação ao RGPS é obrigatória para quem trabalha de forma remunerada[(2)]. Por isso, são denominados *segurados obrigatórios*.

A diretriz constitucional é uma ferramenta necessária para evitar a imprevidência do ser humano, não necessariamente disposto a cotizar espontaneamente para um fundo previdenciário. Sem a obrigatoriedade, a proteção social poderia tornar-se uma promessa sem efetividade. Daí o caráter compulsório da filiação.

Nas palavras de Wladimir Martinez, "o nascimento da filiação dá-se com o surgimento da relação de trabalho"[(3)]. Deste modo, o vínculo de trabalhadores com o INSS não depende da manifestação da vontade deles. Ele decorre automaticamente do exercício do labor, por força de lei.

A automaticidade da filiação foi regulamentada pela Lei n. 8.213/91. Dentro da longa lista trazida pela norma para a definição de quem são os *segurados obrigatórios*, encontram-se, entre outros, os *empregados* em seus diferentes formatos (art. 11, inciso I).

Assim, todo aquele que trabalha por contrato regido pela CLT está obrigatoriamente vinculado ao INSS, sendo tal vinculação automática pela simples existência da relação de emprego. Na legislação brasileira, portanto, a relação de emprego e a relação previdenciária são duas faces da mesma moeda.

2. O processo trabalhista e a repercussão previdenciária

A automaticidade da filiação de empregados confere às reclamações trabalhistas dupla relevância. O desfecho favorável ao trabalhador nesses processos implica não apenas o direito às vantagens típicas do contrato regido pela CLT (anotação em CTPS, recebimento de verbas salariais etc), como também o direito de *adquirir* uma relação previdenciária com o INSS ou *modificar* a relação já existente.

---

(2) O RGPS permite também a filiação de pessoas que não trabalham, mas desejam ter uma previdência básica. São os denominados *segurados facultativos*.

(3) MARTINEZ, Wladimir Novaes. *Princípios de Direito Previdenciário*. 4. ed. São Paulo: LTr, 2001. p. 122.

A relevância atinge um grau ainda maior quando nos deparamos com o alto índice de litigiosidade na Justiça do Trabalho. De acordo com as estatísticas do Conselho Nacional de Justiça[(4)], organizadas no quadro abaixo (Tabela 1), é grande o número de processos trabalhistas no país.

Tabela 1 — Número de casos da Justiça do Trabalho, por ano e situação processual.

Situação/Ano	2020	2021	2022	2023[(5)]
Casos novos	3.010.368	2.892.219	3.218.863	3.503.412
Casos julgados	3.110.859	3.504.082	3.882.393	3.812.039
Casos pendentes	5.770.444	5.776.083	5.729.522	5.699.031
Total	11.893.691	12.174.405	12.832.800	13.014.482

Fonte: Conselho Nacional de Justiça (organizado pelo autor).

Como são muitos os efeitos previdenciários possíveis dentro das duas categorias mencionadas (*aquisição* ou *modificação* da relação previdenciária), fizemos um recorte para retratar especificamente a importância do processo trabalhista para a concessão de *benefícios por incapacidade*, a saber: auxílio por incapacidade temporária, auxílio-acidente e aposentadoria por incapacidade permanente.

2.1. O reconhecimento de vínculo empregatício e a concessão de benefícios por incapacidade

O modo como o CNJ organiza as estatísticas permite a identificação dos casos em que o litigante busca o reconhecimento do vínculo empregatício[(6)]. O quadro abaixo (Tabela 2) demonstra que o número de reclamações trabalhistas com este tema é bastante significativo.

Tabela 2 — Número de casos em que o objeto do processo é o reconhecimento do vínculo empregatício, por ano e situação processual.

Situação/Ano	2020	2021	2022	2023[(7)]
Casos novos	149.046	166.643	233.280	304.727
Casos julgados	142.544	192.629	259.164	296.248
Casos pendentes	364.620	385.561	409.841	429.257

Fonte: Conselho Nacional de Justiça (organizado pelo autor)

Para compreender a importância do processo trabalhista para a concessão dos benefícios por incapacidade, é necessário partir do pressuposto de que o deferimento de

(4) CONSELHO NACIONAL DE JUSTIÇA FEDERAL (CNJ). *Justiça em números 2023*. Brasília: CNJ, 2023.

(5) Para o ano de 2023, os dados da tabela compreendem os casos computados até 31.10.2023.

(6) CONSELHO NACIONAL DE JUSTIÇA FEDERAL (CNJ). *Idem*.

(7) Para o ano de 2023, os dados da tabela compreendem os casos computados até 31.10.2023.

tais prestações pelo INSS não depende apenas de parecer favorável da Perícia Médica. Antes disso, depende da comprovação da filiação do trabalhador com a Previdência Social.

A filiação é comprovada quando as contribuições do segurado estão em dia. Do contrário, a Lei n. 8.213/91 obsta o acesso aos benefícios por incapacidade. A norma até flexibiliza a "inadimplência" com o INSS, preservando aos segurados a cobertura previdenciária durante os denominados *períodos de graça* (art. 15), dentro dos quais a cobertura é mantida apesar das contribuições terem sido cessadas. Isso significa que mesmo não recolhendo as contribuições, o trabalhador fica protegido enquanto estiver dentro de um período de graça, que pode ser curto ou longo a depender da situação vivida por ele (desemprego, histórico contributivo, doença etc). Porém, esgotados os prazos e não retomados os recolhimentos, a filiação é rompida.

De acordo com tais premissas, uma reclamatória trabalhista exitosa quanto ao reconhecimento de vínculo empregatício, pode ser a garantia de proteção previdenciária para quem *perdeu* a filiação com o INSS, já que a automaticidade da filiação implicará o reconhecimento do vínculo previdenciário. Ao contrário, não havendo êxito na reclamatória, não se pode falar em filiação à Previdência Social.

Por outro lado, os benefícios de auxílio por incapacidade temporária (antigo auxílio-doença) e de aposentadoria por incapacidade permanente (antiga aposentadoria por invalidez) exigem, em regra, o cumprimento de carência de 12 contribuições mensais para a concessão. É o que dispõe o art. 25, inciso I, da Lei n. 8.213/91. Por isso, o acesso a ambos só ocorrerá, em regra, se o trabalhador tiver recolhido ao menos 12 contribuições mensais ao INSS[(8)].

Em consequência, uma reclamatória trabalhista exitosa quanto ao reconhecimento de vínculo empregatício pode ser a garantia de proteção previdenciária para quem *não perdeu* a filiação com o INSS, mas *não possui a carência* necessária para acessar os benefícios por incapacidade. Neste caso, o tempo de contribuição que restava para o cumprimento da carência pode advir justamente do processo trabalhista.

Eis a importância da Justiça do Trabalho para a Previdência Social. Como se vê, o efeito previdenciário de suas decisões pode garantir o acesso a benefícios por incapacidade para quem estava desfiliado. E mais: pode garantir o acesso para quem estava filiado mas não havia ainda cumprido os prazos de carência.

2.2. O reconhecimento do direito a diferenças salariais e a revisão de benefícios

Ao lado das reclamações que visam o reconhecimento da relação de emprego, a Justiça do Trabalho julga também ações em que se postula o pagamento de verbas

(8) De acordo com o art. 26, inciso II, da Lei n. 8.213/91, a carência pode ser dispensada nos casos de doença grave e incapacidade decorrente de acidente de qualquer natureza ou causa, ou ainda, de doença profissional ou do trabalho.

remuneratórias não quitadas durante o contrato. O deferimento dessas verbas pode trazer repercussões importantes na concessão de benefícios, tendo em vista as alterações provocadas nos *salários-de-contribuição* do empregado.

O salário-de-contribuição é a base de cálculo sobre a qual incidem as alíquotas das contribuições previdenciárias. Conforme previsto no art. 28 da Lei n. 8.212/91, o salário-de-contribuição é obtido a partir da soma de todas as verbas pagas ao empregado em contraprestação pelos serviços prestados. O dispositivo prevê que as verbas remuneratórias de natureza salarial devem sofrer incidência da contribuição previdenciária, integrando assim o denominado salário-de-contribuição, enquanto as de caráter indenizatório são excluídas da base de cálculo e por isso não são tributadas(9).

Assim, para o reclamante que sai vitorioso em ações trabalhistas ajuizadas para a cobrança de verbas salariais, a coisa julgada forma não apenas um título executivo que gera crédito com a reclamada, como também promove mudança nos salários-de-contribuição do trabalhador e afeta diretamente o INSS(10).

De acordo com as estatísticas do CNJ(11), o número de processos que envolvem a cobrança de verbas salariais é relevante. No quadro abaixo (Tabela 3), foram selecionados os casos que envolvem algumas delas apenas para ilustrar a dimensão dos reflexos da sentença trabalhista nos benefícios previdenciários.

Tabela 3 — Quantidade de casos julgados em função da espécie de verba salarial pleiteada, por ano.

Ano/Espécie	Horas Extras	Saldo de Salário	13º Salário Proporcional	Férias Proporcionais(12)
2020	336.488	292.594	400.925	417.152
2021	353.081	350.351	480.180	495.843
2022	456.153	361.803	512.945	541.287
2023(13)	544.822	329.775	481.979	518.988
Total	1.690.544	1.334.523	1.876.029	1.973.270

Fonte: Conselho Nacional de Justiça (organizado pelo autor).

(9) MARTINS, Sérgio Pinto. *Direito da Seguridade Social*. São Paulo: Saraiva, 2023. p. 107. *E-book*. ISBN 9786553626157. Disponível em: https://app.minhabiblioteca.com.br/#/books/9786553626157/. Acesso em: 02 fev. 2024.

(10) Tanto é assim que na fase de execução a União é intimada para, se for o caso, promover a cobrança das contribuições previdenciárias devidas pelas partes

(11) CONSELHO NACIONAL DE JUSTIÇA FEDERAL (CNJ). *Idem*.

(12) Nesses processos as férias tiveram natureza indiscutivelmente salarial, pois quando estão vencidas e passam a ter natureza indenizatória a rubrica das estatísticas do CNJ é diferente.

(13) Para o ano de 2023, os dados da tabela compreendem os casos computados até 31.10.2023.

A quase totalidade dos benefícios do RGPS é calculada a partir da apuração do denominado *salário-de-benefício*, conforme previsto no art. 26, *caput*, da Emenda Constitucional n. 103/19 (Reforma da Previdência)(14). O salário-de-benefício, por sua vez é o resultado da média aritmética simples dos *salários-de-contribuição* do trabalhador, desde julho/1994 ou desde o início das contribuições, caso as tenha iniciado após a referida data. Portanto, alterações nos salários-de-contribuição por decisão trabalhista podem alterar também o valor do salário-de-benefício e, consequentemente, gerar aumento no valor de aposentadorias, auxílios e pensões(15).

Por aí se observa o quão importante é o processo trabalhista para a Previdência Social. Se o reclamante obtém êxito no recebimento de verbas salariais, o cálculo de benefício(s) previdenciário(s) futuro(s) deve refletir a mudança de *status* na remuneração, enquanto nos benefícios em manutenção ou até mesmo extintos, os valores devem ser recalculados e as diferenças pagas pelo INSS.

2.3. O reconhecimento da natureza acidentária de doenças e/ou lesões e a concessão de benefícios no INSS

O conceito de acidente de trabalho na Lei n. 8.213/91 é amplo e compreende os acidentes típicos (art. 19), as doenças relacionadas ao trabalho (art. 20) e situações equiparadas pela lei (art. 21).

No caso das doenças ocupacionais, a sua caracterização depende do nexo de causalidade entre a doença e o trabalho, razão pela qual o caráter acidentário de uma doença nem sempre é admitido de forma espontânea e pacífica pelos empregadores.

A resistência de empregadores possui diversos motivos, dentre eles os ônus do acidente para o contrato, como é o caso do direito à estabilidade no emprego para o acidentado (por pelo menos 12 meses) e o direito do acidentado aos depósitos do FGTS. Além disso, em caso de danos à saúde do empregado, o reconhecimento espontâneo do caráter

---

(14) Art. 26. *Até que lei discipline o cálculo dos benefícios* do regime próprio de previdência social da União e do Regime Geral de Previdência Social, será utilizada a média aritmética simples dos salários de contribuição e das remunerações adotados como base para contribuições a regime próprio de previdência social e ao Regime Geral de Previdência Social, ou como base para contribuições decorrentes das atividades militares de que tratam os arts. 42 e 142 da Constituição Federal, atualizados monetariamente, correspondentes a 100% (cem por cento) do período contributivo desde a competência julho de 1994 ou desde o início da contribuição, se posterior àquela competência.

(15) Para reclamantes que postulam verbas salariais e que já se encontram no teto contributivo, o título executivo trabalhista não altera o quadro previdenciário. Mas o recebimento de salário no teto do INSS (ou próximo dele) não é a realidade da maioria dos trabalhadores no país. Conforme aponta o Anuário Estatístico da Previdência Social, no ano de 2022 apenas 17,38% dos segurados empregados tiveram salário-de-contribuição superior a 03 salários mínimos (vide BRASIL (Ministério da Previdência Social). *Anuário Estatístico da Previdência Social 2022*. 31. ed., Capítulo 33, item 33.6. Disponível em: https://www.gov.br/previdencia/pt-br/assuntos/previdencia-social/arquivos/copy_of_onlinte-aeps-2022-. Acesso em: 25 jan. 2024.

acidentário da doença implica a constituição de provas que podem ser utilizadas futuramente contra a empresa no âmbito da responsabilidade civil. Em consequência, muitos casos acabam sendo levados à Justiça do Trabalho.

Uma vez reconhecido o caráter acidentário do sinistro e vindo o segurado a adquirir uma incapacidade permanente ao trabalho, seja *parcial* ou *total*, a coisa julgada trabalhista pode proporcionar reflexos importantes no INSS, sendo um deles a concessão do *auxílio-acidente*. Trata-se de benefício destinado a quem sofre redução permanente na capacidade laboral em decorrência de acidente ou de doença relacionada ao trabalho.

Não há previsão legal para a concessão deste benefício nos casos de redução da capacidade laboral decorrente de doença comum(16). Por isso, se a Justiça do Trabalho reconhece o caráter acidentário do sinistro, a incapacidade *parcial* e *permanente* para o trabalho, uma vez comprovada, abre ao segurado não só o direito a novas vantagens no âmbito do contrato, como também a possibilidade de acessar um benefício que até então não lhe seria devido, o *auxílio-acidente*.

Outro reflexo importante da decisão trabalhista diz respeito ao cálculo da aposentadoria por incapacidade permanente (antigamente denominada *aposentadoria por invalidez*). O cálculo do valor depende da origem da invalidez e do tempo de contribuição do segurado. Se a incapacidade decorre de *doença comum*, o benefício é calculado na forma do art. 26, § 2º, inciso III, da Emenda Constitucional 103/19, ou seja, terá valor de 60% a 100% do salário-de-benefício, observando-se (na variação) o tempo de contribuição do obreiro até a data da aposentadoria(17), *verbis*:

> Art. 26 [...]
>
> § 2º O valor do benefício de aposentadoria corresponderá a 60% (sessenta por cento) da média aritmética definida na forma prevista no caput e no § 1º, com acréscimo de 2 (dois) pontos percentuais para cada ano de contribuição que exceder o tempo de 20 (vinte) anos de contribuição nos casos:
>
> [...]
>
> III – de aposentadoria por incapacidade permanente aos segurados do Regime Geral de Previdência Social, ressalvado o disposto no inciso II do § 3º deste artigo; e
>
> [...]
>
> § 3º O valor do benefício de aposentadoria corresponderá a 100% (cem por cento) da média aritmética definida na forma prevista no *caput* e no § 1º:

---

(16) Embora haja discussão doutrinária e jurisprudencial a respeito desta lacuna, oficialmente o benefício não é devido em casos de doença comum. A esse respeito, vide LADENTHIN, Adriane Bramante de Castro. O auxílio-acidente de qualquer natureza e sua extensão às doenças não ocupacionais. In: MARTINEZ, Wladimir Novaes (Coord.). *Auxílio-acidente de qualquer natureza*. São Paulo: LTr, 2016. p. 16.

(17) Se o segurado tiver 21 anos de contribuição à Previdência Social, o benefício terá coeficiente de 62%; se tiver 22 anos de contribuição, o benefício será terá coeficiente de 64%, e assim sucessivamente.

I – no caso do inciso II do § 2º do art. 20;

II – no caso de aposentadoria por incapacidade permanente, quando decorrer de acidente de trabalho, de doença profissional e de doença do trabalho.

Porém, se a incapacidade decorre de *doença ocupacional* a forma de cálculo é diferente. Conforme prevê o art. art. 26, § 3º, inciso II da EC n. 103/19, a aposentadoria terá o valor equivalente a 100% do salário-de-benefício, independentemente do tempo de contribuição do trabalhador.

Assim, se no processo trabalhista o reclamante consegue êxito na demonstração do caráter acidentário do sinistro, o cálculo da aposentadoria **é** feito de forma mais favorável. Como se vê, é notável a importância do processo trabalhista para a Previdência Social.

3. Coisa julgada e retificação de dados no CNIS

Os dados da Previdência Social são informatizados pela DATAPREV e dão suporte às rotinas administrativas do INSS. Uma das principais bases de dados — talvez a mais importante para o reconhecimento de direitos — é o denominado *Cadastro Nacional de Informações Sociais (CNIS).*

Nas palavras de Alexandre Triches, "trata-se de um sistema que lida com inúmeros dados pessoais, e é acessível não apenas pelos servidores do INSS, mas também pela população", sendo fundamental para a concessão e revisão de benefícios na medida em que contém "informações relacionadas aos vínculos de trabalho, remunerações e recolhimentos"(18).

Pela riqueza de informações que possui, o CNIS é utilizado obrigatoriamente pelo INSS para fins de "cálculo do salário-de-benefício, comprovação de filiação ao Regime Geral de Previdência Social, tempo de contribuição e relação de emprego", conforme preceitua o art. 29-A da Lei n. 8.213/91, dispensando assim os segurados, em regra, do ônus de comprovar tais fatos.

A ferramenta digital trouxe segurança para a autarquia e melhorou a proteção dos segurados, que precisavam preservar uma série de documentos (que muitas vezes eram perdidos) para exercer direitos no INSS. Os segurados eram até prejudicados pela falta de documentos, mas hoje são beneficiados com a presunção da veracidade das informações do CNIS.

No caso de dados oriundos de processos trabalhistas, entretanto, não existe uma repercussão previdenciária automática. As informações da Justiça do Trabalho não migram

---

(18) TRICHES, Alexandre Schumacher. A proteção dos dados pessoais na Previdência Social. In: PASSOS, Felipe Luiz dos *et al* (Orgs.). *Um século de história da Previdência Social*. Curitiba: Alteridade, 2023. p. 205.

ex officio ao INSS. Em que pese a importância da coisa julgada trabalhista, seu conteúdo é desconhecido pelo CNIS. Por isso, não se tem um efeito previdenciário imediato dos processos finalizados na JT.

Dada a íntima conexão entre a relação trabalhista e a relação previdenciária, a migração *ex officio* já deveria ser uma realidade. Como não é, a fruição das vantagens previdenciárias depende de comunicação específica ao INSS para a transmissão dos dados oriundos da JT. A comunicação pode ocorrer de duas formas.

O primeiro caminho é a utilização de processo administrativo no INSS para que haja a *retificação de dados* do CNIS. Para tanto, o trabalhador deve esclarecer quais dados merecem alteração no sistema (data de admissão, data de demissão, valor de remuneração, atividade insalubre etc), e apresentar toda a documentação referente ao processo trabalhista. O pedido de retificação é indicado para quem ainda não recebe benefício, para que a correção permita a concessão futura de benefícios sem qualquer prejuízo.

Caso o segurado já tenha recebido ou esteja recebendo um benefício, a medida mais indicada é a utilização de processo administrativo visando a *revisão* da concessão. O pleito abrange a retificação do CNIS e as alterações desejadas no benefício, especialmente a mudança do valor mensal e o direito às diferenças nas prestações pretéritas.

O segundo caminho é a utilização do próprio processo trabalhista para que, após o trânsito em julgado, as informações sejam encaminhadas pela reclamada à Receita Federal do Brasil, nos moldes tradicionais(19), para que o CNIS seja "alimentado". Neste caso, é fundamental que a petição inicial da reclamatória contenha pedido específico de retificação do CNIS, a título de obrigação de fazer, para que na fase de execução a reclamada tome as providências cabíveis para garantir os reflexos previdenciários.

Enquanto a Justiça do Trabalho e o INSS não criam um mecanismo capaz de promover o diálogo automático, é prudente que a advocacia e a magistratura trabalhista tomem medidas voltadas à retificação de CNIS. É um cuidado que deveria tornar-se padrão em todas as reclamatórias em que se postula o reconhecimento de vínculo empregatício e/ou cobrança de verbas salariais, já que nestes casos é praticamente certa e relevante a repercussão previdenciária.

Não se pode esquecer da significativa vantagem econômica advinda de tais cuidados. Nos casos de revisão de benefícios envolvendo fatos novos oriundos de processo trabalhista, os efeitos financeiros podem retroagir até a data de início do benefício, conforme jurisprudência da Turma Nacional de Uniformização dos JEF´s (Tema 102), tornando a ação revisional atraente para o trabalhador e para a advocacia.

---

(19) A transmissão ocorre pelo sistema de escrituração digital de folha de pagamento (ESocial).

Por outro lado, na revisão com base em processo trabalhista, o prazo decadencial para o pedido[20] é sensatamente flexibilizado pela jurisprudência do Superior Tribunal de Justiça (Tema 1.117), abrindo a possibilidade de cobrança de diferenças junto ao INSS mesmo após longo tempo da concessão errônea do benefício.

É igualmente importante lembrar que o segurado não pode ser prejudicado pela prescrição quinquenal na revisão (que é a regra, conforme preceitua o art. 103, parágrafo único, Lei n. 8.213/91), enquanto pendente o trânsito em julgado trabalhista, conforme entendimento também consolidado na TNU (Tema 200).

Por fim, é fundamental que a advocacia trabalhista tenha no horizonte o disposto no art. 55, § 3 da Lei n. 8.213/91, que não admite prova exclusivamente testemunhal para averbação de tempo de serviço. A respeito da validade das decisões da JT sem lastro em prova material, Wladimir Martinez esclarece que "uma corrente entende que ela é indiscutível, dada a competência constitucional do judiciário trabalhista; a corrente contrária, abraçada pelo INSS, diz que ela somente tem eficácia se o magistrado dispôs de um início razoável de prova material"[21].

Assim, embora a prova possa ser exclusivamente oral para fins trabalhistas, os reflexos da coisa julgada no âmbito previdenciário dependem de início de prova material e contemporânea dos fatos a comprovar[22]. Portanto, a reclamação manejada sem esse cuidado pode enfrentar resistência futura do INSS, inviabilizando a concessão ou revisão de benefícios. Quanto a este ponto, a jurisprudência é bem rigorosa, a exemplo da Súmula n. 149 do STJ[23] e da recente revogação da Súmula n. 31 da TNU[24].

4. Conclusão

A proposta do artigo era enfatizar a importância da Justiça do Trabalho e do processo trabalhista para a Previdência Social, lançando perguntas e apresentando respostas que podem interessar a quem postula direitos trabalhistas em juízo e, mais cedo ou mais tarde, solicita benefícios no INSS.

Tendo em vista a estreita conexão entre a relação de emprego e a relação previdenciária com o RGPS, é de fundamental importância que reclamantes tenham consciência dos prováveis reflexos previdenciários das decisões de mérito proferidas em seu favor.

---

(20) Segundo o art. 103 da Lei n. 8.213/91, o prazo é de 10 (dez) anos.

(21) MARTINEZ, Wladimir Novaes. *Comentários às súmulas previdenciárias*. São Paulo: LTr, 2011. p. 49.

(22) MARTINEZ, Wladimir Novaes; SANTOS, Thais Rodrigues dos. *Revisão dos benefícios previdenciários*. 3. ed. São Paulo: LTr, 2018. 101.

(23) Súmula n. 149 do STJ: "A prova exclusivamente testemunhal não basta à comprovação da atividade rurícola, para efeito da obtenção de benefício previdenciário".

(24) Súmula n. 31 da TNU: A anotação na CTPS decorrente de sentença trabalhista homologatória constitui início de prova material para fins previdenciários.

Em se tratando de postulação com objetivo de reconhecimento da relação de emprego ou de quitação de verbas de natureza salarial, os reflexos podem ser determinantes para a concessão de benefícios pelo INSS. Alguns deles só podem ser concedidos quando o trabalhador se encontra vinculado à Previdência Social e, mesmo assim, em muitos casos apenas com o cumprimento de prazos de carência. Os reflexos podem ser determinantes também para aumentar o valor dos benefícios.

Poder-se-ia citar casos igualmente relevantes, como a concessão de aposentadoria especial após a Justiça do Trabalho reconhecer a prestação de serviço insalubre ou perigoso; a estabilidade no emprego pré-aposentadoria (prevista em tantas convenções e acordos coletivos), após a averbação de vínculos novos no CNIS; ou ainda, a concessão de salário-maternidade após o reconhecimento do vínculo de emprego em juízo, entre muitos outros. Mas em todas as situações uma coisa é certa. Apesar da enorme importância da Justiça do Trabalho, até hoje não existe uma automaticidade na transmissão de informações do resultado de seus processos ao INSS. A lacuna, por óbvio, pode trazer prejuízos aos trabalhadores na medida em que a autarquia previdenciária vale-se das informações do CNIS para analisar pedidos de benefício.

Deste modo, é recomendável que se postule na petição inicial da reclamatória a condenação da reclamada a retificar os dados do trabalhador no *sistema ESocial*, a título de obrigação de fazer, ou que se oriente o trabalhador a promover a retificação de dados junto ao INSS após a formação da coisa julgada. São medidas que podem colaborar para o bem-estar social da classe trabalhadora no país.

Referências

BRASIL. Ministério da Previdência Social. *Anuário Estatístico da Previdência Social 2022*. 31. ed. Disponível em: https://www.gov.br/previdencia/pt-br/assuntos/previdencia-social/arquivos/copy_of_onlinte-aeps-2022. Acesso em: 25 jan. 2024.

______. Conselho Nacional de Justiça. *Base Nacional de Dados do Poder Judiciário (Data Jud)*. Disponível em: https://justica-em-numeros.cnj.jus.br. Acesso em: 15 jan. 2024.

____________. *Justiça em números 2023*. Brasília: CNJ, 2023.

LADENTHIN, Adriane Bramante de Castro. O auxílio-acidente de qualquer natureza e sua extensão às doenças não ocupacionais. In: MARTINEZ, Wladimir Novaes (Coord.). *Auxílio-acidente de qualquer natureza*. São Paulo: LTr, 2016. p. 09-18.

MARTINEZ, Wladimir Novaes. *Comentários às súmulas previdenciárias*. São Paulo: LTr, 2011.

______. *Princípios de Direito Previdenciário*. 4. ed. São Paulo: LTr, 2001.

MARTINS, Sérgio Pinto. *Direito da Seguridade Social*. São Paulo Saraiva, 2023, p. 107. *E-book*. ISBN 9786553626157. Disponível em: https://app.minhabiblioteca.com.br/#/books/9786553626157/. Acesso em: 02 fev. 2024.

SANTOS, Thais Rodrigues dos; MARTINEZ, Wladimir Novaes. *Revisão dos benefícios previdenciários*. 3. ed. São Paulo: LTr, 2018.

TRICHES, Alexandre Schumacher. A proteção dos dados pessoais na Previdência Social. In: PASSOS, Felipe Luiz dos *et al* (Org.). *Um século de história da Previdência Social.* Curitiba: Alteridade, 2023. p. 203-214.